普通高等教育"十三五"规划教材

汽车机械制造基础

李运杰　主编

化学工业出版社

·北京·

本书主要讲述了三方面内容：一是汽车零件材料基础；二是汽车机构基础；三是汽车零件制造基础。第1、2章系统介绍了汽车零件材料的基本知识；第3章介绍了汽车机构的基本知识；第4～6章系统介绍了汽车零部件金属加工的基本知识；第7章介绍了汽车液压液力传动的基础知识；第8章介绍了汽车零件装配工艺基础知识；第9章简单介绍了汽车维修钳工的基础知识。本书的目的在于训练学生的实际操作能力，突出了人才培养目标与岗位工作目标的对接。

本书可作为高等院校汽车各类专业的教材，也可作为职业院校相关专业的教材，还可作为汽车类专业相关人员的参考用书。

图书在版编目（CIP）数据

汽车机械制造基础/李运杰主编. —北京：化学工业
出版社，2017.8（2022.2 重印）
普通高等教育"十三五"规划教材
ISBN 978-7-122-29809-6

Ⅰ.①汽…　Ⅱ.①李…　Ⅲ.①汽车-零部件-制造工
艺-高等学校-教材　Ⅳ.①U463

中国版本图书馆 CIP 数据核字（2017）第 120808 号

责任编辑：高　钰　　　　　　　　　　　　文字编辑：陈　喆
责任校对：宋　夏　　　　　　　　　　　　装帧设计：刘丽华

出版发行：化学工业出版社（北京市东城区青年湖南街 13 号　邮政编码 100011）
印　　装：北京虎彩文化传播有限公司
787mm×1092mm　1/16　印张 14　字数 354 千字　2022 年 2 月北京第 1 版第 4 次印刷

购书咨询：010-64518888　　　　　　　售后服务：010-64518899
网　　址：http://www.cip.com.cn
凡购买本书，如有缺损质量问题，本社销售中心负责调换。

定　　价：42.00 元

前　言

　　汽车机械制造工业的发展不仅直接关系到国民经济的发展，也关系到人民生活水平的提高，是一个国家经济实力和科学技术发展水平的重要标志。科学技术的发展为汽车机械制造技术的发展提供了机遇和条件，常规机械制造技术与精密检测技术、数控技术、传感技术相结合，给汽车机械制造领域带来许多新技术，使汽车产品质量和生产效率大大提高。

　　汽车机械制造基础是汽车制造、汽车运用与维修等专业技能型紧缺人才培养培训核心课程之一，是传统课程"工程材料与热成形工艺"、"金属切削原理与刀具"、"金属切削机床"、"机械制造工艺学"、"机械原理及机械零件"和"液压与传动"内容整合后形成的一门新课程，内容包括：汽车零件机械制造基础、汽车常用机构（汽车四杆机构、汽车配气机构、汽车轮系），汽车典型零件（钢材类零件、铸铁类零件、有色金属类零件、其他材料类零件），汽车典型液力元件（液压泵、液压缸、液压控制阀、液力元件、汽车典型液压系统），汽车机修基础知识与技能（维修工具、量具和钳工、焊接、钣金等基本知识和技能）等。本课程具有实践性强、综合性强的特点，学习时要重视在实践教学环节中学习，注意理论与实践相结合，特别注意灵活运用所学知识，根据具体情况处理问题。

　　本书在内容的选择上，注重汽车制造及职业岗位对人才的知识及能力要求，较多地反映新知识、新技术、新工艺、新方法、新材料等内容。

　　通过本书学习和实训，可以使学生具备：看懂汽车零件图和简单装配图的能力；会汽车（机器）常用机构的工作原理、运动特性、静力学分析及简单计算；能进行汽车典型零件、通用零件的受力、失效形式、材料及热处理、工艺、规范或标准等的分析和应用；能正确描述汽车典型液压、液力元件的工作原理、结构组成及典型液压系统工作过程；学会必要的运动参数计算和工作能力计算；学会汽车机修基础知识与技能（常用汽车维修手工工具、量具和钳工、焊接、钣金等基本知识和技能）等。

　　本书的内容已制作成用于多媒体教学的 PPT 课件，并将免费提供给采用本书作为教材的院校使用。如有需要，请发电子邮件至 cipedu@163.com 获取，或登录 www.cipedu.com.cn 免费下载。

　　本书可作为高等院校、职业院校汽车类各专业的教材，还可作为汽车类专业相关人员的参考书。

　　本书由李运杰主编，并编写了第 1～5、7～9 章；张涛编写了第 6 章。

　　由于编者经历和水平有限，教材内容难免有不足之处，希望读者及时提出修改意见，以便再版时改正。

编　者

2017 年 3 月

目 录

第1章

汽车工程材料基础

（1）知识目标

了解工程材料的成分、性能及改变材料性能所需采用的工艺方法。

（2）能力目标

具备选择采用工程材料以及正确选择汽车零件热处理方法的基本技能。

（3）素养目标

能够安全文明生产，具备汽车零件制造的职业道德，具备团结协作的职业素养，具备不断学习新知识和新技能的意识和能力。

1.1　金属材料的力学性能

金属材料的性能包括使用性能和工艺性能。使用性能是指在使用过程中所表现出来的性能（如力学性能、物理性能、化学性能等）。工艺性能是指金属材料在各种加工过程中所表现出来的性能（如铸造性能、锻造性能、焊接性能、切削加工性能等）。

通常，以力学性能作为主要依据选用金属材料。金属材料的力学性能是指金属材料在载荷作用下抵抗变形或破坏的能力，常用的力学性能有：强度、塑性、硬度、韧性、疲劳强度等。

（1）强度

金属材料在载荷作用下抵抗弹性变形、塑性变形和断裂的能力称为强度。由于载荷作用方式不同，强度分为屈服强度、抗拉强度、抗压强度、抗弯强度和抗剪强度等。工程上应用最普遍的是屈服强度和抗拉强度，这种强度指标通常采用拉伸试验法来测定。

试样被拉断前所能承受的最大拉应力称为抗拉强度，用符号 σ_b（单位是 MPa）表示。

$$\sigma_b = \frac{F_b}{S_0} \tag{1-1}$$

式中，F_b 为试样断裂前所承受的最大载荷，N；S_0 为试样的原始横截面面积，mm^2。

抗拉强度是表示金属材料抵抗最大均匀塑性变形或断裂的能力。有些塑性较差的材料在拉伸试验中往往没有明显的屈服现象，而抗拉强度比较容易测定，因此，抗拉强度也作为衡量材料强度的一个重要指标。

（2）塑性

金属材料在载荷作用下产生断裂前所能承受的最大塑性变形的能力称为塑性。在断裂之前，材料的塑性变形愈大，塑性愈好。常用的塑性指标有断后伸长率和断面收缩率，通过对试样进行拉伸试验来测定。

① 断后伸长率。试样被拉断后标距的伸长量与原始标距的百分比称为断后伸长率，用符号 δ 表示。

$$\delta = \frac{l_1 - l_0}{l_0} \times 100\% \tag{1-2}$$

式中，l_1 为试样被拉断时的标距伸长量，mm；l_0 为试样的原始标距，mm。

② 断面收缩率。试样拉断后，缩颈处横截面面积的最大缩减量与原始横截面面积的百分比称为断面收缩率，用符号 ψ 表示。

$$\psi = \frac{S_0 - S_1}{S_0} \times 100\% \tag{1-3}$$

式中，S_1 为试样缩颈处的横截面面积，mm^2；S_0 为试样的原始横截面面积，mm^2。

断后伸长率与断面收缩率都是材料的重要性能指标。它们的数值越大，材料的塑性愈好。

（3）硬度

硬度是指金属材料抵抗硬物压入或划伤的能力，即抵抗局部塑性变形和破坏的能力。一般来说，硬度越高，耐磨性越好，强度也越高。

在目前生产中，最常用的测定硬度的方法是压入法硬度试验。是用一定几何形状的压头，在一定载荷下，压入被测试的金属材料表面，根据被压入后变形程度的大小来测定硬度值。用同样的压头，在相同载荷作用下，压入金属材料表面时，若压入后变形程度愈大，则材料的硬度值愈低；反之，硬度值愈高。生产中应用最广泛的有布氏硬度和洛氏硬度测试法。

① 布氏硬度。布氏硬度的测定原理是用一定直径 D 的硬质合金球作压头，在规定试验力 F 的作用下，压入被测金属表面（图 1-1），保持规定的时间后卸除试验力，测量被测试金属表面上所形成的压痕直径 d，用载荷与压痕球形表面积的比值作为布氏硬度值，用符号 HBW 表示。布氏硬度试验范围上限为 650HBW。

布氏硬度值由硬度数值、硬度符号和试验条件（球体直径、试验力大小和保持时间）表示。

例如，350HBW5/750 表示用直径 5mm 的硬质合金球在 7.355kN 试验力下保持 10～15s 测定的布氏硬度值为 350。硬度值越大，表示被测材料硬度越高。

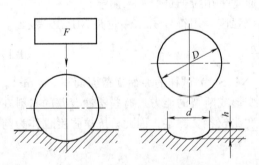

图 1-1 布氏硬度试验原理示意图

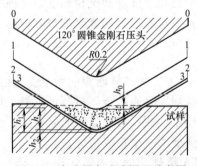

图 1-2 洛氏硬度试验原理示意图

② 洛氏硬度。洛氏硬度的测定原理是用顶角为 120° 的金刚石圆锥压头或直径为 1.588mm（1/16in）的淬火钢球压头，在初载荷与初、主载荷先后作用下压入被测金属表面，如图 1-2 所示，保持规定的时间后卸除主载荷，然后，根据残余压痕深度增量确定金属材料的硬度。

如图 1-2 中所示，0—0 位置为圆锥压头的初始位置，即压头没有与被测金属表面接触时的位置；1—1 位置为在初载荷 98.07N（质量为 10kg）作用下，压头压入深度 h_0 的位置；2—2 位置为加入主载荷后，压头压入深度 h_1 的位置；卸除主载荷后，被测金属弹性变形恢复，使得压头向上回升 h_2，压头处于 3—3 位置。因此，可以用压头受主载荷作用实际压入被测金属表面产生塑性变形的压痕深度值 h 的大小来衡量被测金属的硬度。压痕深度值 h 愈大，则被测金属的硬度愈低；反之，则愈高。为适应习惯上数值愈大，硬度愈高的概念，常用一常数 K 减去 $h/0.002$ 作为洛氏硬度值，用符号 HR 表示。洛氏硬度值可直接从硬度计表盘上读出。

$$HR = K - \frac{h}{0.002} \tag{1-4}$$

式中，K 为常数，当用金刚石做压头时 $K=100$，当用淬火钢球做压头时 $K=130$。洛氏硬度表示的方法是在符号前写出硬度值，如 60HRC。

③ 硬度与抗拉强度的关系。由于硬度反映了金属材料在局部范围内对塑性变形的抗力，因此，材料的硬度与强度之间有一定内在联系，强度越高，塑性变形抗力越大，硬度值也越高。因此可以根据材料的硬度值大致估计材料的抗拉强度。

（4）冲击韧性

强度、塑性、硬度都是在静载荷作用下测量的力学性能指标。实际上，许多机器零件和工具常常在冲击载荷作用下工作。有些零件，除了需要满足静载荷作用下的强度、塑性和硬度要求外，还必须具有足够的抗冲击载荷的能力。

金属抵抗冲击载荷作用而不被破坏的能力称为冲击韧性，金属材料的冲击韧性可以通过冲击试验测定。冲击韧度愈大，材料的韧性愈好；反之，韧性愈差，即脆性愈大。

（5）疲劳强度

许多机械零件如发动机曲轴、连杆、齿轮、弹簧等，经常会受到大小和方向作周期性变化的载荷作用，这种载荷称为交变载荷。在交变载荷的作用下，零件所承受的最大应力值虽然远小于其屈服点，但经过多次循环后，零件在无显著的外观变形情况下却会发生断裂，这种断裂称为疲劳断裂。断裂往往突然发生，因此具有很大的危险性，常常会造成严重事故。

金属材料经受无数次交变载荷作用而不引起断裂的最大应力值称为材料的疲劳强度。

实际试验时不可能进行无数次的应力循环，因此规定，对于钢材，当应力循环次数达到 10^7 次时，零件仍不断裂的最大应力值即是它的疲劳强度；对于有色金属和某些超高强度钢，当应力循环次数为 10^8 次时的最大应力值即是它的疲劳强度。且规定，对称循环应力的疲劳强度用 σ^{-1} 表示。

1.2 金属材料及热处理

1.2.1 金属材料

纯金属虽有很多优点，但提炼困难，且强度、硬度较低，所以在工业中使用的金属材料一般都是不同成分的合金，如碳钢、合金钢、黄铜、硬质合金等。

（1）基本概念

① 合金。由两种或两种以上的金属或金属与非金属组成的具有金属特性（如光泽、导电性、导热性等）的物质称为合金。

② 组元。组成合金最基本的独立单元（物质）称为组元，如铁碳合金的组元是铁和碳。

③ 合金系。由相同组元按不同比例配制的不同成分的合金系列称为合金系。

（2）铁碳合金的概念

以铁和碳两种元素所组成的合金称为铁碳合金；另外，还有铜锌合金（黄铜）等。

（3）碳钢、铸铁及合金钢的概念

对于铁碳合金，若含碳量小于 2.1%，则称为碳素钢，简称碳钢；若含碳量大于 2.1%，则称为铸铁。碳钢和铸铁中都不可避免的含有少量的锰和硅等杂质。

为改善碳钢的性能，炼钢时有目的地加入一些合金元素的钢称为合金钢。通常加入的合金元素有：Ti、Zr、V、Nb、W、Mo、Cr、Mn、Al、Cu、Co、稀土元素等，有时也加入非金属元素 Si、B 等。

由此可见，钢的品种很多，分类较细。

按化学成分，钢可分为碳素钢和合金钢。

按含碳量高低可分为低碳钢、中碳钢和高碳钢，含碳量小于 0.25% 为低碳钢，含碳量在 0.25%～0.6% 之间为中碳钢，含碳量在 0.6%～1.3% 之间为高碳钢。

按用途分类，钢可以分为结构钢（用于制造机械零件和工程结构）、工具钢（制造工具、刀具和量具）和特殊性能钢（如不锈钢、耐热钢）等。以下只介绍几种最常用的钢。

（4）普通碳素结构钢

这类钢材含硫、磷等有害杂质较多，一般制成各种棒材、板材和型钢。普通碳素结构钢的牌号由 4 部分构成：

Q——代表钢材屈服强度（Q 为"屈"字汉语拼音的首字母）。

数字——屈服强度的数值。

字母——钢材的品质等级（A、B、C、D 等级是指含硫和磷等有害元素的含量依次降低）。

字母——冶炼时脱氧方法（F 表示沸腾钢，Z 表示镇定钢；TZ 表示特殊镇定钢，Z 或 TZ 可以省略不写）。

例如：代号"Q215A F"中 Q 表示钢材屈服强度；215 表示钢材的屈服强度值为 $\sigma_s \leqslant$ 215MPa；A 表示钢材的品质为 A 等级；F 表示沸腾钢（"沸"字的汉语拼音首字母）。

汽车常用普通碳素结构钢（$\sigma_s \leqslant 215$）的牌号、性能和应用举例见表 1-1。

表 1-1　普通碳素结构钢在汽车上的应用

钢的牌号	应用举例	
	车型	汽车零件名称
Q235A	EQ1092	汽车百叶窗联动杠杆、传动轴中间轴承支架等
	2000GSI	汽车发动机前后支架、后视镜支杆、油底壳加强板等
Q235AF	奥迪100	汽车机油滤清器凸缘、固定发电机用连接板、前钢板弹簧夹子等
Q235B	2000GSI	汽车3、4、5挡同步器锥盘、差速器螺栓锁片等
	CH7100	汽车车轮轮辐、轮辋、驻车制动操纵杆棘爪与齿轮等
Q235BF	CA7100	汽车放水龙头手柄夹持架、消音器、后支架、百叶窗叶片等

（5）优质碳素结构钢

优质碳素结构钢的力学性能较好，在制造机械零件上应用很广。优质碳素结构钢和牌号用两位数字表示，该数字是钢中含碳量的万分数，如 45 钢表示其含碳量约为 0.45%，它属于中碳钢；20 钢的含碳量约为 0.20%，它为低碳钢。常用优质碳素结构钢的牌号、性能和在汽车上的应用举例如表 1-2 所示。

表 1-2　优质碳素结构钢在汽车上的应用

牌　号	应 用 举 例	
	车　型	零件名称
08F	奥迪 100	驾驶室、油底壳、油箱、离合器等
15	桑塔纳 2000	发动机气门头、离合器调整螺栓、曲轴箱调整螺栓、消音器前托架螺栓、曲轴箱通风阀体、气门弹簧座及旋转套、轮胎螺母及螺栓
20	桑塔纳 2000	离合器分离杠杆、风扇叶片、驻车制动杆等
35	桑塔纳 2000	曲轴正时齿轮、半轴螺栓锥形套、前后轴头螺母、车轮螺栓、机油泵轮、连杆螺母、气缸盖定位销、拖曳钩、螺母、驻车制动蹄片臂拉杆等
45	奥迪 100	气门推杆、同步器锁销、变速杆、凸轮轴、曲轴、变速叉轴、齿环、拖拉机曳钩、转向节主销、离合器踏板轴及分离叉等
50	CA1092	离合器从动盘等
65Mn	EQ1092	气门弹簧、转向纵拉杆弹簧、摇臂轴回位弹簧、拖曳钩弹簧、空压机排气阀波形弹簧垫圈、风扇离合器阀片等
	CA1092	气门摇臂复位弹簧、活塞油环、离合器压板盘弹簧、活塞销卡簧等
	EQ1092	

（6）合金结构钢

碳素钢应用很广，但它没有良好的综合力学性能，强度高时韧性往往较低，韧性好时强度往往较差，热处理性能也较差，淬火时不易淬透且容易变形和开裂。此外，碳素钢不能满足腐蚀、抗磨、耐热等特殊要求。如果在碳素钢中适当加入一些合金元素，就成为合金钢，可以弥补碳素钢的上述缺陷。但合金元素的加入提高了成本，因此，合金结构钢仅用于制造碳素钢不能满足要求的重要机械零件。

合金结构钢牌号的规定为：以化学元素符号表示合金元素，合金元素含量的百分数以数字表示，写在各相应元素的后面，当平均含量小于 1.5% 时，仅标明元素符号，不标明含量；含碳量以 0.01% 为单位，写在钢号的最前面。如 40Cr 表示含碳量约为 0.4%，含铬量小于 1.5%；45Mn2 表示含碳量约为 0.45%，含锰约为 2%；又如 18CrMnTi，表示含碳量约为 0.18%，铬、锰钛的含量均小于 1.5%。

1.2.2　材料的强化与热处理

材料的强化与热处理主要是指改变钢铁材料的力学性能与化学性能的处理，即通过各种工艺手段，来改变金属材料的组织结构及性能，从而获得所需的力学性能。它包括钢铁材料的热处理和钢的表面处理两大类。

（1）钢铁材料的热处理

钢的热处理是指通过对钢铁材料在固态下进行加热、保温、冷却的工艺方法使其内部组织结构发生变化，从而获得所需性能的一种加工工艺。

热处理工艺按加热后冷却方式的不同分为退火、正火、淬火和回火；按热处理工序位置的先后分为预备热处理和最终热处理。

预备热处理主要用于消除前道工序（如铸造、锻造、焊接、冷加工等）所造成的某些组织缺陷和内应力，为后道工序（如机械加工、冷拔等）作好组织和性能准备；最终热处理是使工件达到使用条件下的性能要求。

① 退火。退火是将钢加热到适当温度，保温一定的时间，然后缓慢冷却（随炉冷却或埋入保温介质中）以获得接近平衡组织的一种热处理工艺。退火的目的是：a. 细化晶粒、改善组织；b. 消除内应力，提高力学性能；c. 降低硬度，提高切削性能；d. 为下一道工序（淬火）做好准备。

② 正火。正火是将钢加热到适当温度，保温一定时间，然后在静止的空气中冷却的热处理工艺。

正火实质上是退火的一种特殊形式，不同之处仅在于正火是采用在空气中冷却的方法，其冷却速度比退火稍快。

正火的目的是提高低碳钢和低碳合金钢的硬度、改善切削加工性能及钢件的力学性能。对于某些大型或复杂形状的零件，当淬火有开裂危险时，可采用正火作为最终热处理。

③ 淬火。淬火是将零件加热到一定温度（一般在 850℃ 以上，视钢的品种而异），经保温后放入介质中快速冷却的热处理工艺。淬火的目的是提高钢的强度、硬度和耐磨性。淬火时常用的介质有油、水和盐溶液等。不同的介质冷却速度不同，油中较慢，水中较快，盐溶液中更快。冷却速度快时淬硬层的深度大，但变形和开裂的倾向也大。含碳量高于 0.25% 的钢可以进行淬火。

④ 回火。回火是在钢件经过淬火以后，再将其加热到适当温度，保温一定时间，然后在静止的空气中冷却的热处理工艺。

钢经过淬火以后，强度和硬度虽然提高，但塑性和韧性降低、脆性增加，钢的含碳量较高时这种现象更严重。此外，淬火钢的内应力很大。重要的机械零件既要求有高的强度和硬度，又要求有一定塑性和韧性，仅靠淬火不能满足要求。因此，在淬火以后常需进行回火，以保持钢的强度和硬度，并提高材料的塑性和韧性，同时降低淬火引起的内应力，取得较好的综合力学性能。

回火可分为低温回火、中温回火和高温回火。

低温回火是将钢加热到 150～300℃，保温后在空气中冷却。它保持了淬火的高硬度（58～64HRC）和耐磨性，内应力有所降低，韧性有所提高。低温回火主要用于刃具、量具、模具、滚动轴承以及其他要求高硬度和耐磨性的零件（如渗碳零件）。

中温回火加热温度为 350～450℃。中温回火的目的是使钢有一定的韧性，硬度可达 40～50HRC，并提高其弹性极限和屈服极限。中温回火常用于弹簧及热锻模等热处理。

高温回火加热温度为 500～650℃。淬火后进行高温回火的工艺称为调质处理。钢件经过调质处理后，能获得较好的综合力学性能。调质还可作为机械加工工序之间的热处理，以提高切削加工面的表面光洁度。

调质处理广泛地应用于各种重要结构零件，特别是在交变载荷下工作的连杆、螺栓、齿轮及轴类等。调质处理的钢与正火钢相比，不仅强度高，而且塑性、韧性也远高于正火钢，因此，重要的结构零件应进行调质处理。

（2）钢的表面热处理

有些机械零件，要求零件表面有较高的硬度和强度，还要求零件中心部分有足够的塑性和韧性，这时可进行表面热处理，如表面淬火和化学热处理。

① 表面淬火。表面淬火是利用氧乙炔火焰或高频感应加热等方法将零件表面加热到淬火温度，然后在介质中快速冷却，使零件表面淬硬（零件中心则仍有较好的塑性和韧性）。

表面淬火一般用于中碳钢或中碳合金钢零件。表面淬火前零件先经正火或调质处理，以使零件内部具有较好的综合力学性能；表面淬火后常用低温回火消除淬火应力并保持较高的硬度。

② 表面化学热处理。表面化学热处理是将某些化学元素渗入表层，改变钢的表层化学成分、组织和性能，从而获得高硬度及耐磨和抗疲劳等性能的热处理方法。有些表面剧烈磨损的零件，采用表面淬火还不能达到工作要求，这时可采用化学热处理。

按渗入零件表层元素的不同，表面化学热处理有渗碳、渗氮、氰化等。

渗碳是将碳原子渗入零件表层，使零件表面含碳量增加。需要渗碳的零件一般为低碳钢或低碳合金钢，渗碳后表层为高碳钢。渗碳厚度一般为 0.5～2mm。渗碳后再进行淬火和低温回火，可使表面硬度、中心韧性很好，适用于要求既耐磨又能承受冲击载荷的零件。

常用的渗碳方法有固体渗碳和气体渗碳两种。固体渗碳是将零件放在装有木炭粒和碳酸盐的密封铁箱中，然后将铁箱在炉中加热，生产率较低。气体渗碳是将零件直接放在密封的炉中加热，并通入渗碳气体，生产率较高。

渗氮是将氮原子渗入零件表层。需渗氮的零件材料都是含有铬、钼、铝等元素的中碳合金钢。氮原子渗入零件表层后，与合金元素 Cr、Mo、Al 等化合成极硬的氮化物。溶氮零件的耐磨性比渗碳零件更好。

渗氮主要用于耐磨性和精度要求很高的精密零件或承受交变载荷的重要零件，以及要求耐热、耐蚀、耐磨的零件，如精密机床的主轴、蜗杆、发动机曲轴、高速精密齿轮及成形刀具、模具等。

渗氮和渗碳相比有如下特点：a. 氮化后的零件不用淬火就能得到高硬度和耐磨性，且在 600～650℃时仍能保持高硬度（即热硬性好）；b. 氮化温度低，故变形小；c. 氮化零件具有很好的耐蚀性，可防止水、蒸汽、碱性溶液的腐蚀；d. 氮化后，显著地提高了钢的抗疲劳强度。

氰化是在钢的表面同时渗入碳和氮。它常用在汽车、拖拉机变速器齿轮表面的热处理工艺中。但所用的氰化剂（如氰化钠、氰化钾等氰盐）为剧毒品，操作时需要特别注意安全。

1.3 汽车典型零件的热处理

1.3.1 连杆

105 系列高速柴油机的连杆如图 1-3 所示。通过对连杆图纸的工艺分析可知，连杆的几何结构比较复杂，$\phi75^{+0.018}_{0}$ 与 $\phi43^{+0.027}_{0}$ 孔的加工精度要求比较高，连杆图中所示两个比较大的孔的中心距 210±0.05 精度也比较高。复杂的几何形状及较高的尺寸精度，增加了连杆的机械制造难度。

（1）连杆的工作状态

连杆小头与活塞销相连接，与活塞一起作往复运动；连杆大头与曲柄销相连，和曲轴一起做旋转运动。连杆所作的这种运动称为平面运动。

连杆所承受的基本荷载是拉伸力和压缩力。显然，连杆的自重与其所受的外力相比很小，可忽略不计。所以从力学角度讲，连杆可以简化成只承受拉力或压力的杆件，简称为拉（压）杆。图 1-4（a）为其力学简图。

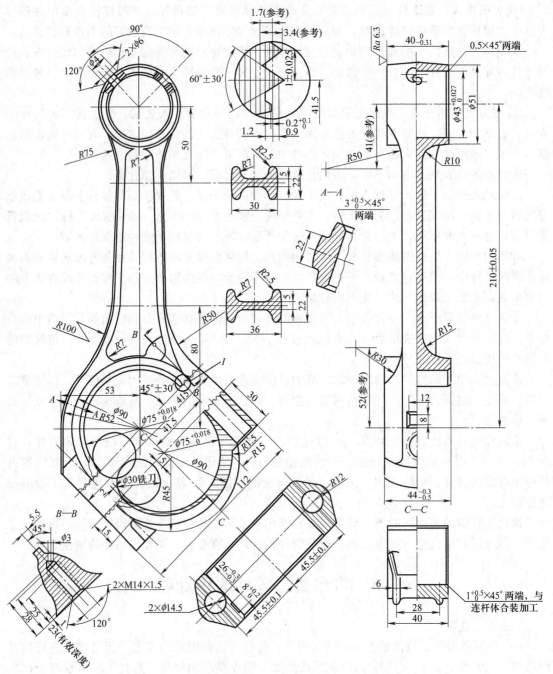

材料为 45 中碳钢,调质处理后硬度 27～32HRC

图 1-3　105 系列高速柴油机的连杆

对于受压杆件,当外力过大、自身长度过大或横截面积过小时,会发生弯曲变形,这种现象称为压杆失稳,如图 1-4(b)所示。压杆失稳可能导致严重的事故,使用时应当特别注意,避免这种失稳现象发生。

(2)连杆材料

为了保证连杆在结构轻巧的条件下有足够的强度和刚度,一般多用 45 优质中碳钢来制造,在特别的情况下,有时也用 40Cr 等合金钢。

制造连杆时，一般连杆要先锻造，以改善钢材的力学性能。在机械加工前采用调质处理（淬火后高温回火），以获得较高的综合力学性能：强度高且韧性好。为了提高连杆的疲劳强度，连杆上的非机械加工表面应经喷丸处理，连杆还必须经过磁力探伤检验合格，以保证其工作稳定可靠。

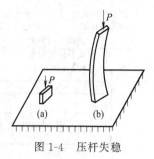

图1-4　压杆失稳

另外，选择40MnB、40MnVB等钢材作为连杆材料，也保证了连杆具有良好的使用性能。这种钢经850℃油液淬火，再经500℃高温回火后，钢材的强度极限大于1000MPa，屈服极限大于800MPa，冲击韧性大于70J/cm²。

（3）连杆的检验

对于连杆而言，国家标准要求连杆的上下两轴承孔的轴线应在同一平面内，其平行度误差应不大于100∶0.03；在与此平面垂直的平面内，轴线的平行度误差应不大于100∶0.06。对于轴线间给定方向的平行度误差的测量，可采用多种方法。

当采用通用量具检测时，可利用平板、等高支架和带测量架的百分表进行，如图1-5所示。

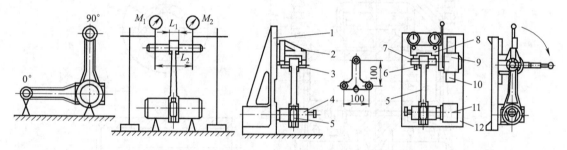

图1-5　连杆两轴承孔轴线平行度误差的测量

1—基座；2—鞍式三点指示器；3,7—心轴可胀式心轴；4—可胀式心轴；5—连杆；
6—支承架；8—测量架；9—可调底座；10—导轨；11—固定底座；12—平板

连杆上下两轴承孔均用心轴模拟，将一头的心轴两端放在等高支架上，测量另一头心轴上距离为L_2的两点，假设测量表的显示值分别为M_1和M_2，则该测量方向的平行度误差为：

$$f = \frac{100}{L_2}|M_1 - M_2|$$ 　　　　　　　　(1-5)

如图1-5所示，依次按实线和双点画线两个位置测量，可得到两个方向的平行度误差。

1.3.2　活塞销

（1）活塞销零件图及工艺分析

图1-6是25Y-6100Q型汽油机和105型高速柴油机的活塞销零件简图。从图纸上看，活塞销的几何结构比较简单，从尺寸精度上看，活塞销的外圆柱表面加工精度比较高，特别是图（a），需要特别注意。

（2）活塞销的受力分析和变形分析

活塞销分别受到活塞和连杆的作用力，如图1-7所示。显然在外力的作用下，活塞销的轴线将变成曲线，如图1-8所示。当零件的轴线由直线变成曲线时，则称该零件发生弯曲变形。

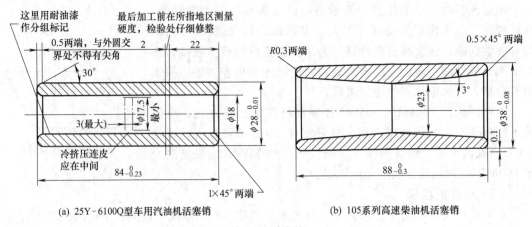

(a) 25Y-6100Q型车用汽油机活塞销　　　(b) 105系列高速柴油机活塞销

图1-6　活塞销

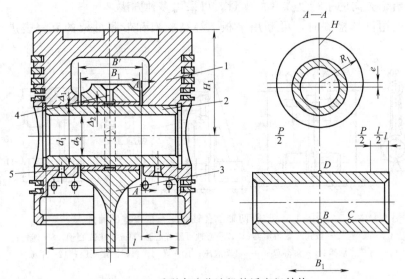

图1-7　95系列高速柴油机的活塞组结构

1—活塞；2—活塞销；3—连杆；4—连杆小头油孔；5—活塞销座油孔

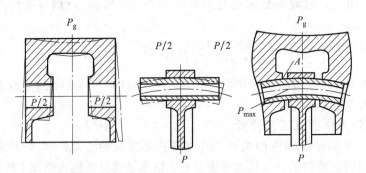

图1-8　活塞销的变形

（3）活塞销的材质及热处理

活塞销是发动机中工作情况最恶劣的零件：一是负荷很大而承压面积很小；二是运转时活塞销与销座之间只能在不大的角度内相对摆动，无法形成润滑充分的润滑油膜；三是温度可达到150℃左右，润滑油的性能下降；四是因为前面分析过的弯曲变形等因素，使压力分布很不均匀。所以活塞销的抗磨损性能非常重要。

为了保证活塞销外表面的硬度，提高其耐磨性，同时保证活塞销内部具有足够的韧性，满足其抗冲击性的要求，制造活塞销的材料一般选用 20、20Mn、15Cr、20Cr、20MnV、20MnVB 等，并进行表面渗碳淬火处理，深度为 0.8～1.2mm，使表面硬度达到 56～66HRC。

（4）活塞销的检测

检验活塞销外圆柱表面时，常用外径千分尺。

圆柱度误差的测量方法规定为：圆柱度误差用两点法测量，其值为指示器读数最大差值的一半。两点是指在被测圆柱表面的任意部位或方向所测得的最大与最小直径之差。

1.3.3 凸轮轴

（1）凸轮轴的结构及功用

凸轮轴是气门驱动组中最重要的零件，用来驱动和控制各缸气门的开启和关闭。

此外，多数汽油机还用它来驱动机油泵、汽油泵和分电器，凸轮轴的结构如图 1-9 所示。凸轮轴结构比较复杂，有精度要求比较高、起支承作用的轴颈，也有用于传动的齿轮以及起主要作用的凸轮，因此制造难度大。车用汽油机的凸轮轴和凸轮外形（材料为 45 中碳钢）如图 1-10 所示。图中的点画线表示凸轮的分度圆，点画线旁边靠中心线一侧的实线表示齿根圆。

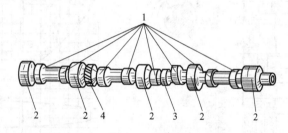

图 1-9 凸轮轴

1—凸轮；2—凸轮轴轴颈；3—驱动汽油泵的偏心轮；4—驱动分电器的螺旋齿轮

（2）凸轮轴工作载荷分析

凸轮轴的结构特点是细而长，工作时主要承受的荷载是气门弹簧的张力和传动件的惯性力，并由于凸轮轴的转动，它的工作特点是受周期性的荷载。因此，凸轮轴在工作过程中会发生轴颈和轴承的磨损，也会产生整个轴线的弯曲变形。另外，因为凸轮与配气机件（挺杆或摇臂）的接触形式接近于线接触，接触面积小，压强很大，在发生相对运动时，会使凸轮表面磨损非常严重。

（3）凸轮轴的材料及热处理

大多数汽油机凸轮轴用中碳钢 45、45Mn2 或低碳钢 20、20Mn2、20Cr、20MnVB 等制造。当用中碳钢时，其凸轮表面和各轴颈表面要进行高频表面淬火，使硬度达到 56～63HRC；当用低碳钢时，则要进行渗碳及表面淬火。

（4）凸轮轴的检验

① 凸轮轴弯曲的检验。将凸轮轴安装在车床两顶尖之间，或以 V 形铁块安放于平板上，以两端轴颈作为支点，如图 1-11 所示，用百分表检查中间轴颈的摆差。

② 凸轮轴轴颈的检验。凸轮轴轴颈的圆度误差、圆柱度误差、磨损量均可用外径千分尺进行检查。圆度误差用两点法测量，其值为指示器读数最大差值的一半，即取同一截面不同方向上的最大直径差的一半作为该截面的圆度误差。圆柱度误差的检验方法与活塞销圆柱

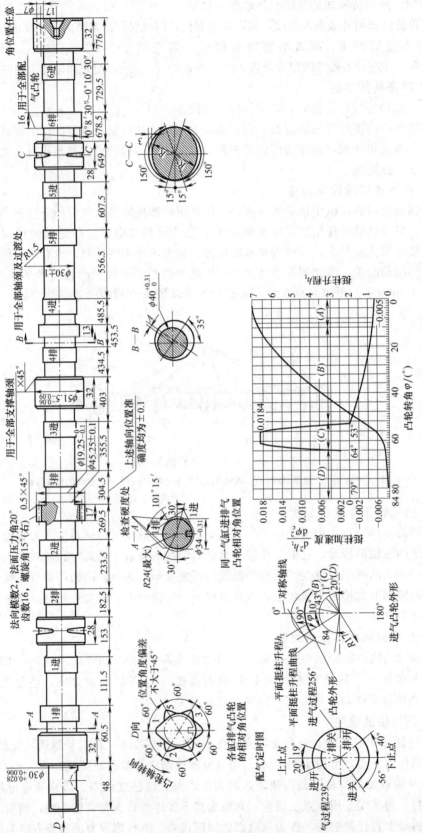

图 1-10 车用汽油机的凸轮轴和凸轮外形（材料为 45 中碳钢）

度误差的检验方法相同。

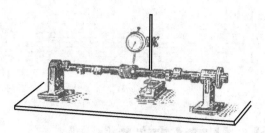

图 1-11　检验凸轮轴的弯曲

习　题

1. 什么是合金？

2. 什么是热处理？热处理的目的是什么？热处理有哪些基本类型？

3. 正火与退火的主要区别是什么？生产中如何选择正火与退火？

4. 淬火的目的是什么？

5. 回火的目的是什么？常用的回火类型有哪些？

6. 什么是合金元素？合金钢中经常加入的合金元素有哪些？

7. 用 9SiCr 钢制成圆板牙，其工艺流程为：锻造→球化退火→机械加工＋淬火→低温回火→磨平面→开槽加工。试分析退火、淬火及低温回火的目的。

8. 根据碳在铸铁中存在形态的不同，铸铁可分为哪几类？

9. 表面处理方法主要有哪些？对工程材料进行表面处理有何意义？

第2章

金属材料成形基础

（1）知识目标

了解工程材料成形铸造的工艺方法，掌握砂型铸造工艺与特种铸造工艺的基本知识。

（2）能力目标

具备正确选择铸造与锻造材料以及正确选择汽车零件铸造及锻造方法的基本技能，能铸造或锻造汽车零件。

（3）素养目标

能够安全文明生产，具备汽车零件铸造与锻造的职业道德，具备团结协作的职业素养，具备不断学习新的铸造与锻造工艺知识和新技能的意识和能力。

2.1　汽车零件成形铸造工艺基础

熔炼金属，制造铸型，并将液态金属浇注到铸型型腔中，待其冷却凝固后获得具有一定形状和性能的铸件（毛坯或零件）的成形方法称为铸造。铸造在机械制造业中应用广泛，是生产毛坯或零件的主要方法之一。

铸造成形工艺具有如下特点：

① 适合制造形状复杂，特别是内腔形状复杂的毛坯或零件，如气缸、箱体、泵体、阀体、叶轮等。

② 铸件的大小几乎不受限制，小到几克的电器仪表零件，大到数百吨的轧钢机机架，均可以铸造成形。

③ 铸造生产工艺简单，使用的材料价格低廉，应用范围广，对于某些塑性差的材料（如铸铁），铸造是其毛坯生产的唯一成形工艺。

铸造生产工序较多，影响铸件质量的因素复杂，容易产生浇不足、缩孔、缩松、气孔、砂眼、裂纹等铸造缺陷，废品率较高。

铸造成形工艺按铸型材料、造型方法和浇注条件等分为砂型铸造和特种铸造两大类。砂型铸造是传统的铸造方法，其工艺灵活，成本低。特种铸造是指砂型铸造以外的其他铸造工艺方法。

合金的铸造性能是合金在铸造成形过程中所表现出来的工艺性能，铸造性能的好坏直接影响铸件的内在和外在质量。合金的铸造性能主要包括：铸造合金的流动性、收缩性、氧化性、吸气性、偏析性和倾向性等。这里主要介绍合金的流动性和收缩性。

（1）合金的流动性

合金的流动性是指液态合金自身的流动能力，是影响液态合金充型能力的重要因素。液态合金的充型能力是指液态合金充满铸型型腔，获得形状完整、轮廓清晰的铸件的能力。合金流动性对铸件质量有较大影响。

① 合金流动性越好，其充型能力越强，越容易铸出形状完整、尺寸精确、轮廓清晰的铸件。对于薄壁和形状复杂的铸件，合金流动性的好坏，是能否获得合格铸件的决定性因素。

② 在液态合金中，常含有一定量的气体和非金属夹杂物。流动性好的液态合金，在浇注之前和浇注过程中很容易让气体逸出，使铸件的内在质量得到保证。流动性不好的液态合金，则容易在铸件中产生气孔、夹渣等缺陷。

③ 铸件在冷却凝固过程中，会出现体积收缩现象。流动性好的合金，可使液态合金的凝固收缩部分及时得到液态合金的补充，从而防止铸件中产生缩孔、缩松等缺陷。

（2）合金的收缩性

① 收缩性概念。铸件在凝固和冷却至室温的过程中体积或尺寸减小的现象，称为收缩。收缩是合金固有的物理特性，如果在铸造过程中不能对收缩现象进行有效控制，就会导致铸件产生缩孔、缩松、变形和裂纹等缺陷。

② 收缩性与铸件质量的关系。合金的收缩性对铸件质量起着不利的影响。收缩率越大，其影响越大。

a. 缩孔和缩松。由于收缩会造成铸件体积缩小，因此铸件在凝固过程中如得不到液体补充，就会在最后凝固部位出现集中孔洞现象，称为缩孔，细小而分散的孔洞称为缩松。缩孔和缩松会减小铸件的有效受力面积，使铸件的力学性能降低。缩松还会影响铸件的气密性和物理、化学性能。在实际生产中，通常采用顺序凝固的方法来防止缩孔和缩松的产生。

b. 变形与开裂。铸件在凝固后的继续冷却过程中，还会不断产生收缩。如果受到阻碍或牵制而不能自由收缩时，就会在铸件内部产生作用力，称为铸造应力。铸造应力达到一定数值时，便会使铸件变形或开裂，导致铸件报废。

铸件各部分的壁厚相差越大，在凝固、冷却过程中各部分的温差也越大，这种阻碍作用就越大。生产中为了防止铸件变形或开裂，常常从改进铸件结构入手，例如尽量使铸件壁厚均匀、结构对称等。

2.1.1 砂型铸造

以型砂为材料制备铸型的铸造方法称为砂型铸造，即将熔化的金属浇注到砂型型腔内，待其冷却凝固后获得铸件的方法。在铸造生产中，用来形成铸件外轮廓的部分称为铸型，用来形成铸件内腔或局部外形的部分称为型芯；制造铸型的材料称为型砂，制造型芯的材料称为芯砂，型砂和芯砂统称为造型材料。砂型铸造工艺过程如图 2-1 所示。

（1）造型

造型是用模样形成砂型的内腔，在浇注后形成铸件外部轮廓。它是砂型铸造的最基本工序，分为手工造型和机器造型两大类。手工造型主要用于单件或小批量生产，机器造型主要用于成批大量生产。

① 手工造型。手工造型的方法很多，按砂箱特征分类，有两箱造型、三箱造型和地坑造型等；按模型特征分类，有整模造型、分模造型、挖砂造型、假箱造型、活块造型和刮板造型等。

在铸造生产中，同一铸件可以采用不同的造型方法，具体采用什么方法要根据铸件的结构特点、尺寸、生产批量和生产条件等因素来选择。

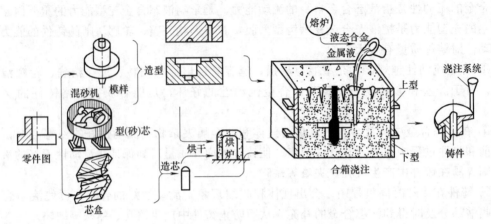

图 2-1　砂型铸造工艺过程

② 机器造型。机器造型就是将填入型砂（填砂）、型砂的紧实和起模等操作全部由造型机器来完成。机器造型劳动强度低，生产效率高，铸件质量稳定，加工余量较小。但机器造型的型砂紧实不能穿过中箱，所以不能用于三箱造型。

（2）制造型芯

制造型芯是将芯砂填入芯盒，经舂砂紧实、修正等工序，制成型芯的过程。由于浇注时，型芯易受金属液的冲击并被高温金属液包围在铸型中间，因此要求型芯具有更高的强度、透气性、耐火度和退让性。为提高型芯的强度，在造芯时可在芯内加入芯骨，小芯骨常采用铁丝、铁钉，大中型芯骨常采用铸铁浇注成骨架。为提高型芯的透气性，可在制造型芯时，在芯子中间开挖通气道与铸型外部连通，对于较大的型芯可在芯子中间放置蜡线、焦炭、炉渣等。

（3）浇注

把液态金属注入铸型的工序称为浇注，浇注是保证铸件质量的重要环节之一。由于浇注原因而报废的铸件，占报废件总数的 $20\%\sim30\%$，因此在浇注时必须严格控制浇注温度和浇注速度。

（4）落砂和清理

① 落砂。从砂型中取出铸件的工序称为落砂。落砂分手工落砂和机器落砂两种。前者用于单件小批生产，后者用于大批量生产。落砂的关键在于掌握好开箱时间，若开箱过早，则由于铸件未充分冷却，会造成变形、表面硬皮等缺陷，并且铸件会形成内应力、裂纹等缺陷；若开箱过晚，则将占用生产场地及工装，降低生产效率。落砂的时间与铸件的大小和形状、合金的种类有关。

② 清理。落砂后切除浇冒口、清除型芯、去除飞边和毛刺、清除粘砂等工序称为清理，以使铸件外表面达到要求。

2.1.2　特种铸造

砂型铸造有许多优点，应用比较广泛，但砂型铸造也有一些缺点，如铸件的尺寸精度不高、表面粗糙、生产效率较低、质量不稳定、劳动强度大等。为了进了一步提高铸件质量和生产效率，已经寻找到了一些与普通砂型铸造有显著区别的、比较先进的铸造方法。

我们把这种与普通砂型铸造有显著区别的一些铸造方法，统称为特种铸造。目前特种铸造的方法较多，如熔模铸造、金属型铸造、压力铸造、离心铸造、低压铸造、壳型铸造、陶瓷型铸造、连续铸造、真空铸造和磁型铸造等。这里介绍应用较广泛的熔模铸造、金属型铸造、压力铸造、离心铸造等。

（1）熔模铸造

熔模铸造是最常用的精密铸造方法，它是用易熔材料（如蜡料）制成模样（蜡模），在模样上包覆若干层耐火涂料，待其硬化干燥后，将模样熔化，排出型外，获得无分型面的铸型（型壳），再经高温焙烧、浇注即获得所需铸件。由于在熔模铸造中多采用蜡料制成蜡模，所以通常又称为失蜡铸造。

熔模铸造的特点及应用如下：

① 铸件质量好。熔模铸造可获得尺寸精度较高、表面粗糙度值较小的铸件。一般尺寸精度可达 IT11～IT14，表面粗糙度值可达 $Ra1.6～6.3\mu m$。因此，熔模铸造的零件可实现少切屑和无切屑加工。

② 可铸造各种合金铸件，尤其适用于耐热合金、不锈钢、磁钢等高熔点难加工的高合金钢。

③ 可铸造形状较复杂、轮廓清晰的薄壁铸件，铸出孔的最小直径可达 0.5mm，最小壁厚可达 0.3mm。

④ 生产批量不受限制。熔模铸造既可以生产几十件，也可以生产成千上万件。在大批量生产条件下，可实现机械化流水作业。

熔模铸造主要用来生产形状复杂、精度要求高、很难进行切削加工的小型零件，如发动机叶片、汽车、拖拉机、机床上的小型零件，并在电子、机械、仪表、刀具等制造行业中也得到了广泛的应用。

（2）金属型铸造

将液态金属浇入用金属制作的铸型中获得铸件的方法称为金属型铸造。因为金属铸型可以连续重复浇注几百至几千次，所以又把金属型铸造称为永久型铸造。

金属型铸造的特点及应用如下：

① 可实现"一型多铸"，从而节省造型工时和造型材料，便于实现机械化和自动化，从而提高生产效率。

② 铸件的晶粒细小，组织致密，力学性能较高。

③ 铸件的尺寸精度高，表面质量好，尺寸精度可达 IT12～IT14，表面粗糙度 Ra 值可达 $6.3～12.5\mu m$。

金属型铸造主要适用于大批量生产中的壁厚较均匀的中、小型有色金属（如铝、镁、铜等）合金铸件，如汽车、拖拉机、内燃机的铝活塞、气缸体、气缸盖、电机壳体、出线盒盖、铜合金轴瓦和轴套等，也可生产形状简单的黑色金属铸件。

（3）压力铸造

压力铸造（简称压铸）是指在高压作用下将液态金属高速地压入金属铸型中，并在压力作用下凝固而获得铸件的方法。压铸是近代金属加工工艺中发展较快的一种少切屑、无切屑成形加工工艺。

压铸的特点及应用如下：

① 铸件质量好。压铸件的尺寸精度一般为 IT11～IT13，最高可达 IT8～IT9，表面粗糙度 Ra 值可达 $0.8～3.2\mu m$，因此有些压铸件不需机械加工即可装配使用。

② 铸件强度、表面硬度高。由于金属液在压力下快速结晶，铸件表层组织致密，内部

晶粒细小，因此铸件的抗拉强度比砂型铸造的铸件高 25％～40％，但伸长率有所降低。

③ 可直接铸出形状较复杂的薄壁件或带有小孔、螺纹的铸件，如铝合金压铸件壁厚可达 0.5mm，最小的铸出孔直径可达 0.7mm，可铸螺纹的最小螺距为 0.75mm。

④ 可压铸出镶嵌其他材料的零件，以节省贵重材料和加工工时，提高零件的工作性能，其镶嵌技术可代替某些部件的装配过程。

⑤ 生产效率很高，生产过程易于实现机械化和自动化。压铸在汽车、拖拉机、仪表、电子仪器、国防工业、医疗器械等制造业都得到了广泛的应用，如发动机气缸体、气缸盖、变速箱箱体、发动机罩、仪表和照相机的壳体与支架、管接头、齿轮等。目前主要用于大批大量生产中的小型（10kg 以下）有色金属铸件，其中以锌合金、铝合金压铸件应用最为广泛。

（4）离心铸造

离心铸造是将液态金属浇入高速旋转的铸型中，在离心力作用下充满铸型并凝固的铸造方法。

离心铸造的特点及应用如下：

① 铸件质量好，铸件在离心力作用下凝固成形，铸件组织紧密，内部不易产生缩孔、气孔、夹渣等缺陷。同时，金属液冷却快，铸件晶粒细小，因而力学性能较高。

② 制造空心筒状铸件时，不需要型芯，节省了工时和材料；也不需要浇注系统，金属液的利用率较高。

③ 金属液的充型能力好，可以铸造薄壁铸件和流动性较差的合金铸件。

④ 能铸造性能不同的双金属铸件，如钢套铜衬轴瓦（又称镶铜轴瓦）。制造方法是将预热好的钢套置于铸型中，浇注铜合金熔液，冷却凝固后，即可获得外钢内铜的双金属铸件。

离心铸造主要用于制造回转体的中空铸件，如缸套、轴套等。此外，还可以铸造各种要求组织致密、强度要求较高的成形铸件，如小叶轮、成形刃具等。离心铸造适用于各种金属材料，如可获得最大重量达几吨的铸件，也可获得最小孔径为 7mm 的铸件。

2.2　汽车零件成形锻压工艺基础

利用外力使固态金属材料产生塑性变形，以改变其尺寸、形状和力学性能，制成机械零件或毛坯的成形方法称为锻压成形工艺，主要包括自由锻、模锻和板料冲压等几种加工方法。

锻压成形工艺有以下特点：

① 改善金属的组织，提高金属的力学性能。

锻压可以将坯料中的疏松处（如微小裂纹、气孔）压合，通过再结晶可以使粗大的晶粒细化，提高金属组织的致密度，从而提高零件的力学性能。

② 节省金属材料和机械加工工时。

锻压件的形状和尺寸接近于零件，与直接切削钢材的成形方法相比，不但节省金属材料，而且节约加工工时。

③ 具有较高生产率。

如生产六角螺钉，用模锻成形的生产率是切削成形的 50 倍。

④ 适应性较强。

锻件既可以单件小批生产（如自由锻），也可以大批大量生产（模锻），所以锻压生产被广泛应用于重要的毛坯件。

锻压成形的缺点是：常用的自由锻件的尺寸精度、形状精度和表面质量较低；胎模锻、锤上模锻的模具费用较高，且加工设备比较昂贵等；与铸造相比，难以生产既有复杂外形又有复杂内腔的毛坯。

金属材料在外力作用下产生塑性变形获得优质毛坯或零件的难易程度称为金属的可锻性。只有可锻性好的金属，才适宜采用塑性变形的方法成形。可锻性的好坏用金属的塑性和变形抗力来综合评定。塑性反映了金属塑性变形的能力；变形抗力则反映了金属塑性变形的难易程度。塑性高，则金属在变形中不易开裂；变形抗力小，则金属变形的能耗小。一种金属材料若既有较高的塑性，又有较小的变形抗力，那它就具有良好的可锻性。

2.2.1　自由锻造

自由锻造是利用通用设备和简单通用工具，使加热后的金属坯料在冲击力或压力作用下在上、下砧铁间产生塑性变形，从而获得所需形状、尺寸和性能的锻件的一种锻压成形工艺方法。由于坯料在设备的上、下砧铁之间变形时，只有部分表面金属受限制，其余部分的金属可自由流动，因此称为自由锻造。锻件的形状和尺寸主要由锻工的操作来保证。表 2-1 是自由锻造基本工序的名称、定义及应用。

表 2-1　自由锻造基本工序

工序名称	定　义	图　例	操作规程	应　用
镦粗	将坯料的高度降低、截面积增大的工序			
镦粗 局部镦粗	将坯料的一部分镦粗的工序	 局部镦粗 带尾梢(局部)镦粗 展平(局部)镦粗	①坯料原始高度与直径之比小于 2.5，否则会镦弯 ②镦粗部分加热要均匀 ③镦粗面应垂直于轴线 ④锻打时坯料要不断转动，使其变形均匀	①锻造高度小、截面积大的工件，如齿轮、圆盘、叶轮等 ②作为冲孔前的准备工序 ③增加以后拔长的锻造比

续表

工序名称	定 义	图 例	操作规程	应 用
拔长	拔长	缩小坯料截面积,增加其长度的工序		①拔长面 $d=(0.4\sim0.8)b$ ②拔长中要不断翻转坯料(每次转90°)	①锻造截面积小而长的工件,如轴、拉杆、曲轴等 ②锻造空心件,如炮筒、透平主轴、圆环和套筒等 ③与镦粗交替进行,以获得更大的锻造比
拔长	带心轴拔长	减小空心坯料的壁厚和外径,增加其长度的工序			
冲孔	实心冲头冲孔	在坯料上冲出透孔或不透孔的工序		①需冲孔表面应先镦平 ② $\Delta h=(15\%\sim20\%)h$ 的大孔,数值为:$\Delta h\geqslant100\sim160$ ③直径 $d<450$ mm 的孔,用实心冲头冲孔;$d\geqslant450$ mm 的孔,用空心冲头冲孔 ④直径 $d<25$ mm 的孔,不冲出	①锻造空心件,如齿轮坯、圆环和套筒等 ②锻件质量要求较高的大工件,如大型汽轮机的轴,可用空心冲孔,以去除重量较小的中心部分
冲孔	空心冲头冲孔				
冲孔	板料冲孔				
扩孔	在心轴上扩孔	以心轴代替下砧,减小空心坯料的壁厚、增加其内径和外径的工序		在心轴上扩孔时,心轴的直径 $d'\geqslant0.35L$(L 为孔的长度),且心轴要光滑	大圆环

　　自由锻所用的工具简单,通用性强,生产准备周期短,灵活性大,所以应用较为广泛,特别适用于单件、小批生产的锻件。对于在工作中承受较大载荷、力学性能要求较高的大型工件(如大型连杆、水轮机主轴、多拐曲轴等),其毛坯都是用自由锻造的方法获得的,因此自由锻造在重型机械制造中占有重要地位。但自由锻造对操作工人的技术要求较高,生产效率较低、工人劳动强度较大,且锻件形状简单、精度较低,后续机械加工余量大。

　　自由锻主要有手工自由锻和机器自由锻两种方式,目前生产中主要采用机器自由锻。根据锻造设备对坯料产生的作用力性质的不同,机器自由锻又分为锤上自由锻和压力机上自由锻。锤上自由锻是利用冲击力使金属产生塑性变形,用于生产中小锻件;压力机上自由锻是利用压力使金属产生塑性变形，用于生产大型锻件。

2.2.2　模型锻造

模型锻造（简称模锻）是利用锻模迫使经加热后的金属坯料在锻模的模膛内受压，产生塑性变形并充满模膛，从而获得与模膛形状、尺寸一致的锻件的锻造方法。弯曲连杆模锻过程如图 2-2 所示。

（1）模锻与自由锻相比其主要优点

① 能锻造形状比较复杂的锻件，锻件的金属流线分布较均匀且连续，从而提高零件的力学性能和延长零件的使用寿命。

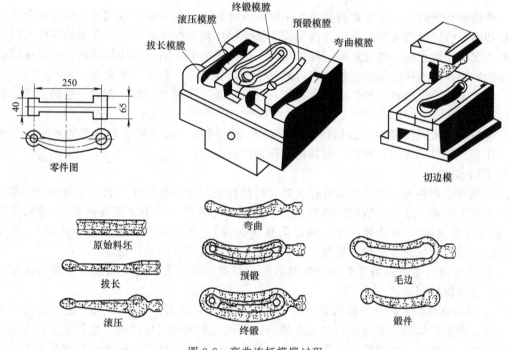

图 2-2　弯曲连杆模锻过程

② 模锻件的形状和尺寸较精确（更接近零件的形状和尺寸），表面粗糙度值较小，加工余量较小，可以节省金属材料和切削加工工时。

③ 模锻操作较简单，生产率较高，对操作工人的技术要求较低，工人劳动强度也较低，且易于实现机械化和自动化。

（2）模型锻造与自由锻造相比其主要缺点

锻模结构比较复杂，制造周期长、成本高；模锻使用的设备吨位大、费用高；锻件不能太大，质量一般在 150kg 以下，且工艺灵活性不如自由锻造（一副模具只能加工一种锻件）。所以模锻适用于中、小型锻件的成批和大量生产。

模锻广泛应用在国防工业和机械制造业中，如飞机、坦克、汽车、拖拉机、轴承等领域。随着工业的发展，模锻件在锻件中所占的比例越来越大。

模锻按使用设备的不同，主要分为上模锤锻和压力机上模锻。上模锤锻利用的是冲击力，压力机上模锻利用的是静压力，其实质都是通过塑性变形迫使坯料在锻模的模膛内成形。

2.2.3　胎模锻

胎模锻在自由锻设备上使用可移动模具生产模锻件的一种锻造方法。它是一种介于自由锻和模锻之间的锻造方法。胎模锻一般用自由锻的方法制坯，在胎模中最后成形。胎模不固定在锤头或砧座上，需要时放在下砧铁上进行锻造。

胎模锻与自由锻相比，具有生产效率高、锻件尺寸精度高、表面粗糙度值小、余量少、节约金属、降低成本等优点；与模锻相比，具有胎模制造简单、不需贵重的模锻设备、成本低、使用方便等优点。但胎模锻件的尺寸精度和生产效率不如上模锤锻高，工人劳动强度大，胎模寿命短。因此，胎模锻适于中、小批生产，在缺少模锻设备的中、小型工厂中应用较广。

2.3　汽车零件成形焊接工艺基础

在机械制造过程中，常常需要将几个零件或材料连接在一起。常用的连接方式分为可拆连接和不可拆连接两大类，可拆连接是指不需要损坏被连接件或起连接作用的零件就可以拆卸的情况，如键连接、螺栓连接、螺纹连接、销钉连接等；不可拆连接是指必须毁坏或损伤被连接零件或起连接作用的零件才能拆卸的情况，如焊接、胶接、铆接等。

焊接是指通过加热、加压或两者并用，并且用或不用填充材料，使焊件达到原子结合的一种加工方法。

金属的焊接种类很多，根据焊接时的物理冶金特征（原子间结合方式的不同）分为熔焊、压焊、钎焊三大类，目前，熔焊的应用最广泛。

（1）熔焊

利用局部加热的方法，将焊件接合处（焊件接头）加热到熔化状态，不加压力完成焊接的方法称为熔焊。熔焊按所用热源种类的不同分为电弧焊（焊接电弧为热源）、等离子弧焊（等离子弧为热源）、电渣焊（熔渣的电阻热为热源）、电子束焊（电子束为热源）、激光焊（激光为热源）、气焊（火焰为热源）等，其中又以电弧焊应用最广泛。

① 电弧焊。电弧焊是以电弧做热源的熔化焊接方法，常见的电弧焊有焊条电弧焊、埋弧焊、气体保护焊等。

a. 焊条电弧焊。焊条电弧焊是各种电弧焊方法中发展最早、目前仍广泛应用的一种焊接方法。它是以焊条作为电极和填充金属，以焊条的末端和工件之间产生的电弧作为热源进行焊接的。焊接时，电弧将焊条端部和工件局部加热到熔化状态，焊条端部熔化后形成的熔滴和熔化的母材融合在一起形成熔池。随着电弧向前移动，熔池液态金属逐步冷却结晶形成焊缝。焊条电弧焊的焊接过程如图 2-3 所示。

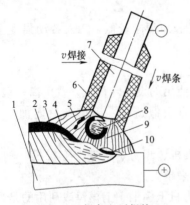

图 2-3　焊条电弧焊接
1—工件；2—渣壳；3—焊缝；4—液
态熔渣；5,8—熔滴；6—焊条涂层；
7—焊条芯；9—电弧；10—熔池

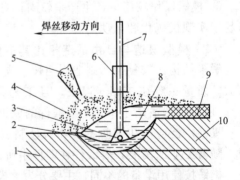

图 2-4　埋弧焊焊缝纵向截面图
1—工件（母材）；2—熔池；3—熔滴；
4—焊剂；5—焊剂；6—导电嘴；
7—焊丝；8—熔渣；9—渣壳；10—焊缝

焊条电弧焊使用的设备简单，方法简便灵活，适应性强，可在各种条件下进行各种位置的焊接，接头形式、焊缝形状及长度等不受限制，但对焊工操作技术水平要求高，焊接质量在一定程度上取决于焊工的操作技术水平。此外，焊条电弧焊劳动条件差、生产效率低，主要适用于单件或小批量生产，适宜焊接厚度为 3～20mm 的焊件。活泼金属（如钛、铌等）和难熔金属（如钽、钼等）不能采用焊条电弧焊。

b. 埋弧焊。埋弧焊是指电弧在焊剂层下燃烧进行焊接的电弧焊方法。焊接时，电弧的引燃、焊丝的送进和电弧沿焊缝的移动由设备自动完成。

埋弧焊焊缝形成过程如图 2-4 所示。焊接时，焊丝末端与工件接触，然后打开焊剂漏斗，在工件被焊处撒上一层 30～50mm 厚的焊剂。通电后，焊丝向上回抽引燃电弧。焊剂层下燃烧的电弧产生热量使电弧附近的母材和颗粒状焊剂熔化形成熔渣，所产生的高温气体将熔渣排开形成一个封闭的熔渣泡。具有表面张力的熔渣泡有效阻止了空气侵入熔池，并有效防止了熔滴向外飞溅。未熔化的焊剂将电弧与外界空气隔离，减少了电弧热能的散失。随着电弧向前移动，不断熔化送进的焊丝及前方的母材金属和焊剂，而熔池后方的液态金属从边缘开始逐渐冷却凝固形成焊缝，液态熔渣也凝固形成渣壳覆盖在焊缝表面。焊缝处金属受到焊剂层和熔渣泡的双重保护，热量损失小、熔深大。

与焊条电弧焊相比，埋弧焊具有焊接速度快、生产效率高，焊接质量高且稳定，焊缝外形美观，劳动条件好等优点；但缺点是设备费用高，工艺装备复杂，不适于焊接结构复杂、有倾斜焊缝的焊件。因此，埋弧焊主要用于生产批量大、厚度较大（6～60mm）且长直的平焊焊缝或较大直径的环形焊缝的焊接，适用的材料为低碳钢、低合金钢、不锈钢等金属板材。

c. 气体保护焊。气体保护焊是指利用外加气体作为保护介质的一种电弧焊方法。它在特种材料焊接和焊接过程自动化方面起着越来越重要的作用。与埋弧焊相比，其优点是电弧和熔池可见性好，操作方便，没有熔渣，在多层焊时节省大量焊后清渣工时，可实现全位置焊接。但在室外作业时，要采取专门的防风措施。

根据焊接过程中所用的保护气体不同，常见的有氩弧焊和 CO_2 气体保护焊等。氩弧焊是以氩气作为保护介质的气体保护焊，按其所用电极的不同又分为不熔化极氩弧焊和熔化极氩弧焊。

图 2-5 为 CO_2 气体保护焊示意图。CO_2 气体保护焊是利用 CO_2 气体（有时采用 $CO_2 + O_2$ 的混合气体）作为保护介质的熔化极气体保护焊。这种焊接方法是用连续送进的焊丝作为电极，靠焊丝和焊件之间的电弧熔化工件金属和焊丝，形成熔池，凝固后成为焊缝。

CO_2 气体保护焊焊接速度快，焊后没有熔渣，节省清渣时间，所以生产率高；保护气体价格比氩气低；电能消耗少，所以成本较低；由于电弧热量集中，因此熔池小，焊接速度快，焊接热影响区较小，变形和产生裂纹的倾向性小，焊缝成形良好。其对于低碳钢和低合金钢焊接，是一种高效率、低成本和高质量的焊接方法。其缺点是不宜焊接容易氧化的有色金属等材料，焊缝成形不够光滑美观，弧光强烈，熔滴飞溅较严重，烟雾多，需采取防风措施。

CO_2 气体保护焊主要用于焊接低碳钢和强度级

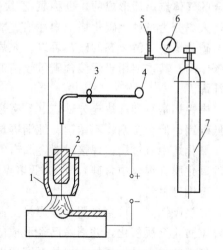

图 2-5　二氧化碳气体保护焊示意图

1—焊枪喷嘴；2—导电嘴；3—送丝机构；4—焊丝盘；5—流量计；6—减压器；7—CO_2 气瓶

别不高的普通低合金结构钢焊件，焊件最大厚度可达 50mm（对接形式），广泛用于造船、汽车、起重机、各种罐体、农用机械等工业部门。

② 等离子弧焊接。等离子弧焊是利用等离子弧作为热源进行的一种熔焊方法。焊接时在等离子弧周围采用保护气体（氩气）保护熔池和焊缝不受空气的有害作用。

等离子弧焊按焊接电流的大小可分为微束等离子弧焊和大电流等离子弧焊两类。微束等离子弧焊，焊接电流一般为 0.1～30A，可焊接厚度为 0.025～2.5mm 的金属箔材和薄板；大电流等离子弧焊，焊接电流一般为 100～300A，可焊接厚度为 2.5～12mm 的金属。

等离子弧焊的特点是：等离子弧能量密度大，弧柱温度高，穿透能力强，厚度在 12mm 以下的工件可不开坡口一次焊透；当电流小到 0.1A 时，等离子弧仍很稳定，保证了良好的方向性和电弧挺直度，故可以焊接厚度为 0.01～1mm 的箔材和薄板，且焊接速度快、生产效率高、焊缝质量好、焊接热影响区小，焊件变形小；但焊接设备比较复杂，气体消耗大，不适于室外焊接，灵活性不如氩弧焊。

等离子弧焊适用于各种难熔、易氧化以及热敏性强的金属材料的焊接，如钨、镍、钛、铜、钼、铝及其合金以及不锈钢、高强度钢等，目前主要应用于化工、原子能、电子、精密仪器仪表、火箭、航空和空间技术等领域。

③ 电渣焊。电渣焊是利用电流通过液态熔渣时产生的电阻热作为热源，将工件局部和填充金属熔化、冷却凝固形成焊缝的熔化焊工艺。

④ 电子束焊。电子束焊是利用加速和聚焦的电子束轰击焊件表面时所产生的热量使金属焊件局部熔化、冷却凝固形成焊缝的熔化焊工艺。焊件可以置于真空中，也可以在非真空中。在真空中进行的电子束焊称为真空电子束焊，在大气压力的工作环境中进行的电子束焊称为非真空电子束焊。

⑤ 激光焊。激光焊是 20 世纪 70 年代发展起来的焊接新技术，是利用聚焦后的激光作为热源进行焊接的熔焊工艺。可实现金属箔材（厚度小于 0.5mm）、薄膜（厚度为几微米到几十微米）、金属线材（直径小于 0.6mm）等材料的焊接。

⑥ 气焊。气焊是利用气体燃烧时放出的热量进行焊接的熔焊工艺。可燃气体可以是乙炔、氢气、天然气、丙烷等。气焊常用的火焰是从焊炬喷嘴喷出并由乙炔和氧气按一定比例混合的气体点燃后形成的，也称氧-乙炔焰。根据可燃气体乙炔和助燃气体氧的体积比的不同，火焰分为三种：碳化焰、中性焰、氧化焰。

碳化焰中有游离态的碳，可以补充焊接过程中碳的烧损，并有较强的还原作用和一定的渗碳作用。其主要用于焊接含碳量较高的高碳钢、高速钢、硬质合金等材料，也可用于铸铁的补焊。

中性焰是氧和乙炔充分燃烧（没有过剩的氧和乙炔）。这种火焰用途最广，主要用于焊接低碳钢、低合金钢、不锈钢、纯铜等材料。

氧化焰中氧过剩，焊接时对金属有氧化作用。因为氧化焰可在熔化金属的表面生成一层硅的氧化膜（焊丝中含硅），保护低熔点的锌、锡不被蒸发，所以这种火焰主要用于焊接黄铜、青铜等材料。

焊接碳钢时，可直接用焊丝焊接。而焊接不锈钢、铜合金、铝合金时，必须采用气焊焊剂，以防止金属氧化，并消除已经形成的氧化物。

气焊的特点是：气焊火焰的温度比电弧焊低，加热和冷却速度缓慢，加热区域宽，焊接变形大，但无需用电，设备简单，通用性强。气焊适用于薄壁件的焊接，主要焊接板厚在 2mm 左右的焊件。

（2）压焊

压焊是通过加热及加压使金属达到塑性状态，产生塑性变形和再结晶，最后使两个分离表面的原子接近到晶格距离，从而获得不可拆卸接头的焊接工艺，主要有电阻焊和摩擦焊两种。

① 电阻焊。电阻焊是利用电流通过接头的接触面产生的电阻热作为热源的压焊。电阻焊按电极形式和接头形式的不同分为点焊、缝焊和对焊三种。

a. 点焊。点焊是将焊件装配成搭接接头，并压紧在两柱状电极之间，利用电阻热局部熔化母材金属形成焊点的电阻焊。点焊接头强度取决于焊点直径的大小，一般焊点直径为 $d = 2\delta + 3\text{mm}$（δ 为板厚）。焊点质量取决于焊接电流、通电时间、电极压力和工件表面清理质量等。

点焊主要用于薄板冲压件和钢筋的焊接，如汽车、飞机薄板外壳的拼接及装配，电子仪器、仪表等工业品的生产。点焊适用的厚度范围是 $0.05 \sim 6\text{mm}$，适用的材料为不锈钢、铜合金、钛合金和铝镁合金等。

b. 缝焊。缝焊是连续的点焊过程，它用连续转动的盘状电极代替了柱状电极，进行间隔时间很短的点焊，焊后获得焊点首尾相互重叠的连续焊缝。

缝焊由于焊缝中的焊点相互重叠约 50% 以上，因此密封性好。但缝焊分流现象严重，焊接相同厚度的工件时，所需焊接电流约为点焊时的 $1.5 \sim 2$ 倍，因此缝焊只适用于厚度在 3mm 以下的有密封性要求的薄壁结构，如油箱、小型容器和管道等。

c. 对焊。对焊是将焊件装配成对接接头进行的电阻焊方法。对焊要求焊件接触处的端面形状尺寸相同或相近，以保证焊接件的质量。对焊主要用于制造封闭形零件、轧材的接长、制造异种材料的零件等，如自行车车圈、钢轨、刀具等。

② 摩擦焊。摩擦焊是利用焊件表面相互摩擦产生的热量，使端面达到热塑性状态，然后迅速顶锻，完成焊接的压焊工艺。

（3）钎焊

钎焊是利用熔点低于焊件的钎料做填充金属，加热使钎料熔化，利用液态钎料润湿母材，通过填充接头间隙并与母材相互扩散来实现永久性连接的焊接方法。根据所用钎料的熔点不同，钎焊可分为硬钎焊和软钎焊两大类。

钎焊的特点是：

① 钎焊加热温度较低，接头光滑平整，焊件尺寸精确。

② 可以焊接异种金属和焊件厚度相差较大的焊件。

③ 焊件整体加热时，可同时钎焊由多条接头组成的、形状复杂的构件，生产效率高。

④ 焊接设备简单，生产投资费用少。

但钎焊的接头强度较低，耐热性差，允许的工作温度不高，焊前清理要求严格，钎料价格较高。因此，钎焊主要用来焊接精密仪表、电气零部件、异种金属构件以及某些复杂薄板构件（如夹层构件和汽车水箱散热器等），常用来焊接各类导线及硬质合金刀具。

习　题

1. 什么是金属的铸造性能，它包含哪些内容？它们对铸件的质量影响如何？

2. 压力铸造、低压铸造、离心铸造与普通砂型铸造相比，有何优缺点？

3. 为什么熔模铸造特别适用于难以机械加工、形状复杂的铸件？

4. 何谓金属的锻造性能？

5. 试比较自由锻造、锤上模锻和胎模锻的工艺特点及应用。

6. 与焊条电弧焊相比埋弧焊具有哪些特点？

第 3 章

汽车机构基础

（1）知识目标

掌握机器、机构、构件和部件的基本概念。

掌握运动副、运动简图的基本概念。

（2）能力目标

能绘制汽车上的简单机构运动简图。

能分析汽车各机构的工作原理、运动特性，并进行简单静力学分析与计算。

（3）素养目标

具备使用汽车机构的职业素养，具有继续学习开发新的汽车机构的职业意识。

3.1 机 构 基 础

3.1.1 机器的组成

人类为了适应生产中的需要，创造和发展了各种各样的机器。我们经常见到的汽车、拖拉机、内燃机、起重机、金属切削机床以及洗衣机等都是机器。

一般机器主要由 4 个基本部分组成，即动力部分、执行部分、传动部分及控制部分。简单的机器主要由前 3 个基本部分组成，其控制部分很简单。动力部分是机器工作的动力源；执行部分又称工作部分，它直接完成机器预定的功能；传动部分是为解决动力部分与执行部分之间各种连接与矛盾，将动力和运动传给执行部分的中间装置；控制部分的作用是控制机器的其他基本部分，使操作者随时实现或重置各种预定的功能。在汽车上，发动机为动力部分，车轮为执行部分，离合器、变速器、传动轴和驱动桥等为传动部分，转向盘、变速杆、制动踏板、离合器踏板及加速踏板等组成汽车的控制部分。

3.1.2 机器与机构

机器的种类繁多，构造、用途和功能也各不相同，但它们都有一些共同的特征。如图3-1 所示的单缸四冲程内燃机，它由气缸体、活塞、进气门、排气门、连杆、曲轴、凸轮、顶杆和 1 对齿轮组成。工作时，燃气推动活塞作往复移动，经连杆转变为曲轴的转动。凸轮和顶杆用来启闭进气门和排气门。为了保证曲轴每转两周进、排气门各开闭一次，在曲轴和凸轮轴上各安装了 1 个齿轮。当燃气推动活塞运动时，进、排气门有规律地开闭，把燃气的热能转换为曲轴转动的机械能。又如发电机主要由转子（电枢）和定子组成，当驱动转子回转时，发电机就把机械能转换为电能。再如汽车由发动机经离合器、变速器、传动轴和驱动桥等带动车轮滚动进行工作。从以上 3 个例子可以看出下列 3 个共同特征：

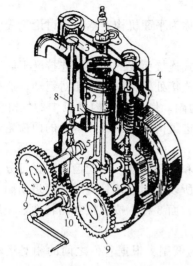

图 3-1　单缸四冲程内燃机

1—气缸体；2—活塞；3—进气门；4—排气门；5—连杆；6—曲轴；7—凸轮；8—顶杆；9—进、排气凸轮轴齿轮；10—曲轴齿轮

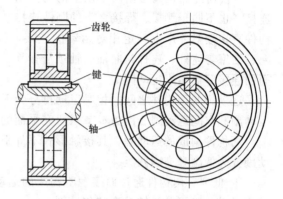

图 3-2　齿轮与键、轴连接的构件

① 它们都是人为的实物组合。

② 它们的各部分之间具有确定的相对运动。

③ 它们能代替或减轻人类的劳动，以完成有用的机械功（如汽车、机床和洗衣机）或转换机械能（如内燃机、发电机）。

机构仅有机器的前两个特征，即机构也是人为的实物组合，并且各实物之间具有确定的相对运动。在内燃机中，活塞、连杆、曲轴和气缸体组成曲柄滑块机构，将活塞的往复移动转变为曲轴的连续转动。凸轮、顶杆和气缸体组成凸轮机构，将凸轮的连续回转变成顶杆有规律的往复移动。曲轴和凸轮轴上的齿轮与气缸体组成齿轮机构，同时两轴保持一定的转速比。由此可见，机器由机构组成。

若不讨论做功和能量转换方面的问题，仅从结构和运动的角度来看，则机器和机构并无区别，所以习惯上把机器和机构统称为机械。

3.1.3　零件、构件和部件

从制造工艺的角度，可以认为机器是由若干个零件组成的。零件是机器组成中不可再拆的最小单元，是机器的制造单元。按使用特点分类，零件可分为通用零件和专用零件两大类。通用零件是指各种机械中普遍使用的零件，如螺钉、键、齿轮和轴等；专用零件是指某些特殊的机械上才用到的零件，如内燃机的活塞和曲轴、汽轮机的叶片等。

从运动特点的角度，可以认为机器是由若干构件组成的。各构件之间具有确定的相对运动，其形状和尺寸主要取决于运动性质。所以，构件是机器的运动单元。构件可能是一个零件，也可能是若干个零件的刚性组合体。如图 3-2 所示就是齿轮用键与轴连成一个整体而成为一个构件，其中的齿轮、键、和轴都是零件。

从装配的角度，可以认为较复杂的机器是由若干部件组成的。部件是机器的装配单元，如汽车的变速器、驱动桥等。

3.1.4　运动副及运动简图

（1）运动副及其分类

所有构件均在同一平面或平行平面内运动的机构称为平面机构。本节只讨论工程中常见的平面机构。

如前所述，机构是由两个以上的构件以一定的方式连接而成的。这种连接既不同于螺栓连接，也不同于铆接、焊接之类的刚性连接，而是在连接处保持一定的相对运动。这种由两构件直接接触并产生一定相对运动的连接，称为运动副。例如前述内燃机中的气缸体与活塞、活塞与连杆、连杆与曲轴、轴颈与轴承、凸轮与进气门推杆以及相啮合的两齿轮轮齿之间的连接等都构成运动副。

运动副的两构件之间的相对运动可分为平面运动和空间运动，因此运动副也可分为平面运动副和空间运动副。因为本节只研究平面的机构，所以也相应地只介绍平面运动副。

两构件构成的运动副，其接触形式不外乎点、线、面3种。按照接触的特性，一般将运动副分为低副和高副两类。

① 低副。两构件通过面接触所构成的运动副称为低副。根据它们之间的相对运动是转动或移动，又可分为转动副和移动副。

a. 转动副。若组成运动副的两构件之间只能绕同一轴线作相对转动，则该运动副称为转动副。如图3-3所示，构件1相对于构件2（构件3相对于构件4）只能绕垂直于 xOy 平面的轴转动，而不能沿 x 轴或 y 轴移动。内燃机中的连杆小头与活塞销、连杆大头与曲轴轴颈之间的连接均为转动副。

b. 移动副。若组成运动副的两构件之间只能沿某一轴线方向做相对移动，则该运动副称为移动副。如图3-4所示，1和2两构件间的相对运动只能沿 x 轴方向移动，而不能沿 y 轴移动或绕任何轴转动。

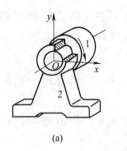

图3-3　转动副

1—活动构件；2—机座；3,4—活动构件

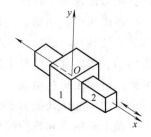

图3-4　移动副

1—滑块；2—移动杆

② 高副。两构件之间以点或线相接触所组成的运动副称为高副。组成高副的两构件间的相对运动为转动兼移动，如图3-5所示。图3-5（a）中所示的车轮1与钢轨2，图3-5（b）中所示的凸轮3与从动件4以及图3-5（c）中所示的两轮齿6和7，分别在 A 点处组成高副，它们之间的相对运动只能沿接触点 A 的切线方向移动（t-t 方向）和绕 A 点在 tAn 平面内转动，而不能沿 n-n 方向移动。

图3-6所示为运动副和构件的代表符号。图3-6（a）所示为两个构件组成的转动副；图3-6（b）所示为两个构件组成的移动副；图3-6（c）所示为两个构件组成的高副；图3-6（d）所示为具有两个或三个运动副的构件；图3-6（e）所示为画有阴影的构件称为固定件或机架。

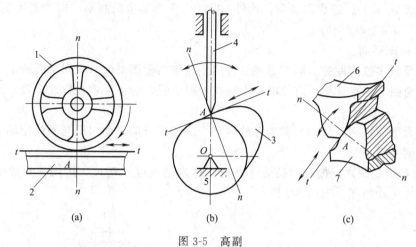

图 3-5 高副

1—轮子；2—轨道；3—凸轮；4—移动杆；5—机架；6,7—齿轮轮齿

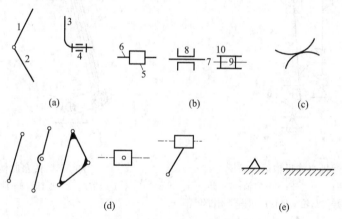

图 3-6 运动副和构件的代表符号

1～10—构件

（2）平面机构的运动简图

在分析现有机构的运动原理或设计新机构时，为使问题简单化，常常略去机构中构件的复杂外形和运动副的具体结构，仅用简单的线条和符号表示构件和运动副，并按一定的比例给出各运动副的相对位置，而绘制出能表示机构运动特征的简单图形，称为机构运动简图。

为了仅表明机构的结构状况，也可不按严格比例绘制简图，通常把这种图形称为机构示意图。

例：绘制图 3-7 所示单缸四冲程内燃机的机构运动简图。

解：

① 分析机构的组成及运动情况，找出机架、原动件和从动件。

图 3-7 所示内燃机包括：由气缸体 1、活塞 2、连杆 5 和曲轴 6 组成的曲柄滑块机构；由齿轮 10（与曲轴 6 固连）、齿轮 9 和气缸体 1 组成的齿轮机构；由凸轮 7（与齿轮 9 固连）、进气门推杆 8 和气缸体 1 组成的凸轮机构。气缸体 1 是固定件（机架），在燃气推动下的活塞 2 是原动件，其余构件均为从动件。

② 根据各构件之间的相对运动性质，确定运动副的类型和数目。

构件 2 和 1、8 和 1 组成移动副；构件 10 和 9、7 和 8 组成高副；构件 2 和 5、5 和 6、6 和 1、9（7）和 1 组成转动副。

③ 选择视图平面。

一般选择与多数构件的运动平面相平行的平面作为视图平面。视图平面选定后，为避免一些构件在简图上相互重叠，应使机构停稳在一般位置（而不要停在特殊位置）来绘制机构运动简图。

该机构为平面机构，故选与各构件的运动平面相平行的平面（即与两齿轮轴线相垂直的平面）为视图平面。

④ 测出各运动副之间的相对位置，并选取适当的长度比例尺，用构件和运动副的规定符号绘出机构运动简图，如图 3-7 所示。

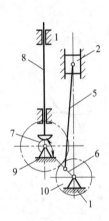

图 3-7　内燃机主体机构运动简图

1—气缸体；2—活塞；5—连杆；6—曲轴；7—凸轮；
8—顶杆；9—进、排气凸轮轴齿轮；10—曲轴齿轮

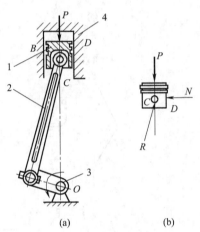

图 3-8　活塞曲柄机构

1—活塞；2—连杆；3—曲轴；4—缸体

3.2　汽车常见四杆机构

3.2.1　曲柄连杆机构

如图 3-8（a）所示，汽车发动机活塞曲柄机构是由活塞 1、连杆 2、曲轴 3 和缸体 4 组成的四杆机构。活塞与缸体之间的相对运动为移动，两者构成移动副；活塞与连杆小头通过活塞销连接，相对运动为转动，两者构成转动副；连杆大头与曲轴之间的相对运动为转动，两者构成转动副；曲轴轴颈和缸体座孔之间的相对运动为转动，两者构成转动副。这种在机构中只含有低副且构件数为 4 个的平面机构，称为四杆机构。

机构的受力分析如下：

如图 3-8（b）所示，活塞除受到原动力 P（燃气压力）的作用外，还受到缸体和连杆对它的约束力（N 和 R）作用，在三个力的作用下，活塞处于平衡状态，即三力的合力为零。三力同处于一个平面内，且作用线汇交于一点，这种力系称为平面汇交力系。物体在汇交力系的作用下要取得平衡，必须使力系的合力为零，即：$\Sigma F = P + N + R = 0$。

说明：

① 约束力。一物体的空间位置受到周围物体的限制时，这种限制就称为约束。约束阻

挡了物体本来可能产生的某种运动，从而实际上改变了物体可能的运动状态。约束限制物体运动的力称为约束反力或约束力。约束力的大小要根据作用在物体上的已知力以及物体的运动状态来确定。约束力作用在被约束物体的接触处，其方向总是与该约束所限制的运动趋势方向相反。工程中常见约束如表 3-1 所示。

表 3-1 工程中常见的约束

约束类型	约束反力		类型举例	简图代表符号
	作用点	方向		
柔性约束	过柔索的约束点	沿柔索，背离被约束体	带传动	无
光滑面约束	过接触点的公法线	指向被约束体	火车车轮与铁轨	无
中间铰链	过铰链中心	待定	连杆小头与活塞销	
固定铰链	过铰链中心	待定	曲轴轴径与缸体座孔	
活动铰链支座	过铰链中心	待定	游动轴承端	

② 连杆的受力。连杆的受力如图 3-9 所示。在不计连杆自重的情况下，连杆受到活塞销和曲轴两个构件的作用，在两个力的作用下，连杆处于平衡。

在机械结构中，凡只受二力作用处于平衡状态，且具有所受二力在两个力的作用点的连线上的特征的构件，称为二力杆，如图 3-9、图 3-10 中所示的 BC 构件。

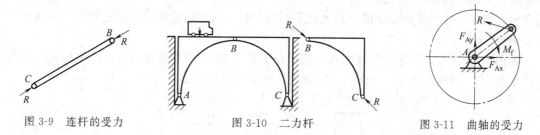

图 3-9 连杆的受力   图 3-10 二力杆   图 3-11 曲轴的受力

③ 曲轴的受力。曲轴的受力如图 3-11 所示。曲轴受到连杆的作用力 R 和缸体轴承孔的约束力（F_{Ay}，F_{Ax}）作用，另外还受到工作阻力矩 M_f 的作用。曲轴在这些力和力矩的作用下处于平衡。这种各力作用线分布在同一平面内，且不汇交于一点的力系，称为平面任意力系。

3.2.2 机构的运动分析

如图 3-12 所示活塞-连杆-曲轴机构，活塞在燃气作用力的推动下，沿气缸壁作往复移动，通过连杆推动曲轴作定轴转动，从而将移动转换成转动，推力转变为曲轴转矩，以向工作机输出机械能。

（1）活塞（点）的位移

设活塞的位移为 S，根据活塞的运动情况，位移 S 是时间的函数，其运动方程可表示为：

$$S = f(t) \tag{3-1}$$

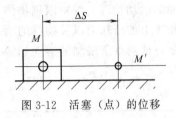

图 3-12　活塞（点）的位移

（2）活塞（点）的速度

速度是描述点的运动快慢和方向的物理量，速度是矢量，如图 3-13 所示。设活塞的速度为 v，在 t 瞬时位于 M 点，位移为 S；经过时间间隔 Δt，活塞由 M 点运动到 M' 点，其位移增量为 Δs，位移为 $\overrightarrow{MM'}$。位移是矢量。位移的大小等于 $\overrightarrow{MM'}$ 的绝对值，其方向由 M 点指向 M'。位移 $\overrightarrow{MM'}$ 与 Δt 的比值称为时间 Δt 内的平均速度，即：

$$v^* = \frac{\overrightarrow{MM'}}{\Delta t}$$

平均速度只能表示在 Δt 时间内的运动情况。显然，若 Δt 趋近于零时，$\overrightarrow{MM'}$ 的大小就趋近于 Δs，平均速度 v^* 就趋近于动点在 t 瞬时的速度，即：

$$v = \lim_{\Delta t \to 0} \frac{|\overrightarrow{MM'}|}{\Delta t} = \lim_{\Delta t \to 0} \frac{\Delta s}{\Delta t} = \frac{ds}{dt} = f'(t)$$

当 $\Delta t \to 0$ 时，M' 趋于 M，位移 $\overrightarrow{MM'}$ 的极限方向与 M 点的切线方向重合，指向运动的一方。

由此可见，动点的瞬时速度的大小等于位移对时间的一阶导数，速度的方向是动点轨迹的切线方向，即由 v 的正负确定。如 $v > 0$，则 S 随时间变化而增大，动点沿 S 坐标的正向运动；如 $v < 0$，则 S 随时间变化而减小，动点沿 S 坐标的负向运动。

（3）活塞（点）的加速度

点的加速度是描述点的速度大小和方向随时间变化的物理量。在直线运动中，由于点的运动是沿坐标轴的方向，其速度的方向始终与坐标轴重合，因此加速度只是描述了速度大小的变化。点在曲线运动中速度的方向也在不断地变化，因此加速度同时描述速度大小和方向的变化。

如图 3-13 所示，活塞沿轴线运动，在 t 瞬时位于 M 点，其速度为 v；在 t' 即 $t + \Delta t$ 瞬时位于 M' 点，其速度为 v'，则在 Δt 时间内，速度的增量为 $\Delta v = v' - v$。

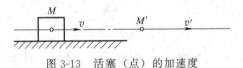

图 3-13　活塞（点）的加速度

Δv 与相应的 Δt 时间间隔的比值，可以大致描述速度在 Δt 时间内的变化快慢，称为动点在 Δt 时间内的平均加速度 a^*，即：

$$a^* = \frac{\Delta v}{\Delta t} \tag{3-2}$$

其方向与速度增量的方向一致。

当 $\Delta t \to 0$ 时，平均加速度趋近于动点在 t 瞬时的加速度，若动点作变速直线运动，则其加速度 a_τ 的大小为：

$$a_\tau = \lim_{\Delta t \to 0} \frac{\Delta v_\tau}{\Delta t} = \lim_{\Delta t \to 0} \frac{v' - v}{\Delta t} = \lim_{\Delta t \to 0} \frac{\Delta v}{\Delta t} = \frac{dv}{dt} \tag{3-3}$$

由于 Δv_τ 在数值上等于两个瞬时速度的代数差，即 $\Delta v_\tau = v' - v$。

又因 $v = \dfrac{ds}{dt}$，代入上式得：

$$a_\tau = \frac{\mathrm{d}^2 s}{\mathrm{d}t^2} = f''(t) \tag{3-4}$$

（4）转动方程、角速度、角加速度

① 转动方程。如图 3-14 所示，设曲轴绕轴线转动，转动曲轴的位置由转角 φ 确定。对应一个转角，曲轴便有一个确定的位置，曲轴上各点在各自圆周上所走弧长所对应的中心角均等于转角 φ。曲轴转动时，转角 φ 随时间而变化，即转角 φ 是 t 的单值函数：$\varphi = f(t)$。

$\varphi = f(t)$ 称为曲轴（刚体）的转动方程，它表示刚体转动的规律，由转动方程可以确定任一瞬时的转角，也可以确定任一瞬时刚体绕定轴转动的位置。

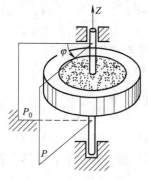

图 3-14 转动方程

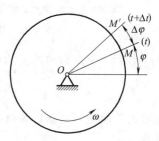

图 3-15 角速度

转角的单位用弧度（rad），正负号规定为：自 z 轴的正端向负端看，逆时针方向转动时转角为正，顺时针方向转动时转角为负。

② 角速度。角速度是用于描述刚体转动快慢和转动方向的物理量。

设曲轴按转动方程 $\varphi = f(t)$ 作定轴转动，如图 3-15 所示，在 t 瞬时的转角为 φ，在 $t + \Delta t$ 瞬时的转角为 $\varphi + \Delta \varphi$。转角的增量 $\Delta \varphi$ 与相应的时间增量 Δt 的比值，称为在 Δt 时间内的平均角速度 ω^*，即：

$$\omega^* = \frac{\Delta \varphi}{\Delta t} \tag{3-5}$$

当 $\Delta t \to 0$ 时，ω^* 所趋近的极限值就是刚体在瞬时 t 的角速度 ω，即：

$$\omega = \lim_{\Delta t \to 0} \frac{\Delta \varphi}{\Delta t} = \frac{\mathrm{d}\varphi}{\mathrm{d}t} = f'(t) \tag{3-6}$$

由此可见：曲轴（刚体）的角速度等于转角对时间的一阶导数。

角速度的方向与角位移增量方向一致。角位移增加的方向为角速度正方向。

角速度的单位为 rad/s。在工程上，通常以 r/min 表示转动的快慢，称为转速，以 n 表示。角速度 ω 与转速 n 之间的关系为：

$$\omega = \frac{\pi n}{30} \tag{3-7}$$

③ 角加速度。角加速度是用于描述角速度变化快慢的物理量。

设刚体按转动方程 $\varphi = f(t)$ 作定轴转动，如图 3-16 所示，在 t 瞬时角速度为 ω，$t + \Delta t$ 瞬时的角速度为 $\omega + \Delta \omega$，角速度增量 $\Delta \omega$ 与相应时间增量 Δt 的比值，称为在 Δt 时间内的平均角加速度 ε^*，即：

$$\varepsilon^* = \frac{\Delta \omega}{\Delta t} \tag{3-8}$$

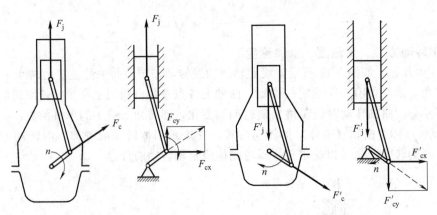

(a) 活塞在上半行程时的惯性力　　　　(b) 活塞在下半行程时的惯性力

图 3-16　往复惯性力和离心力作用情况示意图

当 $\Delta t \rightarrow 0$ 时，平均角加速度的极限为瞬时的角加速度 ε，即：

$$\varepsilon = \lim_{\Delta t \rightarrow 0} \frac{\Delta \omega}{\Delta t} = \frac{\mathrm{d}\omega}{\mathrm{d}t} = \frac{\mathrm{d}^2 \varphi}{\mathrm{d}^2 t} \tag{3-9}$$

由此可见：曲轴（刚体）的角加速度等于角速度对时间的一阶导数，或等于转角对时间的二阶导数。

ε 的方向与 ω 增量方向一致。当 $\mathrm{d}\omega/\mathrm{d}t > 0$ 时，ε 与 ω 同方向，刚体作加速转动；当 $\mathrm{d}\omega/\mathrm{d}t < 0$ 时，ε 与 ω 反方向，刚体作减速转动。

角加速度是代数量，角加速度的单位是 $\mathrm{rad/s}^2$。

例：某发动机启动时，曲轴按转动方程 $\varphi = \pi t^3$，式中 φ 的单位为 rad，t 的单位为 s。试求：a. 启动后 2s 时的角加速度；b. 由静止至 $n = 1440\mathrm{r/min}$ 所需的时间和转过的圈数。

解：

a. 角速度　$\omega = \mathrm{d}\varphi/\mathrm{d}t = 3\pi t^2$

角加速度　$\varepsilon = \dfrac{\mathrm{d}\omega}{\mathrm{d}t} = 6\pi t$

当 $t = 2\mathrm{s}$ 时　$\varepsilon = 6\pi \times 2 = 37.6 \ (\mathrm{rad/s}^2)$

b. 所需时间：

$$\omega = \frac{\pi n}{30} = \frac{1440 \times \pi}{30} = 48\pi$$

将上式代入角速度式中，可求得所需的时间：

$$t = \sqrt{\frac{\omega}{3\pi}} = \sqrt{\frac{48\pi}{3\pi}} = 4 \ (\mathrm{s})$$

转过的圈数：

由转动方程得　$\varphi = \pi t^3 = 64\pi$

圈数为　$n = \varphi/2\pi = 32$（圈）

（5）定轴转动刚体上点的速度和加速度

在工程中往往不仅要知道刚体转动的角速度和角加速度，还需要知道刚体上某点的速度和加速度。例如为了保证机器安全运转，在设计带轮时，需要知道轮缘的速度，以防止轮缘由于离心力而断裂。

3.2.3　汽车发动机的动力学分析

（1）发动机的动力学分析

在发动机做功时，气缸内最高温度可达 2500K 以上，最高压力可达 3～5MPa，现代汽车发动机最高转速可达 6000～8000r/min，则活塞在气缸内每秒钟要完成 200～270 个行程，可见其线速度很高。

由于曲柄连杆机构是在高压下作变速运动的，因此它在工作中的受力情况很复杂。曲柄连杆机构工作时所受的力主要有气体作用力、运动质量惯性力与离心力、相对运动件接触表面的摩擦力等。在此，只对其运动的惯性力作简单分析。

作往复运动的物体，当运动速度变化时，就要产生往复惯性力。物体绕某一中心做旋转运动时，就会产生离心力。在曲柄连杆机构的运动中这两种力都存在，如图 3-17 所示。

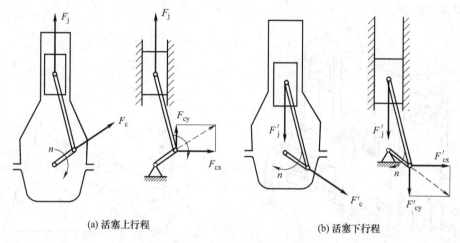

(a) 活塞上行程　　　　　　　　(b) 活塞下行程

图 3-17　曲柄连杆机构受力分析

① 往复惯性力。往复惯性力是指活塞组件和连杆小头在气缸中作往复直线运动所产生的惯性力，用 F_j 表示，其大小与机器零件的质量及加速度成正比，方向总与加速度的方向相反。

活塞在气缸内的运动速度很高，而且数值不断变化。当活塞从上止点向下止点运动时其速度变化规律是：从零开始，逐渐增大，临近中间达最大值，然后又逐渐减小到零。也就是说，当活塞向下运动时，前半行程是加速运动，惯性力向上，以 F_j 表示 [图 3-17 (a)]；后半行程是减速运动，惯性力向下，以 F_j' 表示 [图 3-17 (b)]。同理，当活塞向上时，前半行程惯性力向下，后半行程惯性力向上。

活塞、活塞销和连杆小头的质量愈大，曲轴转速愈大，则往复惯性力也愈大。它使曲柄连杆机构的各零件和所有轴颈承受周期性的附加荷载，加快轴承的磨损，未被平衡的变化着的惯性力传到气缸体后，还会引起发动机的振动。

② 离心力。离心力是指偏离曲轴轴线的曲柄、曲柄销和连杆大头绕曲轴轴线作圆周运动产生的旋转惯性力，简称离心力，用 F_c 表示，其大小与曲柄半径、旋转部分的质量及曲轴转速有关，其方向沿曲柄半径向外。曲柄半径长，旋转部分质量大，曲轴转速高，则离心力大。离心力 F_c 在垂直方向的分力 F_{cy} 与往复惯性力 F_j 方向一致，因而加剧了发动机的上下振动；而水平方向的分力 F_{cx}，则使发动机产生水平方向振动；离心力使连杆大头的轴承和曲柄销、曲轴主轴颈及其轴承受到又一附加荷载，增加它们的变形和磨损。

上述各种力，作用在曲柄连杆机构和发动机机体的各有关零件上，使它们受到压缩、拉伸、弯曲和扭转等不同形式的荷载。为了保证工作可靠，减少磨损，在结构上必须采取相应措施。

（2）活塞-连杆-曲轴的几何关系

为保证活塞-连杆-曲轴机构的正常运转，如图3-18所示，连杆小头轴线（O_1-O_1活塞销轴线）与连杆大头轴线O_2-O_2应平行，连杆大头轴线O_2-O_2与曲轴轴线O_3-O_3应平行，活塞纵向轴线O_4-O_4（气缸筒轴线）与轴线O_1-O_1、轴线O_2-O_2与轴线O_3-O_3应垂直。

3.2.4 汽车的四杆机构

（1）四杆机构的特性

为了正确选择、合理使用乃至设计四杆机构，除了需要了解四杆机构的类型，还需进一步了解其基本性质。

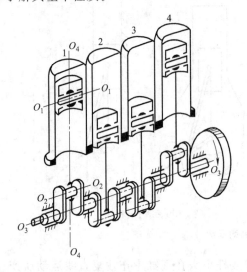
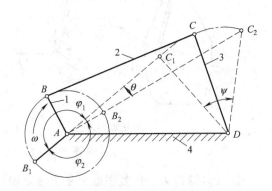

图3-18 活塞-连杆-曲轴的几何关系　　　　图3-19 曲柄摇杆机构的急回特性分析
1—曲柄；2—连杆；3—摇杆；4—机架　　　　　　　1～4—气缸序号

① 急回特性。如图3-19所示的曲柄摇杆机构，设曲柄AB为原动件，摇杆CD为从动件，曲柄转一周的过程中，曲柄与连杆BC有两次共线，摇杆CD分别处于左、右即C_1D和C_2D两个极限位置，摆角为φ。当摇杆处于两极限位置时，曲柄在两相应位置所夹的锐角θ称为极位夹角。由图3-19可知，当曲柄以角速度ω等速转过$\varphi_1=180°+\theta$时，摇杆由CD摆至C_2D，称为推程或正行程，所需时间为t_1，C点的平均速度为v_1；当曲柄再转过$\varphi_2=180°-\theta$时，C_2D摆回至C_1D，称为回程或反行程，所需时间为t_2，C点的平均速度为v_2。不难看出，由于$\varphi_1>\varphi_2$，因此$t_1>t_2$。又由于摇杆上C点从C_1到C_2和从C_2到C_1的摆角相等，而所用时间却不同，因此往返的平均速度也不同，即$v_2>v_1$。这种回程比推程的平均速度大的运动特性称为曲柄摇杆机构的急回特性。

机构的急回特性常用行程速比系数k表示，即：

$$k=\frac{v_2}{v_1}=\frac{t_1}{t_2}=\frac{\varphi_1}{\varphi_2}=\frac{180°+\theta}{180°-\theta} \tag{3-10}$$

由公式（3-10）可知，k值大小取决于极位夹角θ。当$\theta=0$时，$k=1$，机构没有急回特性；当$\theta>0$时，$k>1$，机构具有急回特性。k值的大小反映了机构的急回程度，k值愈大，机构的急回特性愈明显。

综合分析可知，四杆机构有无急回特性，一方面取决于从动件是否存在正、反行程的极限位置，另一方面则取决于极位夹角 θ。当机构从动件存在正、反行程的极限位置，且极位夹角 $\theta \neq 0$ 时，机构才具有急回特性。

通过分析得出，如图 3-20 所示的偏置曲柄滑块机构具有急回特性；而图 3-21 所示的对心曲柄滑块机构则无急回特性。通常利用机构的急回特性来缩短非生产时间，提高劳动生产效率。

② 压力角与传动角。在设计和选用四杆机构时，不但应保证实现给定的运动要求，还应使机构具有较好的传力性能，以使机构运转灵活、轻便，效率较高。机构的传力性能与压力角有关。

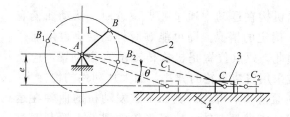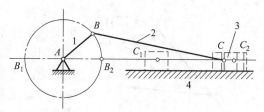

图 3-20　偏置曲柄滑块机构的急回特性分析
1—曲柄；2—连杆；3—滑块；4—机架

图 3-21　对心曲柄滑块机构的
1—曲柄；2—连杆；3—滑块；4—机架

图 3-22 所示曲柄摇杆机构中，取曲柄 AB 为原动件，摇杆 CD 为从动件。若忽略各构件质量和运动副中的摩擦，则曲柄通过连杆作用于摇杆上 C 点的力 F 是沿 BC 方向的，它与受力点 C 的绝对速度 v_c 之间所夹的锐角 α 称为压力角。力 F 沿 v_c 方向的分力 $F_t = F \cos \alpha$，是推动从动件运动的有效分力；而沿摇杆轴心线方向的分力 $F_n = F \sin \alpha$，会增大运动副中的摩擦和磨损，对机构传动不利，故称为有害分力。显然，压力角 α 愈小，有效分力 F_t 愈大，F_n 愈小，机构的传力性能愈好。可见，压力角 α 的大小是判别机构传力性能好坏的一个重要参数。

为了便于在机构运动简图中直接观察和进行测量，特引入传动角的概念。我们将压力角 α 的余角 γ 称为传动角。显然，$\gamma = 90° - \alpha$，故 γ 愈大，α 愈小，机构的传力性能愈好。

不难看出，在机构运动过程中，传动角 γ 是不断变化的。为了保证机构具有良好的传力性能，只需对传动角的最小值加以限制。一般情况下，机构的最小传动角 $\gamma_{min} \geqslant 40°$；传递较大功率时，应使 $\gamma_{min} \geqslant 50°$。出现最小传动角的机构位置，可由机构运动简图中直观地判定。

对于图 3-22 所示的曲柄摇杆机构，当以曲柄为原动件时，最小传动角 γ_{min} 必出现在曲柄与机架两共线位置中的一处。此时，传动角将出现极值。通过比较，其中 γ 值较小者即为 γ_{min}。在如图 3-23 所示的曲柄滑块机构中，当以曲柄为原动件时，最小传动角 γ_{min} 出现在曲柄与滑块导轨相垂直的位置。

③ 止点位置。图 3-24 所示的曲柄摇杆机构，若取摇杆为原动件、曲柄为从动件，则 $\gamma_{min} = 0$ 出现在曲柄与连杆共线的位置，该位置称为机构的死点位置。当机构处于死点位置时，原动件经连杆作用于从动曲柄上的力 F 通过其回转中心 A，该力对 A 点不产生力矩。故力 F 无论有多大，都不能使曲柄转动。

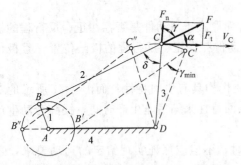

图 3-22　曲柄摇杆机构的压力角与传动角

1—曲柄；2—连杆；3—摇杆；4—机架

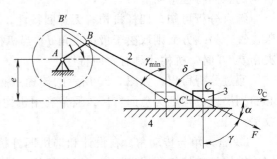

图 3-23　曲柄滑块机构的 γ_{min} 分析

1—曲柄；2—连杆；3—滑块；4—机架

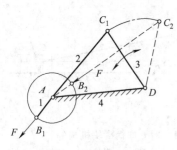

图 3-24　曲柄摇杆机构

1—曲柄；2—连杆；
3—摇杆；4—机架

此外，当机构在运动中通过死点位置时，从动曲柄有可能会产生不确定的情况，即可能顺时针回转，也可能逆时针回转。因此，死点位置是机构传动的有害位置，应设法避免。通常采用安装飞轮的方法，加大从动件的惯性力，使机构能顺利通过死点位置。例如单缸发动机的曲轴在运动过程中，就是依靠具有较大质量飞轮的惯性来顺利通过死点位置（活塞处于上、下止点），并使从动曲柄转向不变的。

（2）转向传动机构

汽车转向传动机构是将转向器输出的力和运动传给车轮的转向节，并使左、右车轮按照一定关系进行偏转的机构。为使汽车在转弯时减少附加阻力和车轮的磨损，汽车转向时各个车轮都应作纯滚动。此

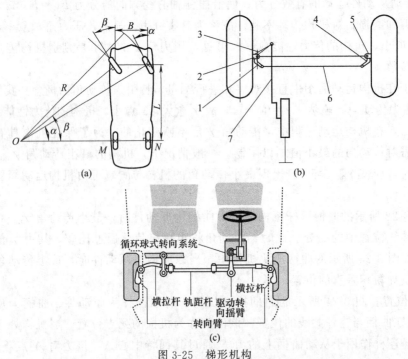

图 3-25　梯形机构

1,4—梯形臂；2,5—转向节；3—转向节臂；6—转向横托杆；7—转向直拉杆

时，各车轮的轴线必须相交于一点，如图 3-25（a）所示。由图可以看出，汽车的内转向轮偏转角 β 大于外偏转角 α，两者的关系根据图 3-25（a）有：

$$\cot\alpha = ON/L = (OM+B)/L = OM/L + B/L = \cot\beta + B/L$$

所以：
$$\cot\alpha = \cot\beta + B/L \tag{3-11}$$

能近似满足公式（3-11）所示转向理论特性关系的机构，可以采用双摇杆机构，且当两摇杆的长度相等时，此机构成为等腰梯形机构，如图 3-25（b）、（c）所示，汽车转向时，转向直拉杆拉动转向节臂 3 带动转向轮绕主销摆动，这时转向轮即可随之偏转，从而实现汽车的转向。

此外，曲柄摇杆机构用于汽车的前窗刮水器控制机构，如图 3-26 所示。双曲柄机构用于车门启闭机构，如图 3-27 所示。

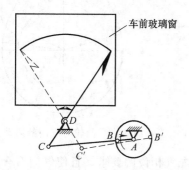

图 3-26 汽车前窗刮水器控制机构

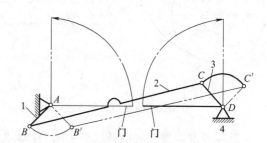

图 3-27 车门启闭机构
1,3—曲柄；2—连杆；4—机架

3.3 汽车凸轮机构基础

3.3.1 凸轮机构工作过程

设计凸轮机构时，首先是根据工作要求确定出从动件的运动规律，然后再按照这一规律设计出相应的凸轮轮廓曲线，即凸轮的轮廓形状。凸轮的轮廓形状主要取决于从动件的运动规律。所谓运动规律是指从动件在运动过程中，其位移 s、速度 v 和加速度 a 随运动时间 t（凸转角 δ）变化的规律。

图 3-28 所示为一对心直动尖顶从动件盘形凸轮机构。图中所示以凸轮轮廓的最小向径 r_{min} 为半径所绘的圆称为基圆，r_{min} 称为基圆半径。当尖顶与凸轮轮廓上的 A 点（基圆与轮廓曲线的连接点）相接触时，从动件处于上升的起始位置。当凸轮以等角速度沿逆时针方向旋转时，从动件被 AB 段轮廓推动，以一定运动规律由离回转中心最近点 A 到达最远点 B，这个过程称为推程。这时从动件所走过的距离 AB' 称为从动件的升程，用 h 表示，而相应的转角 δ_t 称为推程运动角。当凸轮继续回转 δ_s 时，因圆弧 BC 为同心圆弧，故从动件在最远位置停留不动，δ_s 称为远休止角。当凸轮继续回转 δ_h 时，从动件在重力或弹簧力作用下，以一定运动规律回到起始位置（基圆上 D 点），这个过程称为回程，相应的凸轮转角 δ_h 称为回程运动角。凸轮继续回转 δ'_s 时，从动件与圆弧 AD 接触，故在最近位置停留不动，δ'_s 称为近休止角。当凸轮继续回转时，从动件将重复上述运动。

若用横坐标代表凸轮转角 δ_1，纵坐标代表从动件位移 S_2，则可以画出从动件位移 S_2 与凸轮转角 δ_1 之间的关系曲线，如图 3-28（b）所示，该曲线称为从动件的位移线图。由以上分析可见，从动件升程 h 等于凸轮轮廓的最大向径 $r_{\max}$ 减基圆半径 $r_{\min}$，即 $h = r_{\max} - r_{\min}$，从动件的位移 S_2 等于接触点凸轮轮廓的向径 r 减去基圆半径 $r_{\min}$，即：

$$S_2 = r - r_{\min} \tag{3-12}$$

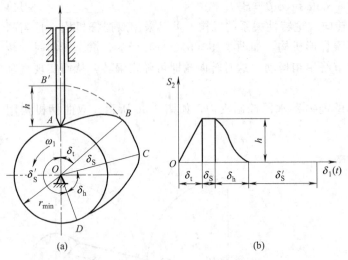

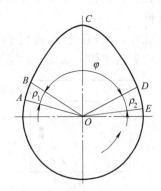

图 3-28　凸轮与从动件的运动关系　　　　图 3-29　凸轮与气门的运动关系

凸轮轮廓应保证气门开启和关闭的持续时间符合配气相位的要求，且使气门有合适的升程及其升降过程的运动规律，凸轮轮廓形状如图 3-29 所示。O 点为凸轮旋转中心，圆弧 EA 是以 O 为中心的圆弧，当凸轮按图中箭头方向转过圆弧 EA 时，挺柱不动，气门关闭。凸轮转过 A 点后，挺柱（液力挺柱除外）开始上移；到 B 点，气门间隙消除，气门开始开启；到 C 点，气门开度达最大；到 D 点，气门闭合终了。φ 对应着气门开启持续角，ρ_1 和 ρ_2 则分别对应着消除和恢复气门间隙所需的转角。凸轮轮廓圆弧 BCD 段的形状，决定了气门的升程及其升降过程的运动规律。

综上所述，从动件的运动规律取决于凸轮轮廓曲线的形状。反之，不同的从动件运动规律要求凸轮具有不同的轮廓形状。

3.3.2　从动件常用运动规律

（1）等速运动规律

当凸轮以等角速度回转时，从动件在推程或回程中的运动速度为一常数，这种运动规律称为等速运动规律。

设推程时，从动件作等速运动，其推程运动角为 δ_1，升程为 h。则其 $S_2\text{-}\delta_1$、$v_2\text{-}\delta_1$、$a_2\text{-}\delta_1$ 的关系曲线如图 3-30 所示。

由图 3-30 可见，从动件在运动开始时，速度由零突变为 v_0，故瞬时加速度在理论上为无穷大（$a_2 = +\infty$）；运动终止时，速度由 v_0 突变为零，在理论上，其瞬时加速度也为无穷大（∞）。从动件由此产生的惯性力也将趋于无穷大（由于弹性变形，实际上不可能为 $a_2 = -\infty$），这将引起刚性冲击。因此，这种运动规律不宜单独使用，在运动开始和终止段应加过渡曲线。

一般来说，这种运动规律只用于低速轻载的凸轮机构中。

（2）等加速等减速运动规律

从动件在推程或回程中，前半行程作等加速运动，后半行程作等减速运动，这种运动规律称为等加速等减速运动规律。

设推程运动角为δ_1，升程为h，则前半行程（$h/2$）的运动时间为$T/2$，对应的凸轮转角为$\delta_t/2$。由运动学知，加速度线图为平行于横坐标轴的直线段，如图3-31（c）所示；速度线图为两条斜直线，如图3-31（b）所示；位移线图为两段抛物线，如图3-31（a）所示。

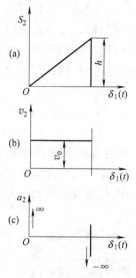

图3-30 等速运动规律

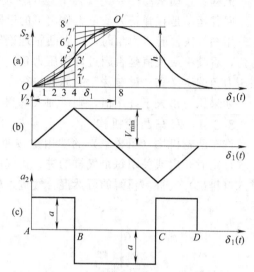

图3-31 等加速等减速运动规律

位移线图的画法如图3-31（a）所示，将横坐标代表的δ_t的线段分为若干等分（图中分为8等分），得等分点1、2、3、4、…、8。在$\delta_1/2$处（图中的4等分点）作横坐标的垂线，按一定比例取升程h，将h_2也分成与横坐标相同的等分，得$1'$、$2'$、$3'$、$4'$、…、$8'$共8个等分点，然后分别由始点O和终点O'，连成$O1'$、$O2'$、$O3'$、$O4'$、OO'、$O'5$、$O'6$、$O'7$、$O'8'$斜直线，这些斜直线与横坐标各等分点的垂线的交点，即为位移线图的点，最后将这些交点连成圆滑的曲线，即得位移线图（抛物线）。

如图3-31（c）可看出，从动件在A、B、C、D各点处加速度出现有限突变，因而产生有限惯性力，结果将引起有限的冲击，即所谓的柔性冲击。

这种运动规律适用于中速凸轮机构。另外，从其速度变化规律来看，机构利用此运动规律，有利于减少气门与座圈的撞击。

3.3.3 压力角与传动角

为了保证实现给定的运动要求，使机构具有较好的传力性能、运转灵活、轻便，效率较高，就要研究机构的传力性能与压力角的关系。

如图3-32所示，从动件运动方向和接触处轮廓法线方向所夹的锐角称为压力角，用α表示。若不考虑摩擦，则凸轮给从动件的推力会沿公法线方向。推力F_n可分解为沿从动件导轨方向的分力F_y及垂直于从动件运动方向的分力F_x。F_y是推动从动件运动的力，称为有效分力。分力F_x使从动件压紧导轨，产生摩擦阻力F_f，而且还使从动件产生弯曲变形，影响从动件的灵活运动，故称为有害分力。由图3-32知：

$$F_x = F_n \sin\alpha \qquad (3-13)$$
$$F_y = F_n \cos\alpha \qquad (3-14)$$

从公式（3-13）与公式（3-14）可知，压力角α愈大，则有害分力F_x愈大，机构的效率愈低。当压力角增大到一定程度，以致F_x在导轨上引起的摩擦阻力大于有效分力F_y时，无论凸轮加给从动件的推力多大，从动件都不能运动，即产生自锁现象。因此，为了保证凸轮机构正常工作，并具有一定的传动效率，必须对压力角加以限制。凸轮轮廓上各点的压力角是变化的，在设计时，只要使最大压力角不超过许用值，即 $\alpha_{max} \leqslant [\alpha]$，就能满足要求。根据工程实践，许用值 $[\alpha]$ 推荐如下：

推程：直动从动件 $[\alpha] \leqslant 30°$；摆动从动件 $[\alpha] \leqslant 45°$。

回程运动是在弹簧力或重力作用下的返回运动，不会出现自锁，故不校核回程压力角。

用图解法检验压力角时，可在凸轮理论轮廓曲线比较陡的地方取若干点，作出各点的压力角，看其中最大值是否超过许用压力角。求凸轮轮廓上各点压力角的作图求解方法，可依照压力角的定义和"反转法"的原理自行完成。

如果压力角大于许用值，则可加大基圆半径。

3.3.4 汽车凸轮机构

汽车凸轮机构（图 3-33）的功用是按照发动机每一气缸进行的工作循环和点火次序的要求，定时开启或关闭每个气缸的进、排气门，使新鲜的可燃混合气（废气）准时和及时地进入（排出）气缸。新鲜的可燃混合气进入气缸越多，发动机可能发出的功率越大。

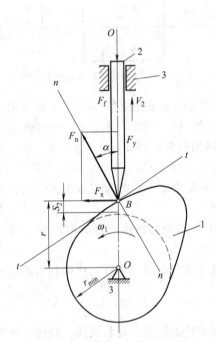

图 3-32 凸轮机构的压力角

1—凸轮；2—移动杆；3—机架

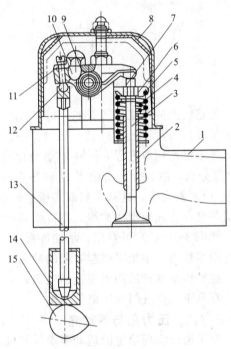

图 3-33 气门顶置式

1—气缸盖；2—气门导管；3—气门；4—气门
主弹簧；5—气门副弹簧；6—气门弹簧座；
7—锁片；8—气门室罩；9—摇臂轴；
10—摇臂；11—锁紧螺母；12—调整螺钉；
13—推杆；14—挺柱；15—凸轮轴

根据四冲程发动机的工作原理，曲轴每旋转两周，每一个缸的一个工作循环为"进、压、功、排"。进气时要求进气门打开，排气门关闭；压缩和做功行程要求进气门、排气门都关闭；排气时要求排气门打开，进气门关闭。按照这一要求，用凸轮机构作为发动机配气装置的控制机构，可以实现进、排气门的运动规律要求。

凸轮机构作为配气的控制机构（配气机构），需要解决的问题有：①进、排气门的开闭时刻；②进、排气门的开闭时间长短；③进、排气门的开启度（升程）；④进、排气门的运动规律（影响运动的平稳性）。

汽车凸轮机构的类型按照气门的布置方式分为气门顶置式（图3-33）和气门侧置式；按照凸轮的布置方式分为凸轮轴下置式、凸轮轴中置式、凸轮轴顶置式；按照驱动气门的方式分为摇臂驱动式和凸轮直接驱动式。无论哪种类型，凸轮机构的工作原理都一样。

3.4 汽车齿轮基础

3.4.1 轮系概述

汽车上普遍采用高转速、低转矩的活塞式内燃机，其转矩和转速的变化范围很小，而在复杂的使用条件下，要求汽车的驱动力和车速能在很大的范围内变化。为此，在汽车的传动系中采用由齿轮组成的传动系统（简称轮系或变速器），其功用为：

① 通过改变传动比，扩大汽车驱动力和速度的变化范围，以适应经常变化的行驶条件，同时，使发动机在最有利的条件下工作。

② 在发动机旋转方向不变的条件下，使汽车能倒向行驶。

③ 中断发动机向驱动桥的动力传递，以使发动机能够启动、怠速，满足汽车暂时停车的需要。

另外，变速器还可以作为动力输出装置，驱动某些附属装置，如举升、起吊装置等。

3.4.2 汽车轮系类型

现代汽车上所采用的轮系有多种结构形式，分类的方法也很多。目前，汽车上常用的轮系按齿轮轴线的位置相对于机架是否固定分为定轴轮系和行星轮系两类。

定轴轮系，如图3-34所示的手动变速器是通过各种大小不同的齿轮组合获得不同的传动比，其传动比的变化不连续，是分级变速。驾驶员通过操纵变速杆直接操纵变速器换挡机构，选择不同挡位的传动齿轮进行变速。

行星轮系，如图3-35所示的自动变速器一般由液力变矩器与行星齿轮式有级变速器组成。液力变矩器在一定的范围内可以使输入轴与输出轴之间的传动比连续变化，实现无级变速；而行星齿轮式有级变速器的自动控制系统能根据发动机的负荷和车速的变化自动选定挡位，即自动地改变传动比。驾驶员只需操纵加速踏板来控制车速。

有时也可能是行星轮系和定轴轮系这两种基本轮系的组合而成的混合轮系，如图3-36所示。其中，齿轮1和齿轮2组成定轴轮系，齿轮3、4、5和构件H构成行星轮系。

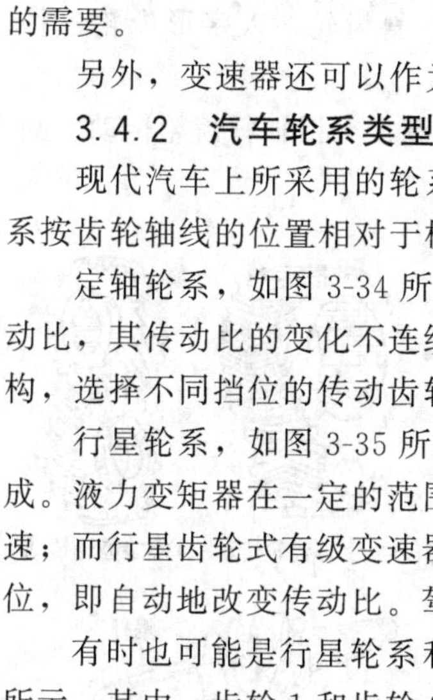

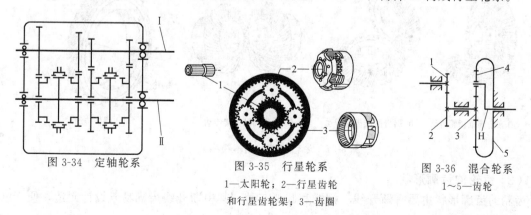

图3-34 定轴轮系

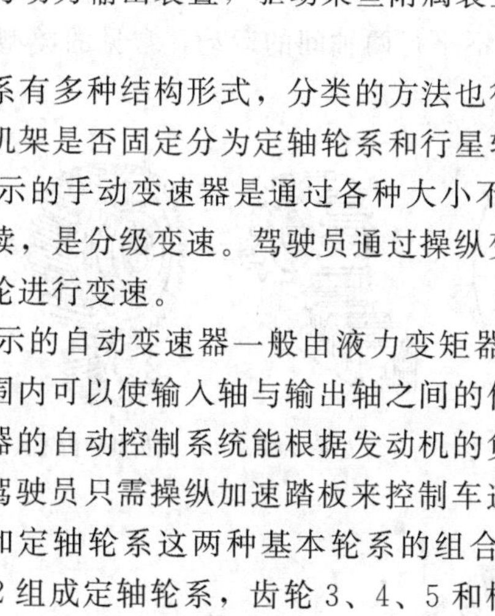

图3-35 行星轮系
1—太阳轮；2—行星齿轮
和行星齿轮架；3—齿圈

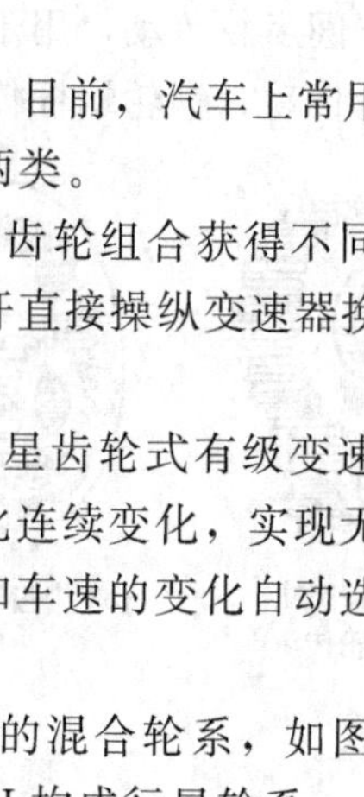

图3-36 混合轮系
1～5—齿轮

3.4.3 汽车齿轮传动基础

（1）齿轮传动的特点

目前在机床和汽车变速器等机械中，齿轮传动已得到普遍使用。与其他传动相比，齿轮传动具有以下主要优点：

① 保持瞬时传动比（两轮瞬时角速度之比）不变。

② 传动效率高，一般为 0.95～0.98，最高可达 0.99。

③ 使用寿命长，一般可达 10～20 年。

④ 适用范围广，传递功率可从几十瓦至几万千瓦。

⑤ 结构紧凑，工作可靠。

其主要缺点为：

① 不适用于远距离两轴间的传动。

② 制造和安装精度要求较高，故成本较高。

（2）齿轮传动的分类

齿轮传动的分类方法很多。按两齿轮的相对运动是平面运动还是空间运动来分，有以下两种类型，如图 3-37 所示。

平面齿轮传动，用于传递两平行轴之间的运动。其齿轮的形状为圆柱形，故称为圆柱齿轮传动。按齿轮的齿向不同，圆柱齿轮又可分为直齿圆柱齿轮、斜齿轮、人字形齿轮三种类型。

空间齿轮传动，用于传递不平行两轴间的运动，常见的类型有：交错轴斜齿轮传动、圆锥齿轮传动、蜗轮蜗杆传动。

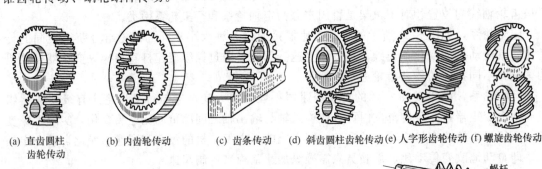

(a) 直齿圆柱　　(b) 内齿轮传动　　(c) 齿条传动　　(d) 斜齿圆柱齿轮传动 (e) 人字形齿轮传动 (f) 螺旋齿轮传动
齿轮传动

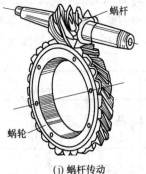

(g) 直齿圆锥齿轮传动　　(h) 斜齿圆锥齿轮传动　　(i) 曲齿圆锥齿转动　　　　(j) 蜗杆传动

图 3-37　齿轮传动的基本类型

（3）齿轮的齿廓形状

齿轮的齿廓形状主要有渐开线、摆线和圆弧三种，其中渐开线齿廓易于设计制造，便于安装，应用最广。

（4）渐开线标准直齿圆柱齿轮各部分的名称及基本参数

① 分度圆和模数。渐开线标准直齿圆柱齿轮的参数如图 3-38 所示。图中 d_a 为齿顶圆直径，d_f 为齿根圆直径。在齿顶圆和齿根圆之间，可以任意作许多圆。沿任一圆周上相邻两齿同侧齿廓之间的弧长称为该圆上的齿距。在该圆上，轮齿两侧齿廓间的弧长、齿槽两侧齿廓间的弧长分别称为该圆周上的齿厚及齿槽宽。在不同的圆周上，齿厚和齿槽宽是不同的。为了设计、制造和测量方便，我们在齿轮上规定一个圆作为计算其各部分尺寸的基准，这个圆称为分度圆，其直径用 d 表示。对于渐开线标准齿轮，在分度圆上的齿厚 s 与齿槽宽 e 相等。而分度圆上的齿距 p 则等于齿厚与齿槽宽之和，即 $p=s+e$。通常所说的齿厚、齿槽宽及齿距均是指分度圆上的。

设齿轮的齿数为 z，则分度圆直径、齿距与齿数有下列关系：

$$\pi d = zp$$

$$d = \frac{p}{\pi}z \qquad (3\text{-}15)$$

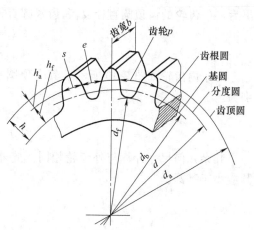

图 3-38 齿轮各部分名称及代号图

在用公式（3-15）计算分度圆直径时，由于式中的 π 为无理数，会给齿轮的计算和测量带来不便，通常令 $p/\pi=m$，称为模数，并人为地将 m 规定为一些简单的有理数。这样，便得出了分度圆的计算公式：

$$d = mz \quad (\text{mm}) \qquad (3\text{-}16)$$

模数是齿轮尺寸计算中的一个基本参数，单位为毫米。在齿数相同的条件下，模数愈大，轮齿愈大，承载能力愈大。为了便于设计和制造，我国国家标准规定的标准模数系列如下：

第一系列：1，1.25，1.5，2，2.5，3，4，5，6，8，10，12，16，20，25，32。

第二系列：1.75，2.25，2.75，（3.25），3.5，（3.75），4.5，5.5，（6.5），7，9，（11），14，18，22，28。

② 压力角。由渐开线性质可知，渐开线齿廓上各点的压力角是不等的。通常所说的压力角，是指分度圆上的压力角，用 α 表示。我国规定的标准压力角 $\alpha=20°$。在其他国家，常采用的压力角除 20° 外，还有 14.5°、15°、22.5° 等。

渐开线齿廓的形状由基圆半径决定，也就是由模数、齿数及压力角决定，故它们是决定渐开线齿廓形状的三个主要参数。

③ 齿顶高、齿根高和全齿高。如图 3-39 所示，由分度圆到齿顶圆的径向高度称为齿顶高，用符号 h_a 表示；由分度圆到齿根圆的径向高度称为齿根高，用符号 h_f 表示。规定它们的尺寸与模数成正比关系，即：

齿顶高 $\qquad\qquad\qquad\qquad h_a = h_a^* m \qquad\qquad\qquad\qquad\qquad\qquad (3\text{-}17)$

齿根高 $\qquad\qquad h_f = h_a + C = h_a^* m + C^* m = (h_a^* + C^*)m \qquad\qquad (3\text{-}18)$

式中，h_a^* 为齿顶高系数，对于正常齿轮为 1，对于短齿轮为 0.8；C 为顶隙；C^* 为顶隙系数，对于正常齿轮为 0.25，对于短齿轮为 0.3。

由齿根圆到齿顶圆的径向高度称为全齿高，用符号 h 表示。显然：

$$h = h_a + h_f = (2h_a^* + C^*)m \qquad\qquad\qquad\qquad\qquad (3\text{-}19)$$

如图 3-39 所示，顶隙是指一对齿轮啮合传动时，一齿轮的齿顶圆到另一齿轮齿根圆之间的径向距离。其作用是避免传动时两齿轮的齿顶与齿根相顶撞并便于储存润滑油。

渐开线直齿圆柱齿轮的几何尺寸是由模数、压力角、齿数、齿顶高系数及顶隙系数决定的，它们是齿轮几何尺寸计算中的五个基本参数。

模数、压力角、齿顶高系数和顶隙系数均采用标准值，分度圆齿厚与齿槽宽相等的齿轮称为标准齿轮。

④ 渐开线标准直齿圆柱齿轮的几何尺寸。渐开线标准直齿圆柱齿轮的几何尺寸与其基本参数有关。

如图 3-38 所示，齿顶高、齿根高及全齿高等尺寸按上述公式（3-17）~式（3-19）计算出后，外齿轮的齿顶圆直径 d_a 和齿根圆直径 d_f 分别为：

$$d_a = d + 2h_a \tag{3-20}$$
$$d_f = d - 2h_f \tag{3-21}$$

对于内齿轮如图 3-40 所示，其齿顶圆小于齿根圆，齿顶圆直径 d_a 和齿根圆直径 d_f 分别为：

$$d_a = d - 2h_a \tag{3-22}$$
$$d_f = d + 2h_f \tag{3-23}$$

其余几何尺寸计算与外齿轮相同。此外，为使内齿轮的齿顶部分全部为渐开线，其齿顶圆应小于基圆。

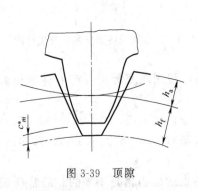

图 3-39　顶隙

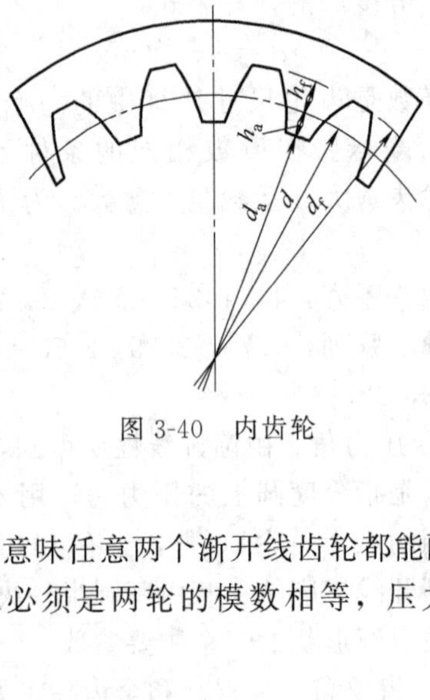

图 3-40　内齿轮

（5）标准圆柱直齿轮正确啮合的条件

虽然一对渐开线齿轮能保证定传动比传动，但并不意味任意两个渐开线齿轮都能配搭起来正确啮合传动。一对渐开线齿轮要满足啮合的要求必须是两轮的模数相等，压力角相等，即：

$$m_1 = m_2 = m$$
$$\alpha_1 = \alpha_2 = \alpha$$

因此，正确啮合的条件是：两齿轮的模数和压力角必须相等。

（6）标准中心距

一对外啮合标准渐开线直齿圆柱齿轮正确安装后，如图 3-41 所示，理论上，正确安装的一对标准齿轮传动时没有齿侧间隙。此时，两齿轮轮的分度圆相切，其中心距 a 称为标准中心距，即：

$$a = \frac{d_1}{2} + \frac{d_2}{2} = \frac{m}{2}(z_1 + z_2) \tag{3-24}$$

由公式（3-24）可进一步推出传动比计算公式：

$$i_{12} = \frac{\omega_1}{\omega_2} = \frac{r_2}{r_1} = \frac{z_2}{z_1}$$

(3-25)

（7）齿轮传动的失效形式

齿轮传动如失去正常工作能力，则称为失效。齿轮的失效主要发生在轮齿部分，其主要失效形式有轮齿折断、齿面磨损、齿面点蚀和齿面胶合等。

研究齿轮的失效形式，了解其产生的主要原因，有助于我们正确地选择齿轮强度计算方法，并采取预防措施，使之在预定的寿命内能正常地工作。下面对几种常见的轮齿失效形式进行简要地分析。

① 轮齿折断。轮齿在传递动力时，其受力情况相当于悬臂梁，如图 3-42（a）所示，齿根处产生的弯曲应力最大。轮齿在啮合过程中，作用在齿根上的弯曲应力是变应力，轮齿脱离接触后，弯曲应力变为零。当轮齿上的变应力重复一定次数后，齿根将产生疲劳裂纹，如图 3-42（b）所示。随着变应力重复次数

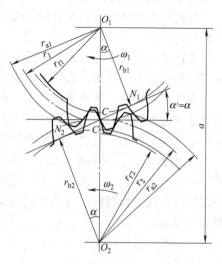

图 3-41　标准中心距

的增加，裂纹逐渐扩展，最后轮齿发生折断，如图 3-42（c）所示。这种轮齿的折断称为疲劳折断，轮齿折断多属于这种情况。此外，轮齿也可能在严重的冲击荷载或短期过载作用下发生折断，称为过载折断。这种情况通常发生在用铸铁制造的齿轮或淬火钢齿轮上。

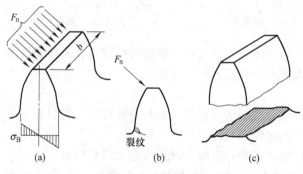

图 3-42　轮齿折断

为了防止齿轮在预期寿命内发生疲劳折断，应对齿轮进行齿根弯曲疲劳强度计算。此外，设计齿轮传动时，降低齿根表面的粗糙度，适当增大齿根圆角，对齿根表面进行强化处理（如喷丸、碾压等）以及采用良好的热处理工艺等，都能提高轮齿的抗折断能力。

② 齿面磨损。齿轮传动时，齿面间存在着相对滑动和法向压力，会引起磨损。刚投入运转的齿轮传动产生的这种磨损称为跑合磨损。跑合磨损起抛光作用，能消除加工痕迹，改善啮合情况。所以，新制造的闭式齿轮传动通常都进行跑合磨损。做法是轻载磨合运转 3～4h，然后更换齿轮箱内的润滑油，以免油中的金属微粒进入齿面，引起磨粒磨损。若灰尘、砂粒等进入齿面，则会引起磨粒磨损。磨粒磨损是开式齿轮传动的主要失效形式。

齿面严重磨损后如图 3-43 所示，齿廓形状不准确，侧隙变大，将会引起很大的附加动荷载，影响传动的平稳性，产生冲击和噪声。

采用闭式齿轮传动，能使其得到良好的润滑。此外，提高齿面硬度和减小其表面粗糙度，以及选择合适的材料和热处理方法等，都可以减轻齿面磨损。

③ 齿面点蚀。齿轮在传动时，齿面间的接触在理论上属于线接触。但因齿面在正压力作用下会产生一定的弹性变形，从而形成接触面很小的面接触。在接触面上作用着很大的脉

动循环变化的接触应力。当应力和它的重复作用次数超过材料的接触疲劳极限时，齿面表层会产生微小的疲劳裂纹，裂纹逐渐扩张使轮齿表层金属成小片剥落，形成麻点或小坑（图 3-44），这种现象称为点蚀。齿面点蚀多发生在齿轮节线附近的齿根表面处。

齿面产生点蚀后，破坏了渐开线齿廓的形状，造成传动不平稳，引起冲击及噪声，导致齿轮传动失效。

点蚀是润滑良好的闭式齿轮传动常见的失效形式。而开式齿轮传动通常不会产生点蚀，其原因是齿面磨损较快，点蚀未出现时齿面已被磨损。

为了防止齿轮在预期寿命内发生点蚀，应进行齿面接触疲劳强度计算。齿面硬度愈高，抗点蚀的能力就愈强，故采用热处理方法提高齿面硬度是防止点蚀的有效措施之一。此外，还可以用降低齿面粗糙度、使用高黏度润滑油及适宜的添加剂等方法提高齿面抗点蚀能力。

④ 齿面胶合。在高速重载的齿轮传动中，齿面啮合处的金属由于摩擦而产生瞬时高温，润滑油膜被破坏。在一定压力下，接触区金属被熔化并黏结在一起。随着齿面的相对滑动，使较软的金属表面材料沿滑动方向被撕落，从而在齿面上形成沟纹，这种现象称为胶合，如图 3-45 所示。

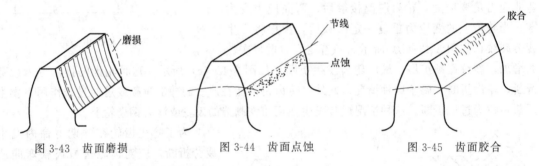

图 3-43　齿面磨损　　　　图 3-44　齿面点蚀　　　　图 3-45　齿面胶合

齿面出现胶合后会导致强烈的磨损。为了防止齿面胶合，制造时可适当提高齿面硬度及降低表面粗糙度，使用时采用黏度较大或抗胶合性较好的润滑油等。

（8）齿轮常用材料及热处理

为了使齿轮具有一定的抗失效能力，应合理地选择材料及进行热处理，齿轮材料应具有足够的强度，外硬内韧，并有良好的加工及热处理性能。

最常用的齿轮材料是锻钢，其次是铸钢和铸铁，有时也采用有色金属和塑料。

① 锻钢　碳素结构钢和合金结构钢是制造齿轮常用的材料。齿轮毛坯一般经锻造而获得。锻钢的强度高、韧性好，并可通过各种热处理来改善和提高其力学性能，以增强轮齿的抗失效能力。

按齿面硬度的不同，锻钢齿轮可分为两大类：

a. 软齿面齿轮（齿面硬度≤350HBS）。这类齿轮常用的材料有 45、40Cr、35SiMn 等，经调质处理后，可获得良好的综合力学性能。硬度一般可达 200～280HBS。对于要求不高的齿轮传动，也可以采用 40、45、50 等碳钢，经正火处理，硬度可达 156～217HBS。这类齿轮齿面硬度不高，可在热处理后切齿。

由于传动时小齿轮轮齿的工作次数比大齿轮多，因此容易疲劳和磨损，为使大、小齿轮寿命相近，常使小齿轮齿面硬度比大齿轮高出 30～50HBS。

软齿面齿轮传动常用于中、低速及对结构尺寸、重量没有要求的传动中，如一般减速器中的齿轮传动。

b. 硬齿面齿轮（齿面硬度＞350HBS）。这类齿轮常用的材料有两种：一种是中碳优质碳素钢和合金钢，如45、40Cr等。经调质和表面淬火处理后，齿面硬度可达40～55HRC，其承载能力增大，耐磨性增强。而轮齿芯部未被淬硬，仍有较高的韧性，故能承受一定的冲击荷载。这种齿轮多用于中等冲击荷载的传动中，如机床变速箱中的齿轮。另一种是低碳合金结构钢，如20Cr、20CrMnTi等，经表面渗碳淬火后，齿面硬度可达56～62HRC，而齿芯仍保持很高的韧性，故能承受大的冲击荷载，常用于汽车、拖拉机变速器中的齿轮传动。

硬齿面齿轮热处理后硬度较高，故应在热处理前精切齿形。表面淬火后齿轮变形不大，因此，对一般精度（7级以下）要求的齿轮可不再磨齿。而渗碳淬火后齿轮由于热处理后变形较大，则需要磨齿。

② 铸钢 对于尺寸较大（齿顶圆直径 $d_0 \geqslant 400 \sim 600mm$）、结构较复杂而不易锻造的齿轮，可采用铸钢制造。常用的铸钢牌号有ZG310-570、ZG340-640等。

铸钢齿轮毛坯通常需正火处理，以消除其内应力。

3.5 链 传 动

3.5.1 概述

链传动是由装在平行轴上的链轮和绕在链轮上的链条组成的。图3-46所示为汽车发动机中的正时链传动，它以链条为中间挠性件，靠链节与链轮上轮齿的啮合来传递运动和动力，保证了凸轮轴与曲轴之间的相对运动关系。

（1）链传动的特点

链传动能保证主、从动轮间的平均传动比不变，但瞬时传动比是变化的；与带传动相比较，其结构紧凑；作用在轴上的压力较小；承载能力大，效率较高（可达0.98）；工作时的振动、冲击和噪声都比较大。链传动适用于两轴相距比较远，而工作条件恶劣（高温、淋油等），不宜采用带传动的场合。

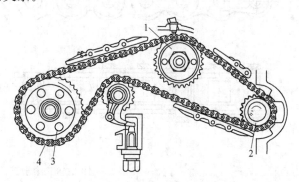

图3-46 链传动的组成
1—中间链轮；2—曲轴正时链轮；
3—凸轮轴正时链轮；4—链条

（2）传动链的结构

传动链按结构不同可分为滚子链和齿形链两种。

① 滚子链的结构。如图3-47所示，滚子链由滚子1、套筒2、销轴3、内链板4和外链板5所组成。内链板与套筒之间、外链板与销轴之间都是过盈配合连接；套筒与销轴之间为间隙配合，使内、外链板能做相对运动。滚子活套在套筒上，工作时滚子沿链轮齿廓滚动，以减轻轮齿的磨损。由于链条的磨损主要发生在销轴与套筒的接触面上，因此在内、外链板间留有少许间隙，以便润滑油渗入摩擦面间。链板一般制成"8"字形，以减轻重量并保持链板各横截面的抗拉强度大致相等。

链条上每相邻两滚子外圆中心间的距离称为节距 p，它是链条最主要的参数。节距 p 越大，链的各组成元件的尺寸也越大，所传递的功率也就越大，但传动的平稳性变差。因此，当传递功率较大时，可采用节距较小的多排链，最常用的是双排链，如图3-48所示。

滚子链的接头形式如图3-49所示。当链节数为偶数时，链条的两端恰好是外链板与内链板相接，为了锁住可拆链节，要采用弹簧夹或开口销来固定，如图3-49（a）、（b）所示。

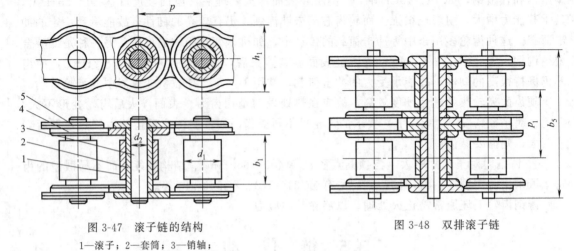

图 3-47　滚子链的结构

1—滚子；2—套筒；3—销轴；

4—内链板；5—外链板

图 3-48　双排滚子链

当链节是奇数时，必须采用过渡节，如图 3-49（c）所示。

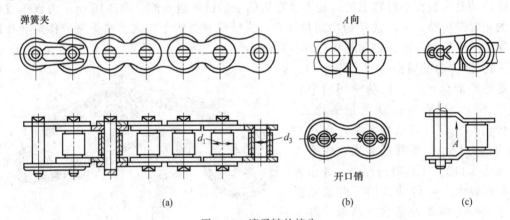

（a）　　　　　　　　　　　　（b）　　　　　　　　（c）

图 3-49　滚子链的接头

滚子链已经标准化，按 GB/T 1243—2006 规定，分为 A、B 两个系列，常用的为 A 系列。A 系列滚子链的主要参数及尺寸见表 3-2。

表 3-2　滚子链的基本参数和结构尺寸及抗拉荷载（GB/T 1243—2006）　　　mm

链号	节距 p	排距 p_t	滚子直径 d_{1max}	内节内宽 b_{1min}	内节外宽 b_{2max}	内链板高度 h_{2max}	轴销直径 d_{2max}	轴销长度		抗拉强度 F_U/kN		单排质量 $q/(kg/m)$
								b_{4max} 单排	b_{5max} 双排	单排	双排	
08A	12.7	14.38	7.92	7.85	11.17	12.07	3.98	17.8	32.3	13.9	27.8	0.6
10A	15.875	18.11	10.16	9.4	13.84	15.09	5.09	21.8	39.9	21.8	43.6	1.0
12A	19.05	22.78	11.91	12.57	17.75	18.10	5.96	26.9	49.8	31.3	62.6	1.5
16A	25.4	29.29	15.88	15.75	22.60	24.13	7.94	33.5	62.7	55.6	111.2	2.6
20A	31.75	35.76	19.05	18.9	27.45	30.17	9.54	41.1	77	87	174	3.8
24A	38.1	45.44	22.23	25.22	35.45	36.2	11.11	50.8	96.3	125	250	5.6
28A	44.45	48.87	25.4	25.22	37.18	42.23	12.71	54.9	103.6	170	340	7.5
32A	50.08	58.55	28.58	31.55	45.21	48.26	14.29	65.5	124.2	223	446	10.1
40A	63.5	71.55	39.68	37.85	54.88	60.33	19.85	80.3	151.9	347	694	16.1
48A	76.2	87.83	47.63	47.35	67.81	72.39	23.81	95.5	183.4	500	1000	22.6

链条的各个零件材料是碳钢或合金钢，经过热处理提高其强度和耐磨性。

② 齿形链的结构。齿形链是由许多带有两个齿的链板相叠并列铰接而成的，如图 3-50 所示。它的特点是承受冲击荷载能力较高，但结构复杂，价格较高，除用于高速或运动精度要求较高的场合外，一般不使用。

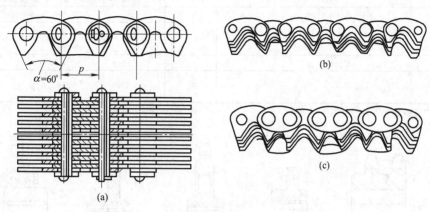

图 3-50　齿形链

3.5.2　滚子链的链轮

（1）链轮的齿形

链轮的齿形应保证链节能够平顺地进入和退出啮合，并便于加工。

GB/T 1243—2005 规定的链轮端面齿形如图 3-51 所示。它是由半径分别为 r_1 和 r_e 的两段圆弧在滚子定位圆弧角 α 处光滑连接而成的，故称为双圆弧齿形。链轮齿形一般采用标准刀具加工，因此在链轮工作图中不必画出端面齿形，而只需要注明链节距 p、齿数 z、分度圆直径 d、齿顶圆直径 d_a 及齿根圆直径 d_f，并注明"齿形按 GB/T 1243—2006 制造"即可。

链轮的轴向齿廓如图 3-52 所示。在链轮工作图上必须画出轴向齿廓并标注相应的尺寸如表 3-3 所示。

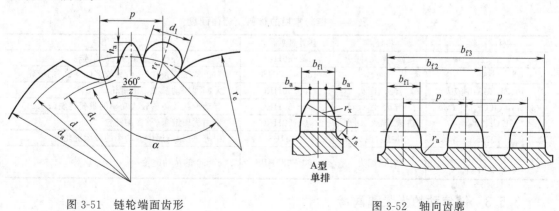

图 3-51　链轮端面齿形　　　　　　　　　　图 3-52　轴向齿廓

（2）链轮的结构

链轮的结构如图 3-53 所示，小直径的链轮可制成整体式，如图 3-53（a）所示；中等直径的链轮可制成孔板式，如图 3-53（b）所示；直径大于 200mm 的链轮可采用焊接结构，如图 3-53（c）所示，或采用组合式结构，如图 3-53（d）所示。

表 3-3　链轮直径尺寸和轴向齿廓尺寸　　　　　　　　　　　mm

代号	计算公式	代号	计算公式	
			$p \leqslant 12.7$	$p > 12.7$
d	$d = \dfrac{p}{\sin 180°/z}$	b_n	单排 $0.93b_1$	单排 $0.95b_1$
			多排 $0.91b_1$	多排 $0.93b_1$
d_a	$d_{amax} = d + 1.25p - d_1$	b_a	$b_a = 0.13p$	
	$d_{amin} = d + \left(1 - \dfrac{1.6}{z}\right)p - d_1$	b_{fn}	$b_{fn} = b + n = (n-1)p_t + b_{f1}$（$n$ 排数）	
d_f	$d_f = d - d_1$	r_x	$r_x = p$	
d_g	$d_g = p\cos\dfrac{180°}{z} - 1.04h_2 - 0.76$	r_a	$r_a = 0.04p$	

注：表中各参数如图 3-51、图 3-52 所示。

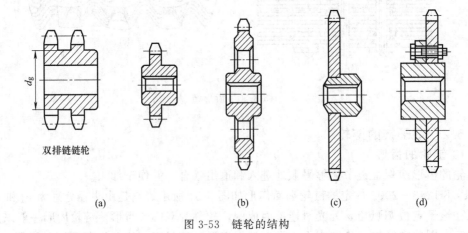

双排链链轮

　　　(a)　　　　　　(b)　　　　(c)　　　(d)

图 3-53　链轮的结构

（3）链轮的材料

链轮的材料应能保证轮齿有足够的耐磨性和强度。由于小链轮轮齿的啮合次数比大链轮多且所受冲击也较严重，因此小链轮应采用较好的材料制造。链轮常用的材料及应用范围如表 3-4 所示。

表 3-4　链轮常用的材料及齿面硬度

材　料	热处理	热处理后硬度	应 用 范 围
15、20	渗碳、淬火、回火	50～60HRC	$z \leqslant 25$，有冲击荷载的主、从动链轮
35	正火	160～200HBS	在正常工作条件下，齿数较多（$z > 25$）的链轮
40、50、ZG310-570	淬火、回火	40～50HRC	无剧烈振动及冲击的链轮
35SiMn、40Cr、35CrMo	淬火、回火	50～60HRC	有动荷载及传递较大功率的重要链轮（$z < 25$）
15Cr、20Cr	渗碳、淬火、回火	40～50HRC	使用优质链条，重要的链轮
Q235	焊接后退火	140HBS	中等速度、传递中等功率的较大链轮
普通灰铸铁（不低于 HT150）	淬火、回火	260～280HBS	$z > 50$ 的从动链轮

3.5.3　链传动的张紧和润滑

（1）链的张紧

链传动张紧的目的是为了避免松边下垂量过大，产生啮合不良或振动过大的现象；但若过紧又会加剧链条的磨损，缩短使用寿命。一般用测量松边垂度的办法来控制链条的松紧程度，如图 3-54 所示。合适的松边垂度为：

$$f = (0.01 \sim 0.02)a \tag{3-26}$$

式中，a 为链传动的中心距，mm；f 为松边垂度，mm。

对于重载、反复启动以及接近垂直的链传动，松边垂度应适当减小。

当铰链磨损后使链的长度增大而导致松边垂度过大时，可采用如下张紧措施：

① 通过调整中心距，使链张紧。

② 去掉 1～2 个链节，缩短链长，使链张紧。

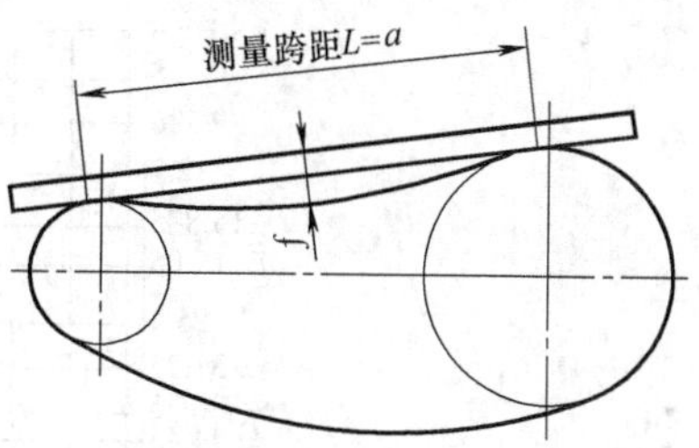

③ 加张紧轮，使链条张紧，如图 3-55 中所示的件 2、11 均为张紧轮。

图 3-54 垂度测量

（2）链传动的润滑

链传动的润滑十分重要，尤其对高速、重载的链传动更为重要。良好的润滑可缓和冲击，减轻磨损，延长链条使用寿命。链条的润滑方式要根据其运动速度和节距来确定，如图 3-56 所示。其中：Ⅰ——用油壶或油刷人工润滑；Ⅱ——用油杯滴油润滑；Ⅲ——油浴或飞溅润滑；Ⅳ——压力循环润滑。

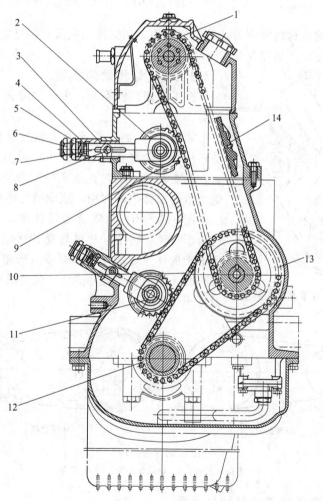

图 3-55 凸轮轴的链条传动装置

1—凸轮轴链条；2,11—紧链器；3—导向套筒；4—压紧弹簧；5—销紧螺母；6—调整螺钉；
7—导向销；8—锁紧螺母；9,10—链条；12—曲轴链轮；13—中间链轮；14—导链板

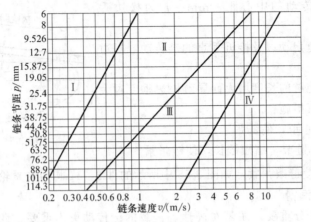

图 3-56 润滑方式的选择

3.6 带 传 动

带传动在汽车的机构组成中得到了广泛应用，例如汽车风扇常常与发电机一起由曲轴皮带轮通过三角皮带驱动，如图 3-57 所示。

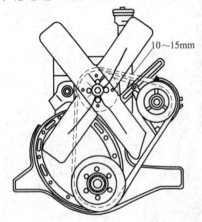

图 3-57 汽车风扇皮带及张紧装置

3.6.1 带传动的类型

按工作原理的不同，带传动分为摩擦型和啮合型两大类。

如图 3-58（a）所示为摩擦型带传动。其工作原理是：传动带紧套在两个带轮上，带与带轮之间存在正压力，当主动轮回旋时，依靠摩擦力使带运行，从动轮也受到带的摩擦力的作用，该摩擦力使从动轮绕轮心转动。

图 3-58（b）为啮合型带传动，其工作原理是：通过齿形传动带将主动轮的转动传递给从动轮，具有传动比准确的优点，故也称为同步齿形带，常用于汽车发动机正时传动机构（图 3-59），在桑塔纳轿车和依维柯轻型货车中都有应用。

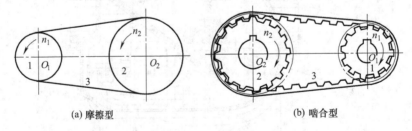

(a) 摩擦型   (b) 啮合型

图 3-58 带传动

1—主动齿形轮；2—被动齿形轮；3—齿形带

3.6.2 摩擦型传动带的结构与类型

摩擦型传动带的横截面形式有多种，常用的有平带和 V 带。

① 平带。平带的横截面为扁平矩形，如图 3-59 所示。平带的质量轻且挠曲性能好，多

用于高速和中心距较远的场合。

②V带。V带的横截面为等腰梯形，两侧面为工作面。根据V带传动所产生的摩擦力比平带的更大，约增加70%，所以，V带的传动能力更大，结构紧凑，故广泛应用于各类机械中。

V带的类型有普通V带、窄V带、宽V带、联组V带、接头V带、汽车V带等十余种，使用时要注意区分。

普通V带的尺寸已经标准化，根据国家标准规定，按V带横截面尺寸由小到大，分为七种Y、Z、A、B、C、D、E型号，见表3-5。

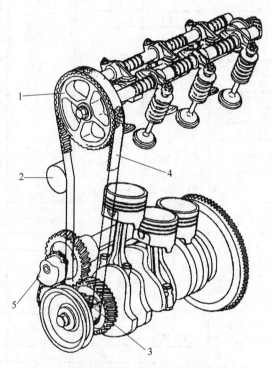

图 3-59 上置凸轮轴的齿形皮带传动机构

1—凸轮轴上的正时齿轮；2—齿形皮带张紧轮；3—曲轴上的正时齿轮；4—齿形带；5—平衡轴

表3-5 普通V带截面尺寸 （GB/T 11544—1997） mm

截面形状	Y	Z	A	B	C	D	E
节宽 b_p	5.3	8.5	11.0	14.0	19.0	27.0	32.0
顶宽 b	6.0	10.0	13.0	17.0	22.0	32.0	38.0
高度 h	40.	60.	8.0	11.0	14.0	19.0	25.0
楔角 $\alpha/(°)$	40						
单位长度质量 $q/(kg/m)$	0.02	0.06	0.10	0.17	0.30	0.62	0.90

无接头的环形V带，它的周长称为基准长，每种型号的V带都被制成几种不同的长度规格，称为基准长度系列（表3-6），使用时应根据需要选定。

普通V带的标记由型号、基准长度、标准号三大部分组成，例如：B2000GB 11544—89表示的是B型普通V带，基准长度为2000mm。V带的标记、制造时间、生产厂名等，通常印在带的顶面上。

表 3-6 普通 V 带基准长度系列   mm

E	D	C	B	A	Z	Y	基准长度 L_d
							200
							234
							250
							280
						Y	315
							356
							400
							450
							500
							560
							630
							710
					Z		800
							900
							1000
							1120
				A			1250
							1400
							1600
							1800
							2000
			B				2200
							2500
							2800
							3150
							3550
		C					4000
							4500
							5000
							5600
							6300
	D						7100
							8000
							9000
							10000
E							11200
							12500
							14000
							16000

3.6.3 V 带的安装与张紧

（1）正确安装

① 保证 V 带的横截面在轮槽中的位置正确，如图 3-60、图 3-61 所示。

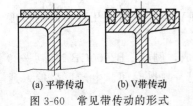

(a) 平带传动   (b) V 带传动
图 3-60 常见带传动的形式

正确   不正确   不正确
图 3-61 V 带在轮槽中的位置

② 主动轮与从动轮的轴心线应保证平行，误差不超过 20′，如图 3-62 所示。

③ 带的松紧适当，一般以大拇指能按下 10～15mm 为适合，如图 3-63 所示。

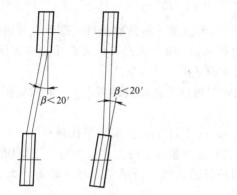

图 3-62　带轮安装的位置

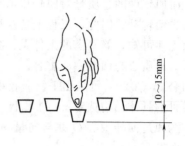

图 3-63　带轮的正确安装

（2）带的张紧

V 带长期工作在拉力作用下，由于塑性变形和磨损等原因，带的长度会增大，从而使得带与带轮之间的摩擦力下降，影响传动的效能。为了保证带传动的正常工作，必须调整带的张紧度。在汽车应用中，通常将发电机支架制成可移动的形式，以便调节带的张紧度如图 3-57 所示。

3.7　回转件的平衡

3.7.1　回转件的静平衡

在机械中，将绕固定轴线转动的构件称为回转件（转子）。如飞轮、齿轮、轮胎和曲轴等均属回转件。由于结构不对称、制造误差和材料不均匀等因素，造成回转件质心不在转动轴线上，因此在转动中产生不平衡的离心力。该力引起机器周期性振动，使零件受到一个附加的动荷载，导致机器工作品质下降，噪声增加，零件和机器的使用寿命缩短，甚至造成机器的破坏。因此，在机械设计和使用中必须考虑回转件的平衡问题。

根据回转件轴向宽度 B 和直径 D 的比值大小，回转件的平衡可分为静平衡和动平衡两种。对于轴向宽度 B 和直径 D 之比 $B/D \leqslant 1/15$ 的回转件，因轴向尺寸相对较小，可近似地认为其质量都集中在垂直于回转轴线的同一个平面上，如飞轮、砂轮、齿轮等。因此，当这类回转件作匀角速转动时，其偏心质量产生的离心力构成同一平面内汇交于回转中心的平面汇交力系。如果该力系不平衡，则它们的合力 $\sum F$ 不等于零。由平面汇交力系的平衡条件可知，如欲使其平衡，只要在该回转面加一个质量块，使所加质量产生的离心力与原有各偏心质量所产生的离心力的向量和等于零，该力系就成为平衡力系，回转件达到平衡。即：

$$F = F_b + \sum F_i = 0 \tag{3-27}$$

式中，F 为总离心力；F_b 为所加平衡质量的离心力；$\sum F_i$ 为原有各偏心质量离心力的合力。

公式（3-27）可改写成：

$$me\omega^2 = m_b r_b \omega^2 + \sum m_i r_i \omega^2 = 0 \tag{3-28}$$

消去公式（3-28）的公因子后，得：　　　$me = m_b r_b + \sum m_i r_i = 0 \tag{3-29}$

式（3-29）中，m 为回转件的总质量（原有质量＋平衡质量）；e 为总质心的向径；

$m_b r_b$ 为平衡质量及其质心的向径；$m_i r_i$ 为原有各偏心质量及其质心的向径。

公式（3-29）中质量与其质心向径的乘积称为质径积。它表达了各相应质量所产生的离心力的大小和方向，是一个矢量。

由公式（3-29）知，回转件平衡后，$e=0$，即经加一平衡质量后，总质心与回转中心重合。此时回转件的总质量对回转中心的静力矩 $mge=0$，该回转件可在任何位置保持静止，而不会自动转动。因此，工程上把这种平衡叫静平衡。

由上述可知，静平衡的条件是：分布在该回转件上各质量的离心力（或质径积）的向量和为零，即质心与回转中心重合。

由公式（3-29）可求出平衡质径积 $me=m_b r_b + \sum m_i r_i$。求出平衡质径积 me 后，可根据回转件的具体结构选定 r_b 的大小，再确定平衡质量 m_b 的大小。注意：平衡质量的质心位置应为通过回转中心 O 并与向量 $m_b r_b$ 相平行的直线上。通常应尽可能地增大 r_b，以便使 m_b 小些。

上述的方法叫配重法。显然，如果在图 3-64（a）中所示 r_b 处所指的反方向减去相应的 m_b，则也可使回转件平衡，这种方法叫去重法。

回转件经理论计算可以达到完全平衡。但是由于计算、制造和装配的误差以及材质不均匀等原因，实际上往往达不到预期的平衡，因此在生产过程中还需用试验的方法加以平衡。如图 3-65 所示，将被平衡的零件置于静平衡架的导轨上，任其自由滚动。由于回转件质心 S 不在轴线上，因此当其静止时，质心 S 必在轴心线的铅垂线下方（不计摩擦时），由此可知质心偏移的方向。然后在轴心线的正上方用橡皮泥加一适当的平衡质量，并逐步调整其大小或向径（r_b）位置，直到该回转件在任意位置都能保持静止。这时所加的平衡质量与其向径的乘积即为该回转件达到平衡需加的质径积。

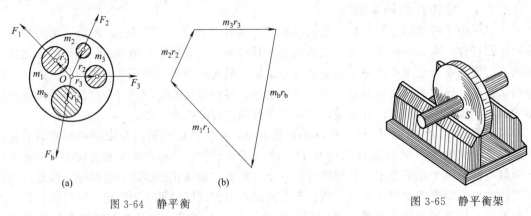

图 3-64　静平衡　　　　　　　　　　　　　　　　图 3-65　静平衡架

3.7.2　回转件的动平衡

对于 $B/D>1/5$ 的回转件，如内燃机曲轴、汽车传动轴、汽车轮胎总成等，因其轴向尺寸较大，故不能再近似地认为其质量都位于同一回转面内，这时若有不平衡质量存在，则必须看做是分布在垂直于轴线的若干个互相平行的回转面内。因而，回转件转动时各不平衡质量产生的离心力不再是平面汇交力系，而是一个空间的平行力系。要使这个空间力系达到平衡，由理论力学知，各离心力的合力和合力矩应等于零。该条件称为回转件的动平衡条件。

如图 3-66 所示的双缸曲轴，在不考虑材质不均和几何误差的情况下，理论上该曲轴的质心应和回转轴线同轴（$e=0$），即此曲轴已满足静平衡条件。但由于两曲拐不在同一回转面上，故曲轴回转时，离心力 F_1 和 F_2 所形成的力偶不为零。在离心力偶矩的作用下，曲轴将产生周期性的扭振，即存在动不平衡。

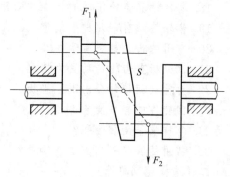

图 3-66 双缸曲轴

由理论力学知，力偶只能用力偶来平衡，故只在任何一个平面内加一配重不能使之达到平衡；必须在两个平面上（或更多的平面上）同时配上适当的质量使其产生一个相同的反力偶，才能使它达到平衡，即采用双面平衡的方法来平衡。如：轮胎的动平衡必须在两侧边的轮辋边缘同时加上一定的平衡质量，才能使它达到动平衡。

由于动平衡条件中同时包含了静平衡的条件，所以达到动平衡的转子也一定达到了静平衡；但达到静平衡条件的转子不一定达到了动平衡。这一点必须注意。对于 $B/D \leqslant 1/5$ 的转子，若达到静平衡以后，则也可近似地认为达到了动平衡。

3.7.3 车轮与轮胎的平衡

车轮与轮胎是高速旋转组件，如果不平衡，则当汽车在超过某一速度行驶，特别是在高速公路上行驶时，可能造成轮胎爆破，引发交通事故。不平衡也会引起底盘零部件损伤，如转向球节上的磨损增加、减振器和其他悬架元件的变形等。就车轮本身而言，由于装有气门嘴，同时还与轮胎和传动轴等传动系的旋转部件组装在一起，因此必须进行平衡。

新车上安装的车轮与轮胎都经过了平衡，随着车辆的行驶及轮胎的维护或修理，如果轮胎有不均匀或不规则磨损、车轮定位失准，则车轮平衡维护就是必须要做的工作。平衡车轮时，沿轮辋分配配重，抵消车轮和轮胎中的重的部位，使它平稳滚动而无振动。

习　题

一、问答题

1. 什么叫运动副？运动副具有哪些特征？

2. 平面运动副如何分类？试举出汽车上运用转动副和移动副的三个实例。

3. 机构运动简图与机构示意图有何区别？如何绘制机构运动简图？

4. 试叙述活塞-连杆-曲柄机构的工作原理。

5. 工程上常见的约束类型有哪些？

6. 何谓平面汇交力系？其平衡条件是什么？

7. 何谓平面任意力系？其平衡条件是什么？

8. 怎样求平面任意力系的主矢和主矩？

9. 汽车上的凸轮机构主要由哪几种类型？

10. 试描述凸轮机构的工作过程。

11. 从动件的常用运动规律有哪几种？各有何特点？

12. 试描述凸轮机构的几个角度与配气的关系。

13. 试述齿轮传动的优缺点。

14. 齿轮传动有哪几种基本类型？

15. 试述渐开线齿轮各部分的名称及概念。

16. 渐开线直齿轮的主要参数是哪三个？

17. 怎样计算渐开线直齿轮的分度圆、齿顶圆、齿根圆直径？

18. 怎样计算齿轮传动的标准中心距？

19. 齿轮传动有哪几种失效形式？

20. 常用的齿轮材料有哪些？

21. 试分析直齿轮传动受力情况。

22. 为什么回转件会出现不平衡？

23. 回转件的静平衡条件是什么？

24. 怎样求平衡质径积？

25. 常用的实验平衡方法有哪些？

二、选择题（单选）

1. 机器由（　　）组成。

A. 构件　　　　　　　　　B. 零件　　　　　　　　　C. 机构和零件

2. 机构由（　　）组成。

A. 构件　　　　　　　　　B. 零件　　　　　　　　　C. 部件

3. 构件由（　　）组成。

A. 零件通过活动连接　　　B. 零件通过固定连接　　　C. 部件

4. 机构中构件通过（　　）连接。

A. 螺栓　　　　　　　　　B. 铆接　　　　　　　　　C. 运动副

5. 机构运动简图必须（　　）绘制。

A. 按构件尺寸比例　　　　B. 不按构件尺寸比例　　　C. 按构件实际尺寸

6. 活塞-连杆-曲柄机构中的连杆是（　　）。

A. 二力杆　　　　　　　　B. 三力杆　　　　　　　　C. 多力杆

7. 活塞与连杆连接处是（　　）约束。

A. 固定铰链　　　　　　　B. 光滑面　　　　　　　　C. 活动铰链

8. 平面汇交力系平衡的条件是（　　）。

A. 合力为零　　　　　　　B. 合力矩为零　　　　　　C. 合力为任意值

9. 平面任意力系的平衡条件是（　　）。

A. 合力为零　　　　　　　B. 合力矩为零　　　　　　C. 合力为零，合力矩为零

10. 汽车转向传动机构是（　　）。

A. 曲柄摇杆机构　　　　　B. 双摇杆机构　　　　　　C. 双曲柄机构

11. 汽车车门传动机构是（　　）。

A. 曲柄摇杆机构　　　　　B. 双摇杆机构　　　　　　C. 反向双曲柄机构

12. 曲柄摇杆机构的急回程度取决于（　　）。

A. 极位夹角的大小　　　　B. 传动角的大小　　　　　C. 压力角的大小

13. 曲柄摇杆机构的急回程度用（　　）来衡量。

A. 行程速比系数　　　　　B. 传动角　　　　　　　　C. 压力角

14. 最小传动角 γ_{min} 是用来校核（　　）的。

A. 机构传力性　　　　　　B. 机构运动性　　　　　　C. 机构急回性

15. 汽车上的凸轮机构采用的是（　　）。

A. 盘形凸轮机构　　　　　B. 圆柱凸轮机构　　　　　C. 移动凸轮机构

16. 凸轮机构的升程 $h=$（　　）。

A. $r-r_{min}$　　　　　　　B. $r_{max}-r_{min}$　　　　　C. r/r_{min}

17. 凸轮机构从动件的运动规律取决于（ ）。

A. 凸轮轮廓形状　　　　　　B. 凸轮的转速　　　　C. 凸轮的转向

18. 渐开线齿轮的基本参数是（ ）。

A. 齿数、模数和压力角　　　B. 齿数、模数和中心距　C. 压力角、模数和中心距

19. 一对齿轮的传动比等于（ ）。

A. 主动齿轮的齿数÷从动齿轮的齿数

B. 从动齿轮的齿数÷主动齿轮的齿数

C. 从动齿轮的齿数×主动齿轮的齿数

20. 闭式硬齿面传动的失效形式为（ ）。

A. 点蚀　　　　　　　　　　B. 轮齿折断　　　　　　C. 磨损

21. 闭式软齿面齿轮传动的失效形式为（ ）。

A. 点蚀　　　　　　　　　　B. 轮齿折断　　　　　　C. 磨损

22. 开式齿轮传动的失效形式为（ ）。

A. 点蚀　　　　　　　　　　B. 轮齿折断　　　　　　C. 磨损

第4章

变速器与分动器

（1）知识目标

掌握简单变速器的基本结构，掌握变速器的传动链，了解简单变速器的换挡与变速的基本工作原理。

（2）能力目标

能够装配简单变速器。

（3）素养目标

具备汽车变速系统从业的职业素养。

4.1 变 速 器

汽车变速器是一套用来协调发动机的转速和车轮的实际行驶速度的变速装置，用于发挥发动机的最佳性能。变速器可以在汽车行驶过程中，在发动机和车轮之间产生不同的变速比，通过换挡可以使发动机工作在最佳的动力性能状态下。变速器的发展趋势越来越复杂，自动化程度也越来越高，自动变速器将是未来发展的主流。

（1）变速器的功用

① 变速变转矩，满足不同行驶条件对牵引力的需要，使发动机尽量工作在有利的工况下，满足可能的行驶速度要求。

② 实现倒车行驶，用来满足汽车倒退行驶的需要。

③ 中断动力传递，在发动机启动、发动机怠速运转、汽车换挡或需停车时，中断向驱动轮的动力传递。

（2）齿轮式变速器的要求

① 有一定的排挡数和合适的传动比。

② 操纵方便可靠。

③ 有足够的强度、刚度、耐磨性，保证良好润滑。

④ 结构简单，维修方便。

⑤ 换挡轻便，挡位安排合理。

（3）变速器分类

① 按传动比的变化方式划分，变速器可分为有级式、无级式。

a. 有级式变速器。其有几个可选择的固定传动比，采用齿轮传动，又可分为齿轮轴线固定的普通齿轮变速器和部分齿轮（行星齿轮）轴线旋转的行星齿轮变速器两种。

b. 无级式变速器。其传动比可在一定范围内连续变化，多采用液力式。

② 按操纵方式划分，变速器可以分为强制操纵式、自动操纵式。

a. 强制操纵式变速器。其靠驾驶员直接操纵变速杆换挡。

b. 自动操纵式变速器。其传动比的选择和换挡是自动进行的。驾驶员只需操纵加速踏板，该变速器就可以根据发动机的负荷信号和车速信号来控制执行元件，实现挡位的变换。

（4）手动变速器的一般结构

手动变速器也称普通齿轮式变速器或定轴式变速器，由壳体、传动部分和操纵部分组成，如图 4-1 所示。

① 安装壳体支承变速器全部零件及存放润滑油。箱盖也是壳体的一部分。

② 传动部分包含轴线固定的几根轴及若干齿轮、轴承。

③ 操纵部分的主要零件位于变速器箱盖内，包含换挡机构、锁定机构、互锁机构。

为了减小因摩擦引起的零件磨损和功率损失，必须保证变速器内良好的润滑。应从壳体一侧的加油口向变速器内加入齿轮油，使油面高度与加油口持平。当变速器工作时，浸在油内的齿轮把齿轮油飞溅到各处，润滑各齿轮、轴和轴承的工作表面。需要更换的齿轮油从壳体底部的放油口放出。

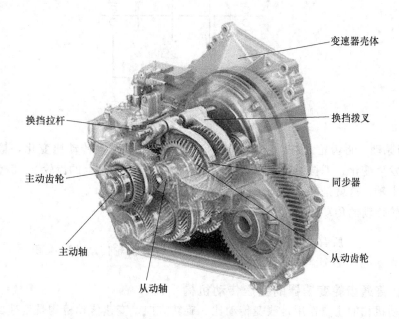

图 4-1 汽车手动变速器

（5）简单式变速器的工作原理

① 变速器的变速原理　如图 4-2 所示，根据齿轮传动的原理，利用若干大小不同的齿轮相互啮合，形成不同的传动比，传动不同的运动速度，从而实现变速。图 4-2（a）所示是齿数相同的齿轮啮合，转速不变；图 4-2（b）所示是小齿轮驱动大齿轮，降速；图 4-2（c）所示是大齿轮驱动小齿轮，升速。

如图 4-3 所示，设主动齿轮转速为 n_1，齿数为 z_1；从动齿轮转速为 n_2，齿数为 z_2，那

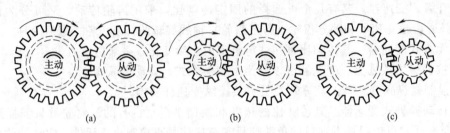

(a)　　　　　　　(b)　　　　　　　(c)

图 4-2　普通齿轮变速器的变速原理

么主动齿轮（输入轴）与从动齿轮（输出轴）的传动比 $i_{1,2}$ 为：

$$i_{1,2}=n_1/n_2=z_2/z_1$$

因而　$n_2=n_1z_1/z_2$

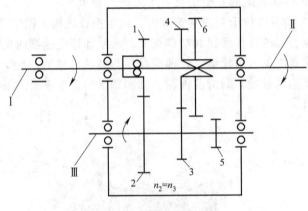

图 4-3　传动路线图

1～6—齿轮

② 换挡原理　将齿轮 3 与 4 脱开，再将齿轮 6 与 5 啮合，传动比变化，输出轴 Ⅱ 的转速、转矩也发生变化，即挡位改变。当齿轮 4、6 都不与中间轴上的齿轮 3、5 啮合时，动力不能传到输出轴，这就是变速器的空挡。

多级齿轮传动的传动比为：

$$i=\frac{所有从动齿轮齿数的连乘积}{所有主动齿轮齿数的连乘积}=各级齿轮传动比的乘积$$

4.1.1　普通齿轮变速器的变速传动机构

变速传动机构的主要作用是改变传动比、旋转方向。变速传动机构是变速器的主体，按工作轴的数量（不包括倒挡轴）可分为三轴式变速器和两轴式变速器。

典型的三轴式五挡变速器是通过壳体前端面的四个螺栓固定在离合器后端面上，它有三根主要轴：第一轴、第二轴和中间轴，故称三轴式。另外还有倒挡轴，如图 4-4 所示。

4.1.2　车型 EQ1090E 的变速器

EQ1090E 型车变速器如图 4-5 所示，其工作原理如下：

① 第一（输入）轴。第一轴和第一轴常啮合齿轮为一个整体，是变速器的动力输入轴。第一轴前部花键插于离合器从动盘毂中。

② 中间轴。在中间轴上有 5 个齿轮，作为一个整体而转动。最前面的齿轮与输入轴常

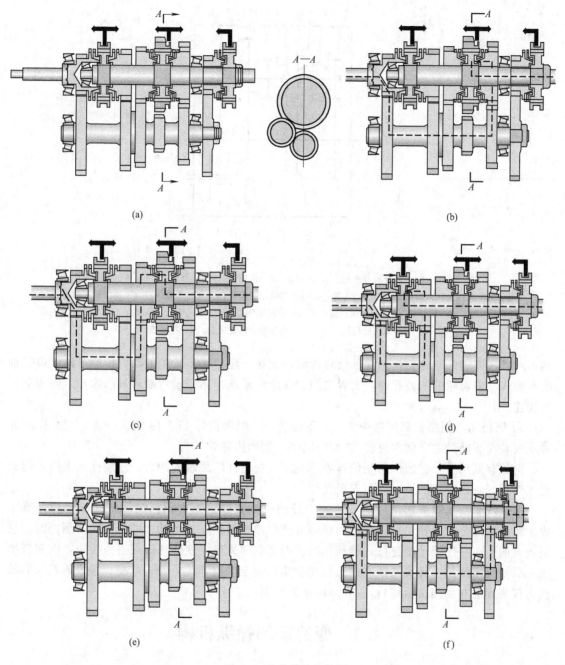

图 4-4 变速传动机构

啮合齿轮相啮合，称为中间轴常啮合齿轮，从离合器输入轴的动力经这一对常啮合齿轮传到中间轴各齿轮上。向后依次称各齿轮为中间轴四挡、三挡、二挡、一挡、倒挡齿轮。中间轴与倒挡齿轮制成一体，其余齿轮与中间轴用半圆键连接。

③ 第二（输出）轴。第二轴与花键毂 24 制成一体，通过花键固装有花键毂 25 和一倒挡滑动齿轮，通过滚针轴承固装有四、三、二挡齿轮，它们分别与中间轴上各相应挡齿轮相啮合。在花键毂上分别套有带有内花键的接合套，并设有同步机构。通过接合套的前后移

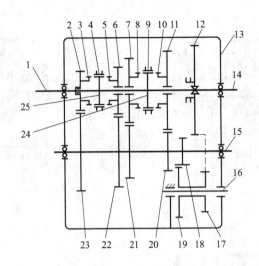

图 4-5　EQ1090E 型车变速器

1—第一轴；2—第一轴常啮合齿轮；3,5,8,10—接合齿轮；4,9—接合套；6—输出轴四挡齿轮；
7—输出轴三挡齿轮；11—输出轴二挡齿轮；12—倒挡输出齿轮；13—变速器壳体；14—第二轴（输出轴）；
15—中间轴；16—倒挡轴；17,19—倒挡齿轮；18—中间轴倒挡齿轮；20—第二挡齿轮；21—第三挡齿轮；
22—第四挡齿轮；23—中间轴常啮合齿轮；24,25—花键毂

动，可以使花键毂与相邻齿轮上的接合齿圈连接在一起，将齿轮上的动力传给二轴。第二轴前端插入一轴齿轮的中心孔内，两者之间设有滚针轴承。第二轴后端通过凸缘与万向传动装置相连。

④ 倒挡轴。倒挡轴固定在壳体上，不能转动。倒挡齿轮 17、19 制成一体，用 2 排滚针轴承安装在倒挡轴上。倒挡齿轮 19 与中间轴一倒挡齿轮常啮合。

倒挡有倒挡锁，它的作用是使驾驶员必须对变速杆施加较大的力，才能挂入倒挡，起到提醒作用，防止误挂倒挡，提高安全性。

多数汽车变速器采用结构简单的弹簧锁销式倒挡锁。它由倒挡拨块中的锁销和弹簧组成。锁销杆部装有弹簧，杆部右端的螺母可调整弹簧的预压力和锁销的长度。换倒挡时，须用较大的力向一侧摆动变速杆，推动倒挡锁销压缩弹簧后，变速杆下端进入拨块才能实现换挡。只要换入倒挡，其拨叉轴就接通装在变速器壳上的电开关，警告灯亮、报警器响（有的汽车仪表盘上有倒挡指示灯），有效地防止误挂倒挡。

4.2　变速器的操纵机构

（1）变速器操纵机构的功用
变速器操纵机构的功用是保证驾驶员根据使用条件将变速器换入某个挡位。

（2）操纵机构的要求
要使操纵机构可靠地工作，应满足下列要求：

① 设有自锁装置，防止变速器自动换挡和自动脱挡。

② 设有互锁装置，保证变速器不会同时换入两个挡位，否则会产生运动干涉，甚至会损坏零件。

③ 设有倒挡锁，防止误挂倒挡，否则会损坏零件或发生安全事故。

（3）操纵机构的类型

变速器操纵机构的类型可分为直接操纵式、远距离操纵式两种。

① 直接操纵式变速器。直接操纵式变速器的变速杆及其换挡操纵装置都设置在变速器盖上，变速器布置在驾驶员座位的附近，变速杆由驾驶室底板伸出，驾驶员可直接操纵变速杆来拨动操纵装置来换挡。大多数小轿车和长头货车的变速器采用这种操纵形式，如图 4-6 所示。

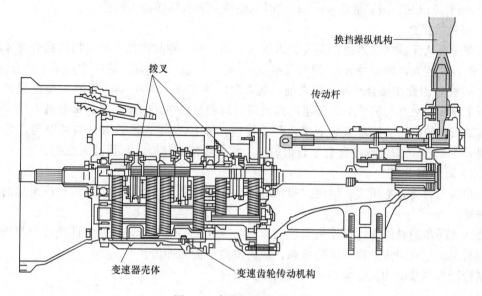

图 4-6　直接操纵式变速器

② 远距离操纵式变速器。平头汽车和发动机后置的汽车，由于变速器的安装位置距离驾驶员座位较远，变速杆不能直接布置在变速器盖上；另外有些小客车和轻型货车将变速杆安装在转向柱管上，在变速杆与变速器之间加装了一套传动机构，构成远距离操纵的形式。

4.3　同　步　器

（1）同步器的功用

同步器的功用是使接合套与待啮合的齿圈迅速同步，缩短换挡时间，且防止在同步前啮合而产生接合齿的冲击。

（2）无同步器的换挡过程

用此变速器在四挡工作时为例，四挡变速器工作原理如图 4-5 所示。

第二轴 14，齿轮 12，两个花键毂 24、25 和两个接合套 4、9 都与四挡齿轮 6 转速相同。而第一轴齿轮 2 转得较快，齿轮 7 转得较慢。

换高挡（4-5）：两次分离离合器法。

换抵挡（4-3）：两次分离离合器空挡加油法。

① 低挡换高挡。

当变速器从低速挡（四挡）换入高速挡（五挡）时，首先要踩离合器踏板，使离合器分离，接着通过变速杆等将接合套移到空挡位置。在接合套 4 与齿轮 6 刚分离这一时刻，两者转速还是相等的，即 $n_4 = n_6$。而 $n_2 > n_6$，由此可以得出 $n_2 > n_4$，即接合套 4 的转速小于齿轮 2 的转速的结论。这时如果立即把接合套 4 推向齿轮 2 上接合齿圈，就会发生打齿现象。

此时，由于变速器处于空挡，接合套和齿轮之间没有联系，离合器从动盘又与发动机脱离，因此接合套与齿轮的转速都在逐渐降低。

因为接合套与输出轴、万向传动装置、行驶系以及整个汽车联系在一起，惯性很大，所以 n_4 下降较慢；而齿轮 2 只与输入轴和离合器从动盘相联系，惯性很小，故 n_2 下降较快。

因为 n_2 原先大于 n_4，n_2 下降得又比 n_4 快，所以经过一段时间后，必然会有 $n_2 = n_4$（同步）的情况出现。最好能在 $n_2 = n_4$ 的时刻使接合套右移而挂入四挡。

② 高挡换抵挡。

当变速器从高速挡（四挡）换入低速挡（三挡）时，刚从四挡推到空挡的接合套 4 与接合套 9 的转速相同，即 $n_9 = n_4$，同时又有 $n_4 > n_7$，所以 $n_9 > n_7$。进入空挡后，由于 n_7 下降得比 n_9 快，因此在接合套停下来之前，随着时间的推移，两者（n_7 与 n_9）差值将越来越大。为了使接合套 9 与齿轮 7 的转速达到相同，驾驶员应在此时重新接合离合器，同时踩一下加速踏板，使齿轮 7 的转速高于接合套 9 转速，即 $n_7 > n_9$，然后再分离离合器，等待片刻，到 $n_7 = n_9$ 时，即可让接合套 9 与齿轮 7 上接合齿圈相接合，从而挂入三挡。

（3）同步器分类

同步器的种类有常压式、惯性式和自行增力式等种类。这里仅介绍目前广泛采用的惯性式同步器。

惯性式同步器是依靠摩擦作用实现同步的，在其上面设有专设机构保证接合套与待接合的花键齿圈在达到同步之前不可能接触，从而避免了齿间冲击。

惯性同步器按结构又分为锁环式和锁销式两种。

4.4 分 动 器

越野汽车因多轴驱动而装有分动器。它的功用是将变速器输出的动力分配到各驱动桥。其基本结构也是齿轮传动系统。输入轴直接或通过万向传动装置与变速器第二轴相连，其输出轴有若干个，分别经万向传动装置与各驱动桥连接。目前大多数越野汽车装用两挡分动器，兼起副变速器的作用。

（1）分动器的类型

分动器的类型有如下 5 种：

① 直接连接式：分时式、全时式。

② 液压多片离合器式。

③ 中间差速器锁死式。

④ 中间差速器差动限制式。

⑤ 转矩前后分配式。

（2）分动器的组成结构

分动器的齿轮传动机构由若干齿轮、轴和壳体等零件组成。有的装有同步器。

① 三个输出轴式分动器（图 4-7）。

a. 空挡时，两接合套各位于中央位置，如图 4-8 所示。

b. 高挡时，中间轴接合套左移，动力从中桥及后桥输出，如图 4-9 所示。

c. 低挡时，先接上前桥（即前桥接合套右移），再向右移动中间轴接合套，动力从三个输出轴输出，如图 4-10 所示。

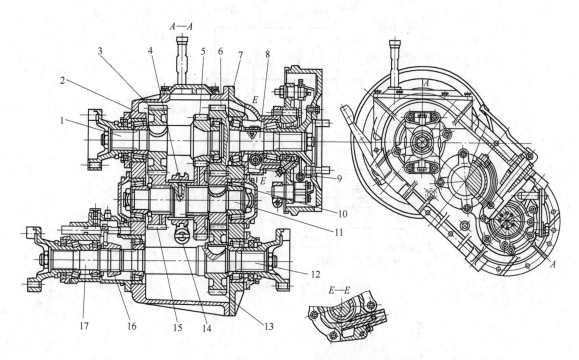

图 4-7　EQ2080（EQ240）型汽车分动器

1—输入轴；2—分动器壳；3—输入轴高速挡齿轮；4—高低速接合套；5—输入轴低速挡齿轮；

6—后桥输出轴齿轮；7—分动器盖；8—后桥输出轴；9—中间轴低速挡齿轮；

10—中间轴输出轴齿轮；11—中间轴；12—中桥输出轴；13—中桥输出轴齿轮；

14—拨叉轴；15—中间轴高速挡齿轮；16—前桥接合套；17—前桥输出轴

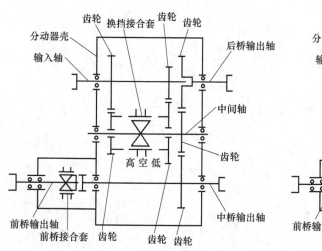

图 4-8　空挡时两接合套各位于中央位置

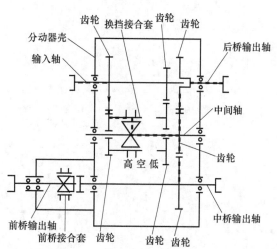

图 4-9　高挡时接合套位置

② 两个输出轴式分动器。

两个输出轴式分动器用于轻型越野车，即前、后桥都是驱动桥。齿轮传动机构常采用普通齿轮式和行星齿轮式。

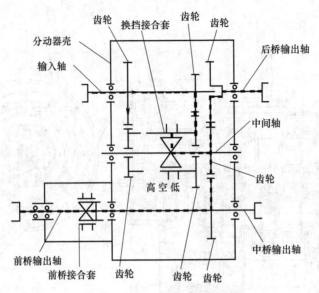

图 4-10   低挡中间轴接合套右移

习   题

1. 汽车变速器功用是什么？
2. 汽车变速器发展前景是什么？
3. 汽车变速器的一般结构有哪些？
4. 汽车变速器有哪几类？

第5章

汽车零件加工工艺与设备

（1）知识目标

掌握车削加工、铣削加工、钻削和镗削加工、磨削加工工艺及设备的基本知识。

（2）能力目标

能根据零件图样正确选择切削加工设备。

能操作切削加工设备加工汽车零件。

（3）素养目标

具备金属切削加工的职业素养。

5.1　金属切削加工机床的基本知识

金属切削机床是利用切削加工、特种加工等方法将金属毛坯加工成机器零件的机器。它是制造机器的机器，又称为工作母机或工具机，习惯上称为机床。

金属切削机床是加工机器零件的主要设备，在各类机械制造部门所拥有的装备中，机床占 50%～70%，所负担的工作量占机械加工总量的 40%～60%。由此可见，机床技术水平的高低直接影响机械产品的质量和零件制造的经济性，机床制造工业的发展和机床技术水平的提高对国民经济的发展起着重要作用。

金属切削加工的种类很多，分为钳工和机械加工两大部分。其中钳工是由工人手持工具对工件进行切削加工，机械加工是由工人操作机床对工件进行切削加工。机械加工按其所用切削工具类型的不同分为刀具切削加工和磨料切削加工。刀具切削加工主要有车削、钻削、镗削、铣削、刨削、拉削以及齿轮加工等；磨料切削加工主要有磨削、珩磨、研磨、超精加工等方式。

金属切削机床的品种和规格繁多，为了便于区别、使用和管理，须对机床加以分类和编制型号。

（1）机床的分类

机床主要是按其工作原理进行分类，包括车床、铣床、钻床、镗床、磨床、齿轮加工机床、螺纹加工机床、刨插床、拉床、锯床以及其他机床共 11 类。其中磨床的品种较多，故细分为三个分类，见表 5-1。

表 5-1　机床的类别和分类代号

类别	车床	钻床	镗床	磨床			齿轮加工机床	螺纹加工机床	铣床	刨插床	拉床	锯床	其他机床
代号	C	Z	T	M	2M	3M	Y	S	X	B	L	G	Q
读音	车	钻	镗	磨	二磨	三磨	牙	丝	铣	刨	拉	割	其

在上述基本分类方法的基础上，还可以根据机床的其他特征进一步分类。

① 按照机床工艺范围分类。根据机床的通用性程度，机床可分为通用机床、专门化机床和专用机床。通用机床是可加工多种工件、完成多种表面加工、通用性好、使用范围较广的机床，如卧式车床、万能升降台铣床、摇臂钻床、卧式镗床等都属于通用机床。通用机床结构复杂，生产率较低，主要适用于单件小批量生产。专门化机床的工艺范围较小，是用于加工形状相似而尺寸不同工件的特定工序的机床，如曲轴车床、凸轮轴车床、精密丝杠车床、花键轴铣床等都属于专门化机床。专用机床的工艺范围最小，是用于加工特定工件特定工序的机床，如加工机床主轴箱的专用镗床，加工车床床身导轨的专用磨床，汽车、拖拉机制造企业中大量使用的各种组合机床，都属于专用机床。专用机床生产率较高，适用于大批大量的生产。

② 按照机床自动化程度的不同，机床可分为手动、机动、半自动和自动机床。

③ 按照机床重量和尺寸的不同，机床可分为仪表机床、中型机床（一般机床）、大型机床（重量大于 10t）、重型机床（重量大于 30t）和超重型机床（重量大于 100t）。

④ 按照机床加工精度的不同，机床可分为普通精度级机床、精密级机床和高精度级机床。

⑤ 按照机床主要工作部件的多少，机床可分为单轴、多轴机床或单刀、多刀机床等。

通常机床按照工作原理进行分类，再根据其某些特点进一步描述，例如多刀半自动车床、多轴自动车床、高精度外圆磨床等。

（2）机床型号的编制方法

机床型号是机床产品的代号，用以简明地表示机床的类型、通用特性和结构特性以及技术参数等，我国自 1957 年起就有了统一的机床型号编制方法。我国现行的机床型号是按 1994 年颁布的标准 GB/T 15375—1994《金属切削机床型号编制方法》编制的。此标准规定，机床型号由汉语拼音字母和数字按一定的规律组合而成，它适用于新设计的各类通用及专用金属切削机床，不包括特种加工机床、组合机床的型号编制。

通用机床型号的表示方法：通用机床的型号由基本部分和辅助部分组成，中间用"/"隔开，读作"之"。基本部分需统一管理，辅助部分是否纳入型号由企业自定。

机床的类代号，用大写汉语拼音字母表示。必要时，每类可分为若干分类。分类代号用阿拉伯数字表示，位于类代号之前，作为型号的首位。机床的类别代号及其读音和分类代号见表 5-1。

每类机床又按照工艺特点、布局形式和结构特性的不同，划分为 10 个组，每个组又划分为 10 个系（系列）。组的划分原则是：在一类机床中，主要布局或使用范围基本相同的机床，即为同一组。系的划分原则是：在同一组机床中主参数含义相同、刀具和工件的相对运动特点基本相同、基本结构和布局形式相同，即划为同一系。机床的组，用一位阿拉伯数字表示，位于类代号或通用特性代号、结构特性代号之后。机床的系，用一位阿拉伯数字表示，位于组代号之后。金属切削机床的类、组划分及其代号详见表 5-2。

机床的代号形式与意义如下：

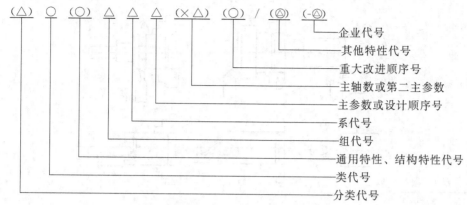

① 有 "（ ）" 符号者，为代号和数字。
② 有 "○" 符号者，为大写的汉语拼音字母。
③ 有 "△" 符号者，为阿拉伯数字。
④ 有 "⬡" 符号者，为大写的汉语拼音字母，或阿拉伯数字，或两者兼有之。

表 5-2　金属切削机床的类、组划分

组别 类别	0	1	2	3	4	5	6	7	8	9
车床 C	仪表 车床	单轴自 动车床	多轴自动、 半自动车床	回轮转 塔车床	曲轴及凸 轮轴车床	立式 车床	落地及 卧式车床	仿形及 多刀车床	轮、轴、辊、 锭及铲齿车床	其他 车床
钻床 Z		坐标镗 钻床	深孔 钻床	摇臂 钻床	台式 钻床	立式 钻床	卧式 钻床	铣钻床	中心钻床	其他 钻床
镗床 T			深孔镗床		坐标镗床	立式 镗床	卧式 镗床	精镗床	汽车拖拉机 修理用镗床	其他 镗床

5.2　汽车零件的车削加工

在车床上利用工件的旋转运动和刀具的移动进行切削加工的方法，称为车削加工。其中工件的旋转运动是主运动，刀具在机床上的运动是进给运动。车削加工是金属切削加工中最基本的方法，在机械制造业中应用十分广泛。

（1）车削加工的特点

① 工艺范围广。仪表中的细小轴类件、汽车变速器齿轮轴、机床主轴、炮管、大型发电机转子等，上述加工零件的形状、尺寸、重量相差如此之大，但都需要车削加工，是因为都带有旋转表面。车削加工主要用来加工各种回转表面以及回转体的端面，还可进行切断、切槽、车螺纹、钻孔、铰孔、扩孔等。车削加工的工艺范围很广，如图 5-1 所示。如果在车床上装上附件或使用车床专用夹具，则可加工形状更为复杂的零件；如果对车床进行适当改装，则还可实现镗削、铣削、磨削、研磨、抛光等加工。

② 生产率高。车削加工时，工件的旋转运动一般不受惯性力的限制，加工过程中工件与车刀始终相接触，基本上无冲击现象，因此可以采用很高的切削速度。另外，车刀刀杆伸出刀架的长度可以很短，刀杆尺寸可以较大，可选很大的背吃刀量和进给量，故生产率高。

③ 加工成本低。车刀结构简单，刃磨和安装都很方便。另外，许多车床夹具已经作为车床附件来生产，可以满足一般零件的装夹需要，生产准备时间短，故车削加工与其他切削加工相比，加工成本较低。

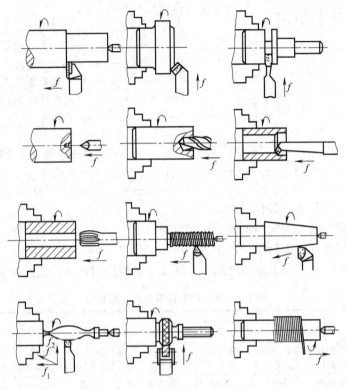

图 5-1　车削加工的工艺范围

④ 加工精度范围大。根据零件的使用要求，车削加工可以获得低精度、中等精度和相当高的加工精度。

a. 荒车。毛坯为自由锻件或大型铸件时，其加工余量很大且不均匀，利用荒车可去除大部分余量，减少形状和位置误差，荒车后的公差等级一般为 IT15～IT18，表面粗糙度 $Ra > 80\mu m$。

b. 粗车。对于中小型锻件和铸件可直接进行粗车，粗车后的公差等级为 IT13～IT11，表面粗糙度值为 $Ra30～12.5\mu m$。

c. 半精车。对于尺寸精度要求不高的工件或在精加工工序之前可安排半精车，半精车后的公差等级为 IT8～IT10，表面粗糙度 Ra 值为 $3.2～6.3\mu m$。

d. 精车。一般作为最终工序或光整加工的预加工工序，精车后工件公差等级可达IT7～IT8，表面粗糙度 Ra 值为 $0.8～1.6\mu m$。

⑤ 高速。精细车是加工有色金属高精度回转表面的主要方法。高速精细车就是用硬质合金、立方氮化硼或金刚石刀具，采用高切削速度、小背吃刀量和进给量，对工件进行精细加工的方法。

对于有色金属，如果采用磨削加工，则磨屑容易粘在砂轮表面，使磨削工作无法正常进行。而在高精度车床上，采用金刚石刀具高速切削可以获得很好的效果，尺寸公差等级一般可达 IT5～IT6，表面粗糙度 Ra 值为 $0.1～1.0\mu m$。

另外，数控车床可加工出位置、形状精度要求很高的零件。在卧式车床上，阶台的同轴度、端面对轴线的垂直度等都容易保证，但是对一些阶台比较多、位置尺寸要求严格或形状精度要求较高的零件，如球面、特形面等，在卧式车床上就不易保证了。这时可采用数控车床加工。数控车床能够完成通用车床难以加工或根本不能加工的复杂型面，可以获得很高的加工精度，而且产品质量稳定，生产率高。

（2）车床的种类

在普通的机械制造厂，车床在金属切削机床中所占的比重最大，约占金属切削机床总台数的20%～35%，且种类很多。按车床的用途和结构不同可分为仪表车床、自动车床、半自动车床、转塔车床、立式车床、落地车床、卧式车床、仿形车床、曲轴及凸轮轴车床、铲齿车床等，其中以卧式车床应用最为广泛。

① 卧式车床。

CA6140型卧式车床的结构组成如图5-2所示。

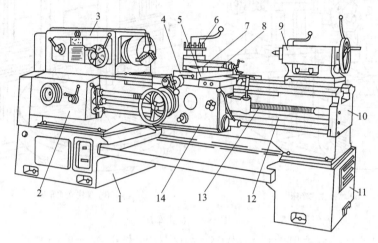

图5-2　CA6140型卧式车床

1,11—床腿；2—进给箱；3—主轴箱；4—床鞍；5—中溜板；6—刀架；7—回转盘；8—小溜板；9—尾座；
10—床身；12—光杠；13—丝杠；14—溜板箱

a. 主轴箱。主轴箱3固定在床身10的左端，其内部装有主轴和传动轴、变速机构、变向机构、润滑机构等，由电动机经变速机构带动主轴旋转，实现主运动，并获得需要的转速及转向。主轴前端可安装三爪自定心卡盘、四爪单动卡盘等夹具，用以装夹工件。

b. 进给箱。进给箱2固定在床身10的左前侧面，用以改变被加工螺纹的导程或机动进给的进给量。

c. 溜板箱。溜板箱14固定在床鞍4的底部。其功用是将进给箱通过光杠或丝杠传来的运动传递给刀架，使刀架进行纵向进给、横向进给或车螺纹运动。另外，通过纵、横向的操纵手柄和上面的电器按钮，可启动装在溜板箱中的快速电动机，实现刀架的纵、横向快速移动。在溜板箱上装有多种手柄及按钮，可以方便地操纵机床。

d. 床鞍。床鞍4位于床身10的上部，并可沿床身上的导轨作纵向移动，其上装有中溜板5、回转盘7、小溜板8和刀架6，可使刀具作纵、横或斜向进给运动。

e. 尾座。尾座9安装于床身10的尾座导轨上，可沿导轨作纵向调整移动，然后固定在需要的位置，以适应不同长度的工件。尾座上的套筒可安装顶尖，以及各种孔加工刀具，用来支承工件或对工件进行孔加工。摇动手轮使套筒移动，可实现刀具的纵向进给。

f. 床身。床身10固定在左床腿1和右床腿11上。床身是车床的基本支承件，车床的各主要部件均安装于床身上，它保持各部件间具有准确的相对位置，并且承受切削力和各部件的重量。

② 立式车床。

立式车床主要用于加工径向尺寸大而轴向尺寸相对较小且形状比较复杂的大型或重型零

件，是汽轮机、重型电机、矿山冶金等重型机械制造厂不可缺少的加工设备，在一般机械厂使用也较普遍。立式车床结构的主要特点是主轴垂直布置，并有圆形工作台供装夹工件使用，如图 5-3 所示，由于工作台面水平布置，因此对笨重零件进行装夹很方便。

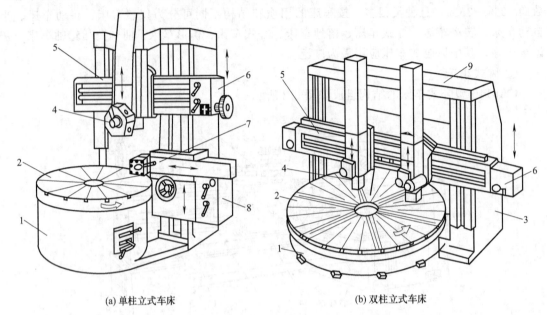

(a) 单柱立式车床   (b) 双柱立式车床

图 5-3   立式车床

1—底座；2—工作台；3—立柱；4—垂直刀架；5—横梁；6—垂直刀架进给箱；
7—侧刀架；8—侧刀架进给箱；9—顶梁

立式车床有单柱立式车床和双柱立式车床两种。图 5-3 (a) 所示为单柱立式车床，它的加工工件直径较小，一般小于 1600mm。工作台 2 由安装在底座 1 内的垂直主轴带动旋转，工件装夹在工作台上并随其一起旋转，这是主运动。进给运动由垂直刀架 4 和侧刀架 7 实现，垂直刀架 4 可在横梁导轨上移动作横向进给，还可沿刀架滑座的导轨作垂向进给，可车削外圆、端面、内孔等，把刀架扳转一个角度，可斜向进给车削内外圆锥面。在垂直刀架上有一五角形转塔刀架，除安装车刀外还可安装各种孔加工刀具，扩大了加工范围。横梁 5 平时夹紧在立柱 3 上，为适应工件的高度，可松开夹紧装置调整横梁上下位置。侧刀架 7 可作横向和垂向进给，以车削外圆、端面、沟槽和倒角。

图 5-3 (b) 所示为双柱立式车床，最大加工直径可达 2500mm 以上。其结构及运动基本上与单柱立式车床相似，不同之处是双柱立式车床有两根立柱，在立柱顶端连接一顶梁，构成封闭框架结构，有很高的刚度，适于较重型零件的加工。

③ 马鞍车床。

马鞍车床是卧式车床基本型品种的一种变型车床，如图 5-4 所示。它和卧式车床的主要区别是在靠近主轴箱一端装有一段形似马鞍的可卸导轨，卸去马鞍导轨可使加工工件的最大直径增大，从而扩大了加工范围。但由于马鞍导轨经常装卸，其刚度和工作精度都有所降低，因此，这种机床主要用于设备较少、单件小批生产的小工厂及修理车间。

④ 转塔式车床。

卧式车床虽然灵活性较大、加工范围广，但四方刀架只能装四把刀，尾座只能装一把孔加工刀具，靠人工移动、紧固尾座到需要的位置，而且装在尾座上的刀具还不能机动进给。

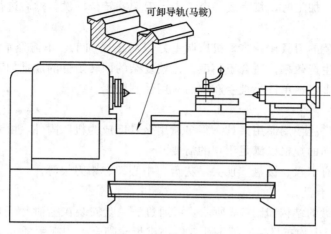

图 5-4 马鞍车床外形

当加工复杂零件，特别是加工有内孔和内螺纹的工件时，需要频繁换刀、对刀、移动尾座、试切、测量等，从而使辅助时间延长、生产率降低、劳动强度加大，特别在批量生产中，这种不足尤为突出。转塔式车床就是针对卧式车床的上述缺陷，而在卧式车床的基础上发展出来的一种机床。这类车床与卧式车床的主要区别是去掉了尾座和丝杠，并在床身尾座部位装有多工位转塔刀架。

这类车床常见的有回轮车床、滑鞍式转塔车床、滑枕式转塔车床。现以滑鞍式转塔车床为例，介绍这类车床的特点和应用。如图 5-5 所示，滑鞍式转塔车床除了前刀架 3 外，在床身尾部还有一可绕垂直轴线回转的转塔刀架 4，它可沿床身导轨作纵向快进、快退和工作进给。转塔刀架为六角形，在每一个面上通过辅具可安装车刀或孔加工刀具，主要用来加工内、外圆柱面。这种车床没有丝杠，不能车削螺纹，但转塔刀架可装上丝锥、板牙，进行攻、套较短的内外螺纹；前刀架可作纵、横向进给，进行大圆柱面、端面、沟槽、切断等的车削加工。

转塔车床在加工之前，需根据工件加工工艺规程，预先调整好刀具的位置以及机床上纵

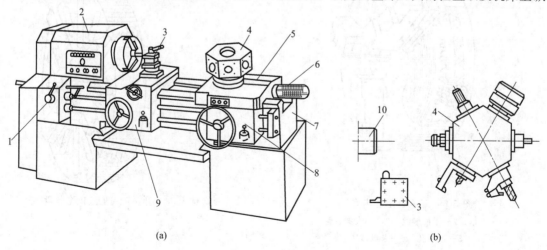

(a)   (b)

图 5-5 滑鞍转塔车床

1—进给箱；2—主轴箱；3—前刀架；4—转塔刀架；5—纵向溜板；6—定程装置；

7—床身；8—转塔刀架溜板箱；9—前刀架溜板箱；10—主轴

向、横向挡块位置。加工时，每完成一个工步，刀架就转位一次，然后进行下一工步，直到完成。

转塔车床由于装的刀具比较多，机床调整好以后依次加工，不需经常装卸刀具、对刀、测量，大大提高了生产效率，适合于小型、比较复杂的回转工件的成批加工；但加工前调整挡块和刀具费时较多，在单件小批生产中的应用受到限制。

（3）车床附件

车削加工中，广泛使用通用夹具，很多通用夹具已成为机床附件，由专门的机床附件厂统一生产，制成不同的规格以满足用户的需要。

车床附件主要有卡盘、拨盘、顶尖、花盘、中心架、跟刀架等。

① 三爪自定心卡盘。

三爪自定心卡盘的结构如图 5-6 所示，可通过法兰盘安装在主轴上。卡盘体 6 中有一个大锥齿轮 3，它与三个均布且带有扳手孔 5 的小锥齿轮啮合。用扳手插入扳手孔 5 中使小锥齿轮转动，可带动大锥齿轮旋转，大锥齿轮背面的平面螺纹 2 与三个卡爪 1 背面的平面螺纹相啮合。卡爪 1 随着大锥齿轮 4 的转动可以做向心或离心径向移动，从而使工件被夹紧或松开。

三爪自定心卡盘装夹工件可自动定心，不需找正，特别适合夹持横截面为圆形、正三角形、正六边形等的工件。但是，三爪自定心卡盘夹持力小，传递转矩不大，只适于装夹中小型工件。

② 四爪单动卡盘。

四爪单动卡盘的结构如图 5-7 所示，其四个卡爪互不相关，每个卡爪的背面有半瓣内螺纹与丝杆啮合，可以独立进行调整，因此，四爪单动卡盘不但能够夹持横截面为圆形的工件，还能够夹持横截面为方形、长方形、椭圆形及其他不规则形状的工件。四爪单动卡盘对工件的夹紧力较大，由于其不能自动定心，装夹工件时必须进行仔细找正，因此对工人的技术水平要求较高，在单件、小批量生产及大件生产中应用较多。

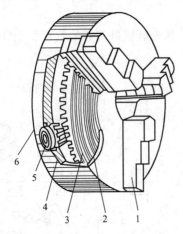

图 5-6 三爪自定心卡盘

1—卡爪；2—平面螺纹；3,4—大锥齿轮；
5—扳手孔；6—卡盘体

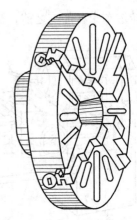

图 5-7 四爪单动卡盘

③ 顶尖、卡箍、拨盘。

车削轴类工件时，一般常用顶尖、卡箍（其中有一种也称作鸡心夹头）、拨盘装夹工件，如图5-8所示。顶尖是加工轴类工件经常采用的附件，如图5-9所示。工件用装在主轴内的顶尖和装在尾座中的顶尖支承，由拨盘、卡箍带动旋转。前顶尖随主轴一起转，后顶尖随或不随工件一起转动。随工件一起转动的顶尖称为活顶尖，不随工件一起转动的顶尖称为固定顶尖。

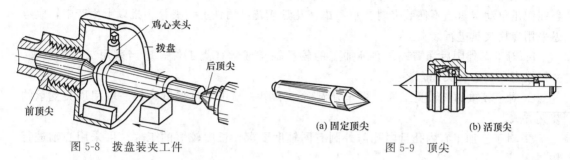

图5-8　拨盘装夹工件

(a) 固定顶尖　　(b) 活顶尖

图5-9　顶尖

固定顶尖定心较准确，刚性好，装夹工件比较稳固，但发热多，转速高时可能烧坏顶尖和顶尖孔，适用于切削速度较低、精度要求高的加工。活顶尖适于高速切削，但加工精度较低。用顶尖装夹工件时，必须先在工件的端面上用中心钻钻出顶尖孔。

④ 心轴。

加工带孔的盘套类工件的外圆和端面时，常把工件装在心轴上进行加工。心轴的种类很多，常用的有锥度心轴、圆柱心轴和可胀心轴。

（4）车刀

车刀是金属切削加工中应用最广的一种刀具，它可用于车床上加工外圆、端面、内孔、倒角，切槽与切断，车螺纹以及成形表面等。

车刀的种类很多，按用途不同可分为外圆车刀、内孔车刀等多种，如图5-10所示。按结构不同又可分为整体式车刀、焊接式车刀、机夹式车刀、可转位式车刀和成形车刀。

（5）外圆车削

外圆车削是车削工作中最基本的一种加工。

① 常用的外圆车刀。

90°偏刀、45°弯头车刀、75°直头车刀是车削外圆的三种基本车削刀具。车削加工时，车刀必须安装正确才能保证合理的几何角度，发挥出刀具的效能。首先，刀具从四方刀架伸出的长度应尽量短一些，以提高刀具的刚度；其次，刀具的刀尖必

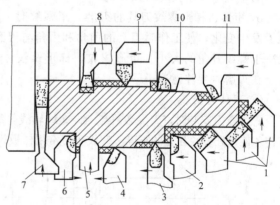

图5-10　车刀的种类

1—45°弯头车刀；2—90°外圆车刀；3—外螺纹车刀；
4—75°外圆车刀；5—成形车刀；6—90°左外圆车刀；
7—车槽刀；8—内孔车槽刀；9—内螺纹车刀；
10—不通孔车刀；11—通孔车刀

须与机床主轴的中心等高，这样才能保证工作时刀具的前角、后角不发生变化，与刃磨的角度相等。如果将刀具装得高于机床主轴中心，则会使前角增大、后角减少。在粗车时有时为了提高效率而使前角增大些，此时可将刀具装得稍高于机床主轴中心。如果刀具装得低于中心，则会使前角变小、后角增大；如果将刀具装偏，则也会使主偏角及副偏角发生变化。

② 工件装夹方式的选择。

车外圆时工件的装夹有几种不同的方式，每种装夹方式都具有各自的特点，各有利弊，应根据工件的尺寸、形状、加工要求、生产批量等情况综合考虑选择装夹方式。选择装夹方式时主要应当注意以下几点：

a. 对于形状不规则、尺寸较大的单件或小批量毛坯工件，应当采用四爪单动卡盘装夹，当在四爪单动卡盘上不便装夹时，可考虑在花盘或花盘角铁上装夹；中批以上生产中，应考虑采用专用夹具进行装夹。

b. 对于车外圆后尚需铣、磨等加工的较长轴类或丝杠类工件，应当采用二顶尖装夹，并用拨盘、鸡心夹头配合装夹。

c. 对于较重的长轴类工件，粗车外圆时，采用一端用卡盘夹紧、另一端用顶尖支承的装夹方式。

d. 对于已加工有内孔且内孔与外圆有同轴度要求、长度较短的工件，可采用心轴进行装夹。

e. 对于车削长径比较大、切削量较大的阶梯细长轴或需调头加工的长轴，可采用中心架装夹。

f. 对于精车切削余量较小且不允许调头加工的细长光轴，可采用跟刀架装夹。

（6）螺纹加工

在车床上车削螺纹是常用的加工方法。虽然螺纹的种类很多，但是加工的原理都相同。

① 刀具的刃磨。

a. 三角形螺纹车刀的刃磨。车普通螺纹车刀的刀尖角应为 60°，车英制三角形螺纹车刀的刀尖角为 55°，刀具背向前角 γ_p 应为 0°，车刀的后角受螺纹升角的影响，两侧的后角应磨得不同，但螺距不大时可以相同。

b. 矩形、梯形螺纹刀具的刃磨。车螺纹时，因受进给运动的影响，切削平面和基面的位置发生变化，使工作时刀具的前角和后角与刃磨出的刀具的前角和后角不同，变化的程度取决于螺纹升角的大小。矩形螺纹、梯形螺纹、多头螺纹往往导程大，螺旋升角较大，因此，在刃磨时要注意这一问题。

② 刀具的安装。

螺纹车刀安装时，刀尖必须与工件螺纹轴线等高，刀尖角的平分线必须与工件的轴线垂直，这样才能保证螺纹牙型的正确。螺纹车刀常用样板找正刀具位置，进行安装，如图5-11所示。

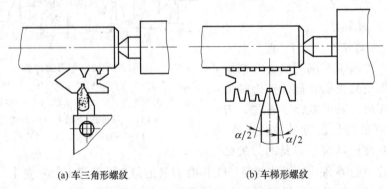

(a) 车三角形螺纹　　　　　(b) 车梯形螺纹

图 5-11　车外螺纹的对刀方法

③ 车螺纹的进刀方法。

a. 直进法。车削时，在每次往复行程后，车刀沿横向进刀，通过多次往复和横向进刀把螺纹车好。此法车削时两侧刃同时切削，容易产生扎刀现象，故常用于切削小螺距的三角形螺纹。

b. 左右切削法。车削过程中，除横向进刀外，还利用小滑板把车刀向左或向右微量进给，这样重复几次把螺纹车好，这种方法是使车刀单刃进行切削，受力得到改善可获得表面粗糙度值较小的表面。粗车时，为操作方便，小滑板可向一个方向移动，而精车时必须使小滑板一次向左一次向右地移动，以修光两侧面，精车最后一两刀可采用直进法，以保证牙型正确。

④ 乱扣的原因及预防乱扣的方法。

一般螺纹加工需要经过反复多次车削来完成，如果第二次走刀时车刀刀尖不正对着前一刀车出的螺纹槽，而存在着偏左或偏右现象时，则会将螺纹车乱，这种现象称为乱扣。

产生乱扣的主要原因是：当丝杠转过一转时，工件没转过整数转。车螺纹时，工件和丝杠都在旋转，提起开合螺母之后，至少要等丝杠转过一转，才能重新按下。当丝杠转过一转时，工件转了整数转，车刀就能进入前一刀车出的螺旋槽内而不发生乱扣。若丝杠转过一转之后，工件没有转整数转，就会产生乱扣。

⑤ 普通螺纹的高速切削。

当高速切削外螺纹时，受车刀的挤压会使螺纹的径向尺寸胀大。因此，车螺纹前的外圆直径应比螺纹大径小。材料为中碳钢，车米制螺纹，螺距为 1.5～3.5mm 时，外径可小 0.2～0.4mm。

高速切削内螺纹时，车内螺纹前的孔径应比内螺纹小径大一些，可按公式（5-1）、公式（5-2）近似计算：

塑性金属
$$D_孔 \approx D - P \tag{5-1}$$
脆性金属
$$D_孔 \approx D - 1.05P \tag{5-2}$$

式中，D 为螺纹大径，mm；P 为螺纹螺距，mm。

为确保加工出合格的零件，需按牙型高度公式 $h_1 = 0.5413P$，算出牙型高度 h_1；分配每次的背吃刀量在开始粗车时取值应大一些，一般为 0.2～0.3mm，精车时取 0.1～0.15mm。加工螺距为 1.5mm 的螺纹，只需 3～5 次往复工作行程，就可加工完毕。螺距大时取进刀次数多些，最后一次精车背吃刀量不能大于 0.1mm，加工结束后用量具进行检验。

5.3　汽车零件的铣削加工

铣削加工是在铣床上使用旋转多刃刀具，对工件进行切削加工的方法，它是对平面、沟槽加工的最基本方法。铣削加工时，铣刀的旋转是主运动，铣刀或工件沿坐标方向的直线运动或回转运动是进给运动。铣刀是多刃刀具，它的每一个刀齿相当于一把车刀，铣削加工时同时有多个刀齿参加切削，就其中一个刀齿而言，其切削加工特点与车削基本相同，但就整体刀具的切削过程而言有特殊之处。

（1）铣削加工的特点

① 铣削加工生产率高。

铣削加工时由于多个刀齿参与切削，金属切除率大，每个刀齿的切削过程不连续，刀体体积又较大，因此散热、传热情况较好，铣削速度可以较高，其他切削用量也可以较大，故铣削生产率很高。

② 铣削加工属于断续切削。

铣削时，每个刀齿依次切入和切出工件，形成断续切削，而且每个刀齿的切削厚度是变化的，使切削力变化较大，工件和刀齿受到周期性冲击和振动。铣削处于振动和不平稳状态之中，这就要求机床和夹具具有较高的刚性和抗振性。

铣削热、铣削力的冲击和振动还会降低刀具的耐用度和影响工件表面质量，因此一般说来，铣削主要是属于粗加工和半精加工的范畴。

③ 容屑和排屑的问题。

由于铣刀是多刃刀具，刀齿和容屑空间为半封闭式，相邻两刀齿之间的空间有限，因此要求每个刀齿切下的切屑必须有足够的空间容纳并能够顺利排出，否则会造成刀具损坏。

④ 同一种被加工表面可以选用不同的铣削方式和刀具。

同样形状的被加工表面在铣削时可以选用不同的铣刀、不同的铣削方式进行加工。如铣平面，可以选用平面铣刀、立铣刀、面铣刀等，可采用逆铣或顺铣方式。这样可以适应不同的工件材料和其他切削条件的要求，以提高切削效率和延长刀具使用寿命。

（2）铣削工艺范围

铣削加工范围很广，如图 5-12 所示。用不同类型的铣刀，可进行平面、台阶面、沟槽和成形表面等加工。此外，在铣床上还可以安装孔加工刀具，如钻头、铰刀、镗刀等，来加工工件上的孔。

铣削可对工件进行粗加工、半精加工或精加工。铣削加工的公差等级一般为 IT7～IT13，表面粗糙度 Ra 值为 $1.6～12.5\mu m$。

铣削不仅适用于单件小批量生产，也适用于大批量生产。

（3）铣削用量

铣削时，铣刀上相邻的两个刀齿在工件上先后形成的两个过渡表面之间的一层金属层称为切削层。铣削时切削用量决定着切削层的形状和尺寸，切削层的形状和尺寸对铣削过程有很大的影响。

根据切削刃在铣刀上分布位置不同，铣削可分为圆周铣削和端面铣削。用分布于铣刀圆柱面上的刀齿进行的铣削称为周铣，用分布于铣刀端平面上的刀齿进行的铣削称为端铣，如图 5-13 所示。其铣削用量含以下几种铣削要素。

① 铣削速度。铣削速度为铣刀旋转的线速度，即铣刀切削刃选定点相对工件的主运动的瞬时速度，可按式（5-3）计算：

$$v_c = \pi d n / 1000 \tag{5-3}$$

式中，v_c 为铣削速度，m/min 或 m/s；d 为铣刀直径，mm；n 为铣刀转速，r/min 或 r/s。

② 进给量。铣削时工件与铣刀在进给方向上的相对位移量叫进给量，有三种表示方法：

a. 每齿进给量 f_z：指铣刀每转过一个刀齿时，铣刀相对工件在进给运动方向上的相对位移量，单位为 mm/z。

b. 每转进给量 f：指铣刀每转过一转时，铣刀相对工件在进给运动方向上的相对位移量，单位为 mm/r。每齿进给量与每转进给量的关系为：

$$f_z = \frac{f}{z} \tag{5-4}$$

式中，z 为铣刀齿数。

c. 进给速度 v_f：单位时间内工件与铣刀在进给运动方向上的相对位移，单位为 mm/min。

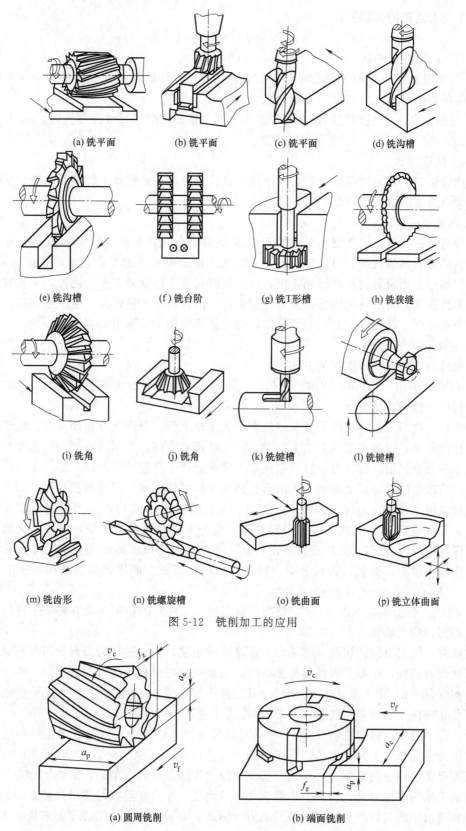

(a) 铣平面　　(b) 铣平面　　(c) 铣平面　　(d) 铣沟槽

(e) 铣沟槽　　(f) 铣台阶　　(g) 铣T形槽　　(h) 铣狭缝

(i) 铣角　　(j) 铣角　　(k) 铣键槽　　(l) 铣键槽

(m) 铣齿形　　(n) 铣螺旋槽　　(o) 铣曲面　　(p) 铣立体曲面

图 5-12　铣削加工的应用

(a) 圆周铣削　　(b) 端面铣削

图 5-13　铣削用量

以上三者之间的关系为：

$$v_f = fn = f_z nz \tag{5-5}$$

式中，n 为铣刀转速，r/min。

③ 背吃刀量 a_p。背吃刀量指平行于铣刀轴线测量的切削层尺寸。端铣时，a_p 为切削层深度；圆周铣削时，a_p 为被加工表面的宽度。

④ 铣削宽度 a_e。铣削宽度指垂直于铣刀轴线测量的切削层尺寸。端铣时，a_e 为被加工表面宽度；圆周铣削时，a_e 为切削层深度。

（4）铣削方式

采用合适的铣削方式可减少振动，使铣削过程平稳，并可提高工件表面质量、延长铣刀使用寿命以及提高铣削生产率。

① 端铣和周铣。

端铣与周铣相比，前者更容易使加工表面获得较小的表面粗糙度值和较高的劳动生产率。因为端铣时参加铣削的刀齿数较多，所以加工过程中切削力变化较小，铣削比较平稳；并且副切削刃、倒角刀尖具有修光作用，而周铣时只有主切削刃工作。此外，端铣时主轴刚性好，并且面铣刀易于采用硬质合金可转位刀片，因而切削用量较大，生产效率高。

在平面铣削中端铣基本上代替了周铣，但周铣可以加工成形表面和组合表面。

② 逆铣和顺铣。

圆周铣削有逆铣和顺铣两种方式。

a. 逆铣。如图 5-14（a）所示，铣削时铣刀切入工件时的切削速度方向和工件的进给运动方向相反，称为逆铣。

逆铣时，铣刀刀齿的切削厚度从零逐渐增大至最大值。刀齿在开始切入时，由于切削刃钝圆半径的影响，刀齿在工件表面上打滑，产生挤压和摩擦，直至滑行到一定程度后，刀齿方能切下一层金属层。这样刀齿容易磨损，工件表面产生严重的冷硬层。下一个刀齿又在前一个刀齿所产生的冷硬层上重复一次滑行、挤压和摩擦的过程，刀齿磨损加剧，增大了工件表面粗糙度值。此外，刀齿开始切入工件时，垂直铣削分力 F_z 向下，当铣刀继续转过一定角度后，垂直铣削分力 F_z 向上，易引起振动，有把工件抬起来的趋势，需较大夹紧力。逆铣时，纵向铣削分力 F_x 与纵向进给方向相反，使丝杠与螺母间传动面始终贴紧，故工作台不会发生窜动现象，铣削过程较平稳。故在生产中铣床没有间隙调整机构时，一般都采用逆铣。

b. 顺铣。如图 5-14（b）所示，铣削时铣刀切出工件时的切削速度方向与工件的进给运动方向相同，称为顺铣。

顺铣时，铣刀刀齿的切削厚度从最大逐渐递减至零，没有逆铣时刀齿的滑行现象，加工硬化程度大为减轻，已加工表面质量也较高，刀具使用寿命也比逆铣时长。

由图 5-14（b）中可看出，顺铣时，刀齿在不同位置时作用在其上的切削力也是不等的。但是，在任一瞬时垂直铣削分力 F_z 始终将工件压向工作台，避免了上下振动，铣削比较平稳。另一方面，纵向铣削分力 F_x 在不同瞬时尽管大小不等，但是方向始终与进给方向相同，因为在工作台下的丝杠与螺母传动副中存在间隙，当纵向分力 F_x 超过工作台下面的丝杠与螺母传动副中的摩擦力时，铣刀会使工作台带动丝杠向右窜动，造成工作台振动。由于铣削加工采用多刃刀具，切削力不断变化，从而使工作台在丝杠与螺母间隙范围内纵向左右窜动和进给不均匀，严重时会使铣刀崩刃。因此，如采用顺铣，则必须要求铣床工作台进给丝杠螺母副有消除侧向间隙的机构，或采取其他有效措施。

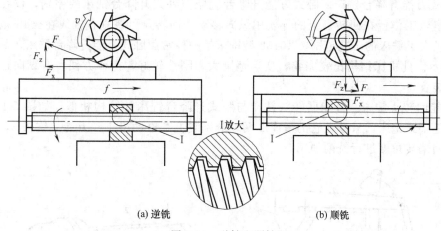

(a) 逆铣　　　　　　　　　　　(b) 顺铣

图 5-14　逆铣和顺铣

（5）铣床

铣床的种类和形式很多，其中升降台铣床、无升降台铣床和龙门铣床为基本类型，为适应不同加工对象和不同生产类型还派生出许多变型品种铣床，如摇臂及滑枕铣床、工具铣床、仿形铣床等。除此之外还有各种专门化、专用铣床，如钻头铣床、凸轮铣床等。

下面就常用铣床类型作简单介绍。

① 升降台铣床。

这类机床的特点是：具有能沿床身垂直导轨上下移动的升降台，工作台可实现在相互垂直的三个方向上调整位置和完成进给运动。这类机床应用较广，主要用于单件、小批生产中加工中小型工件。常见的升降台铣床有以下几种：

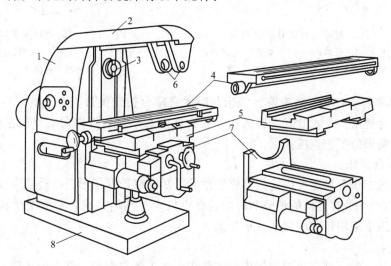

图 5-15　卧式升降台铣床

1—床身；2—悬梁；3—主轴；4—工作台；5—床鞍；6—刀杆支架；7—升降台；8—底座

a. 卧式升降台铣床。卧式升降台铣床的主轴呈水平布置，其外形及部件如图 5-15 所示：床身 1 固定在底座 8 上，内装主运动的变速、操纵等机构和主轴 3。升降台 7 沿床身垂直导轨升降，床鞍 5 在升降台 7 上作横向运动，工作台 4 可在床鞍上作纵向进给运动。升降台、工作台和床鞍都可进行快速移动。

　　b. 卧式万能升降台铣床。卧式万能升降台铣床与卧式升降台铣床的差别，仅在于床鞍上有回转盘，工作台在回转盘上的导轨中纵向移动，回转盘可绕垂直轴线在±45°范围内转动，从而扩大了铣床的工艺范围。X6132型铣床是一种常用卧式万能升降台铣床，其外形如图5-16所示。此机床结构比较完善，变速范围大，刚性较好，操作方便，有纵向进给间隙自动调节装置。

　　c. 万能回转头铣床。万能回转头铣床与卧式升降台铣床的结构相似，如图5-17所示，实质上也是卧式铣床，只是在它的滑座2两端分别装上了电动机1和万能立铣头3，其铣头可任意方向偏转角度进行铣削加工。

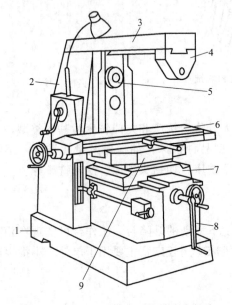
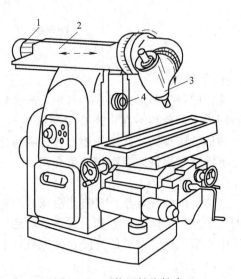

图5-16　X6132型卧式万能升降台铣床
1—底座；2—床身；3—悬梁；4—刀杆支架；5—主轴；
6—工作台；7—床鞍；8—升降台；9—回转盘

图5-17　万能回转头铣床
1—电动机；2—滑座；3—万能立铣头；
4—水平主轴

　　d. 立式升降台铣床。立式升降台铣床与卧式升降台铣床的最大区别为：主轴垂直布置的是立式升降台铣床。立式升降台铣床的立铣头在垂直平面内可以向右或向左回转±45°的角度，扩大了铣床的工艺范围。

　　② 无升降台铣床。

　　这种铣床的工作台只能在固定的台座上作纵、横向移动（矩形工作台）或绕垂直轴线转动（圆形工作台），垂直方向的调整和进给运动由机床主轴箱完成。它的刚性和抗振性比升降台铣床好，适于采用较大的切削用量加工。

　　③ 龙门铣床。

　　龙门铣床是一种大型高效通用铣床，主要用于加工各类大型工件上的平面、沟槽等，可以对工件进行粗铣、半精铣，也可以进行精铣。图5-18所示是龙门铣床的外形。机床呈框架式结构，横梁5可以在立柱4上升降，以适应工件的高度。横梁上装两个立式铣削主轴箱（立铣头）3和6。两根立柱上分别装两个卧铣头2和8，每个铣头都是一个独立的部件，内装主运动变速机构、主轴和操纵机构。法兰式主电动机固定在铣削主轴箱的端部。工作台可在床身1上作水平的纵向运动。立铣头可以在横梁上作水平的横向运动，卧铣头可在立柱上升降。这些运动都可以是进给运动，也都可以是调整铣头与工件间相互位置的快速调位运动。主轴装在主轴套筒内，可以手动伸缩，以调整背吃刀量。

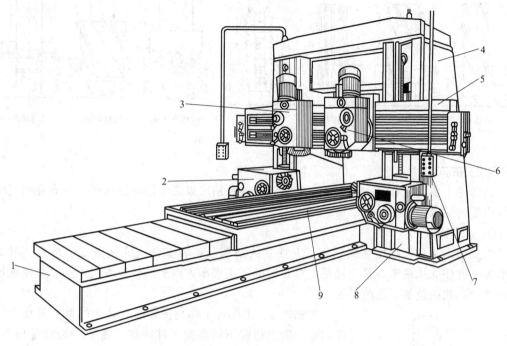

图 5-18 龙门铣床

1—床身；2,8—卧铣头；3,6—立铣头；4—立柱；5—横梁；7—悬挂式按钮站；9—工作台

5.4 汽车零件的钻削与镗削加工

钻削与镗削加工主要是对工件上的孔进行加工的方法。

5.4.1 钻削加工

钻削加工是用钻头在工件上加工孔的一种加工方法。在钻床上加工工件时，一般是工件固定不动，刀具做旋转运动（主运动）的同时沿轴向移动（进给运动）。

（1）钻削的特点与应用

① 钻削加工的工艺特点。

a. 钻头在半封闭的状态下进行切削加工，金属切除量较大，排屑困难。

b. 摩擦严重，产生热量多，散热困难，切削温度高。

c. 钻头不易磨成对称的切削刃，加工的孔径常会扩大。

d. 挤压严重，切削力大，容易产生孔壁的冷作硬化。

e. 钻头细而悬伸长，刚性差，加工时容易发生引偏。

f. 钻孔精度低，公差等级为 IT12～IT13，表面粗糙度 Ra 值为 6.3～12.5μm。

② 钻削加工的工艺范围。

钻削加工的工艺范围较广，在钻床上采用不同的刀具，可以完成钻中心孔、钻孔、扩孔、铰孔、攻螺纹、锪孔和锪平面等，如图 5-19 所示。在钻床上钻孔精度低，但也可通过钻孔→扩孔→铰孔加工出精度要求很高的孔（IT6～IT8，表面粗糙度 Ra 值为 0.4～1.6μm），还可以利用夹具加工有位置要求的孔系。

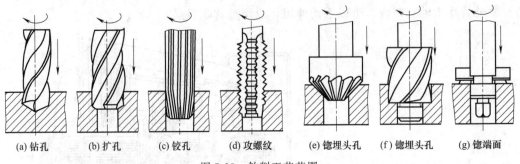

(a) 钻孔　　(b) 扩孔　　(c) 铰孔　　(d) 攻螺纹　　(e) 锪埋头孔　(f) 锪埋头孔　(g) 锪端面

图 5-19　钻削工艺范围

（2）钻床

钻床的主要类型有台式钻床、立式钻床、摇臂钻床以及专门化钻床等。下面介绍两种应用最广泛的钻床。

① 立式钻床。

立式钻床又分为圆柱立式钻床、方柱立式钻床和可调多轴立式钻床三个系列。图 5-20 所示为一方柱立式钻床，其主轴是垂直布置的，在水平方向上的位置固定不动，必须通过工件的移动，找正被加工孔的位置。

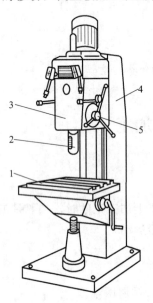

图 5-20　立式钻床
1—工作台；2—主轴；3—主轴箱；
4—立柱；5—操纵机构

主轴箱 3、工作台 1 都装在方形立柱 4 的垂直导轨上，并可调整位置以适应不同高度工件的加工需要。调整好位置后，加工时它们的相互位置就不再动了。主轴除有旋转的主运动外，还沿轴向移动作进给运动。利用装在主轴箱 3 上的操纵机构 5，可实现主轴的快速升降、手动进给，以及接通、断开机动进给。主轴回转方向的变换靠电动机的正、反转实现。

此种类型的钻床生产率不高，大多用于单件小批量生产加工中小型工件。

② 摇臂钻床。

在大型工件上钻孔时，希望工件不动，钻床主轴能任意调整其位置。这就需用摇臂钻床，图 5-21（a）是摇臂钻床的外形图。底座 1 上装有立柱，立柱分为两层：内层内立柱 2 固定在底座 1 上，外层外立柱 3 由滚动轴承支承，可绕内层转动，如图 5-21（b）所示。摇臂 4 可沿外立柱 3 升降，主轴箱 5 可沿摇臂的导轨作水平移动。这样，就可很方便地调整主轴 6 的位置。为了使主轴在加工时不会在水平方向上移位，摇臂钻床上设有主轴箱与摇臂、外立柱与内立柱以及摇臂与外立柱之间的夹紧机构。工件可以装夹在工作台上，如工件较大，也可卸去工作台，直接将工件装在底座上。摇臂钻床广泛地用于大、中型工件的加工。

（3）钻孔

钻削加工使用的钻头是定尺寸刀具，按其结构特点和用途分为扁钻、麻花钻、深孔钻和中心钻等，钻孔直径为 0.1～100mm，钻孔深度变化范围也很大。钻削加工广泛应用于孔的粗加工，也可以作为精度要求不高孔的最终加工。

麻花钻是生产中应用最多的钻头。

① 麻花钻的组成　标准麻花钻如图 5-22 所示，均由柄部、颈部和工作部分组成。

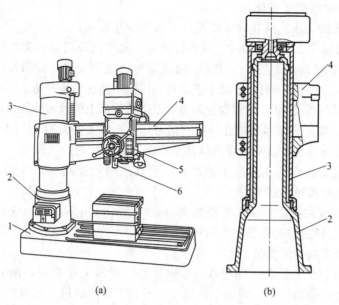

图 5-21 摇臂钻床
1—底座；2—内立柱；3—外立柱；4—摇臂；5—主轴箱；6—主轴

a. 柄部。柄部是麻花钻的夹持部分，钻孔时用于传递转矩。麻花钻的柄部有直柄和锥柄两种。直柄主要用于直径小于 12mm 的小麻花钻，一般是利用钻夹头装在主轴上的。锥柄用于直径较大的麻花钻，能直接插入主轴锥孔或通过锥套插入主轴锥孔中，锥柄麻花钻的扁尾可用于传递转矩，并通过它方便地拆卸钻头。

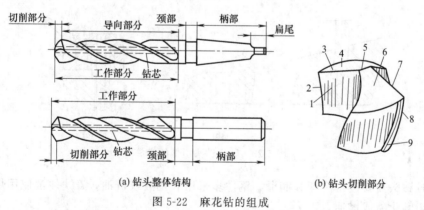

(a) 钻头整体结构　　　　　　　　(b) 钻头切削部分
图 5-22 麻花钻的组成
1—前面；2,8—副切削刃（棱边）；3,7—主切削刃；4,6—主后面；5—横刃；9—副后面

b. 颈部。麻花钻的颈部凹槽是磨削钻头柄部时的砂轮退刀槽，槽底通常刻有麻花钻的规格及厂标。

c. 工作部分。麻花钻的工作部分由切削部分和导向部分组成。

切削部分担负着切削工作，由两个前面、主后面、副后面、主切削刃、副切削刃及一个横刃组成。横刃为两个主后面相交形成的刃口，副后面是麻花钻的两条刃带，工作时与工件孔壁（已加工表面）相对。

导向部分是当切削部分切入工件后起导向作用，也是切削部分的备磨部分。为了减少导向部分与孔壁的摩擦，其外径磨有倒锥。同时，为了保持麻花钻有足够强度，必须有一个钻芯，钻芯向钻柄方向做成正锥体。

② 麻花钻钻孔的方法。麻花钻主要有以下六种钻孔方式：

a. 按划线位置钻孔。钻孔开始时，应进行试钻，其方法是用钻头尖在孔的中心样冲眼上钻一个浅孔（约占孔径的 1/4 左右），然后检查孔的中心是否正确，如果发现偏离中心要及时纠正。钻通孔时，在孔将钻透时，要减小进给量，以提高钻孔质量并防止小直径钻头折断。钻不通孔时应注意掌握钻孔深度，常用的控制方法是调整钻床上的深度标尺挡块或作标记等。

b. 钻较深孔。当孔的深度超过孔径的三倍时，钻孔时要经常退出钻头及时排屑和冷却，否则容易造成切屑堵塞或使钻头过度磨损甚至折断，影响孔的加工质量。

c. 在硬材料上钻孔。钻孔速度不能过高，手动进给量要均匀，特别是孔将要钻通时，应注意适当降低速度和减小进给量。

d. 钻削孔径较大的孔。当钻孔直径较大（通常大于 30mm）时，应分两次钻削。第一次用 0.6～0.8 倍孔径的钻头先钻，然后再钻到所要求的直径。这样既有利于减小钻头的轴向抗力，也有利于提高钻削质量。

e. 钻高弹塑性材料上的孔。在塑性好、韧性高的材料上钻孔时，断屑常成为影响加工的突出问题，如切屑堵塞钻头，影响工件质量；不利于切削液进入切削区，缩短钻头使用寿命；影响操作工人及工艺系统安全等。当出现此类问题时，可通过改变钻头几何角度、降低切削速度、提高进给量、及时退出钻头排屑和冷却等措施加以改善。

f. 在斜面上钻孔。在斜面上钻孔时，往往因斜面引起的径向力使钻头引偏，造成孔轴线歪斜 [图 5-23（a）]，甚至折断钻头。为防止钻头引偏，钻孔前可在斜面上先锪出平面后再进行钻孔 [图 5-23（b）]，或采用特殊钻套来引导钻头，以增加钻头的刚度，保证孔的加工精度 [图 5-23（c）]。

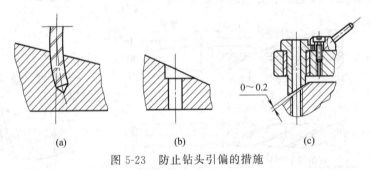

（a）　　　　　　　（b）　　　　　　　（c）

图 5-23　防止钻头引偏的措施

钻孔时钻头需要进行冷却和润滑，钢件多采用乳化液或机油，铸铁件常使用煤油，有色金属多使用乳化液或煤油。

（4）扩孔与锪孔

① 扩孔。

扩孔常用于已铸出、锻出或钻出孔的扩大。扩孔可作为铰孔、磨孔前的预加工，也可以作为精度要求不高的孔的最终加工，常用于直径在 10～100mm 范围内孔的加工。扩孔加工余量为 0.5～4mm。

常用的扩孔工具有麻花钻、扩孔钻等。一般工件的扩孔使用麻花钻；对于生产批量较大的孔，半精加工时，使用扩孔钻钻孔。

扩孔钻的结构如图 5-24 所示。扩孔钻和麻花钻相似，所不同的是主切削刃较多，常为 3 或 4 个切削刃，故导向性好；主切削刃不通过中心，无横刃，可以避免横刃对切削带来的不良影响；

螺旋槽较浅，钻芯直径较大，所以刀体的强度较高，刚性较好，扩孔时切削用量也可以提高。

由于扩孔钻有以上特点，因此扩孔比钻孔的加工质量好，生产效率高。扩孔能对铸孔、钻孔等预加工孔轴线的偏斜进行一定的校正。扩孔公差等级一般为IT10左右，表面粗糙度 Ra 值可达 $3.2\sim6.3\mu m$。

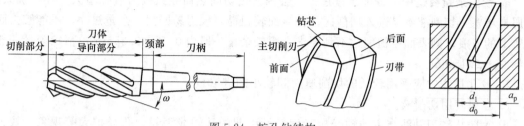

图 5-24　扩孔钻结构

除了铸铁和青铜材料外，其他材料的工件在扩孔时都要使用切削液，其中用得最多的是乳化液。

② 锪孔。

锪孔是指在已加工出孔的基础上加工圆柱形沉头孔、锥形沉头孔和凸台端面等。锪孔时所用的刀具统称为锪钻，一般用高速钢材料制造。加工大直径凸台端面的锪钻，可用硬质合金重磨式刀片或可转位式刀片，用镶齿或机夹的方法，固定在刀体上。锪钻导套的作用是为保证被锪沉头孔与原有孔的同轴度。

（5）铰孔

铰孔是利用铰刀从工件孔壁切除微量金属层，以提高其尺寸精度和减小表面粗糙度值的方法。它适用于孔的半精加工及精加工，也可用于磨孔或研孔前的预加工。由于铰孔时切削余量小，所以铰孔后公差等级一般为IT7～IT9，表面粗糙度 Ra 值为 $1.6\sim3.2\mu m$；精细铰尺寸公差等级最高可达IT6，表面粗糙度 Ra 值为 $0.4\sim1.6\mu m$。铰孔不适合加工淬火钢和硬度太高的材料。铰刀是定尺寸刀具，适合加工中小直径孔。在铰孔之前，工件应经过钻孔、扩（镗）孔等加工。

① 铰刀。

按使用方法的不同，铰刀分为手用铰刀和机用铰刀，铰刀的结构形状如图5-25所示。手用铰刀为直柄，工作部分较长，导向作用好，可以防止手工铰孔时铰刀歪斜。机用铰刀多为锥柄，可安装在钻床、车床和镗床上进行铰孔。

铰刀的工作部分包括切削部分和校准部分。切削部分呈锥形，担负主要的切削工作。校

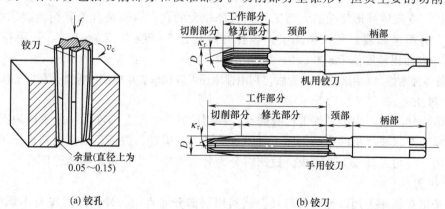

（a）铰孔　　　　　　　　　　　（b）铰刀

图 5-25　铰孔和铰刀

准部分用于校准孔径、修光孔壁和导向，校准部分的后部具有很小的倒锥，以减少与孔壁之间的摩擦和防止铰孔后孔径扩大。铰刀有 6～12 个刀齿，其容屑槽较浅，钻芯直径大，因此，铰刀的刚度和导向性比扩孔钻还要好。

② 铰孔时应注意的问题。

a. 铰削余量要适中。铰削余量过大，会因大量切削热而导致铰刀直径增大，孔径扩大；切屑易堵塞，切削液不易进入切削区，孔表面较粗糙，铰刀易磨损；余量过小，不能铰去底孔留下的刀痕，则表面粗糙度达不到要求。粗铰余量一般为 0.15～0.35mm，精铰余量一般为 0.05～0.15mm。

b. 铰孔过程中应采用较低的切削速度和较小的进给量。

c. 合理使用切削液。

d. 为防止铰刀轴线与主轴轴线相互偏斜而引起的孔轴线歪斜、孔径扩大等现象，铰刀与主轴之间应采用浮动连接。当采用浮动连接时，铰削不能校正底孔轴线的偏斜，孔的位置精度应由前道工序来保证。

e. 铰孔过程中，铰刀不可倒转，以免切屑挤住铰刀，而划伤孔壁，铰刀崩刃。

f. 铰刀用钝后应及时修磨。一般只重磨后刀面，并用油石将铰刀的切削部分与校准部分的交接处研磨成小圆角，形成过渡刃，以延长铰刀使用寿命和改善加工表面质量。

5.4.2 镗削加工

镗削加工是利用镗刀对已有孔进行加工的一种方法。

（1）镗削的特点与工艺范围

① 镗削的特点。

a. 镗削加工灵活性大，适应性强。在镗床上除可加工孔和孔系外，还可以加工外圆、端面等。加工尺寸可大可小，一把镗刀可以加工不同直径的孔，对于不同的生产类型和精度要求都适用。

b. 镗削加工操作技术要求高。要保证工件的尺寸精度和表面粗糙度，除取决于所用的设备外，更主要的是与工人的技术水平有关，同时机床、刀具调整时间也较多，镗削时参加工作的切削刃少，所以一般情况下，镗削加工生产效率较低。

c. 镗刀结构简单，刃磨方便，成本低。

d. 镗孔可修正上一工序所产生的孔的轴线位置误差，保证孔的位置精度。

② 镗削的工艺范围。

镗削加工的工艺范围较广，它可以镗削单孔或孔系，锪、铣平面，镗盲孔及镗端面等。机座、箱体、支架等外形复杂的大型工件上直径较大的孔，特别是有位置精度要求的孔系，常在镗床上利用坐标装置和镗模加工。镗孔时，其公差等级为 IT6～IT7，孔距精度可达 0.015mm，表面粗糙度值 Ra 为 0.8～1.6μm。

当配备各种附件、专用镗杆和装置后，利用镗床还可以切槽、车螺纹、镗锥孔和加工球面等。

（2）镗床

镗床适合加工大、中型工件上已有的孔，特别适宜于加工分布在同一或不同表面上、孔距和位置精度要求较严格的孔系。加工时刀具旋转为主运动，进给运动则根据机床类型和加工条件不同，可由刀具或工件完成。镗床可分为卧式镗床、坐标镗床和精镗床等。

（3）镗刀

镗刀是指在镗床上用以镗孔的刀具。就其切削部分而言，与外圆车刀没有本质的区别，但由于其工作条件较差，为保证镗孔时的加工质量，在选择和使用镗刀时应注意。

常用镗刀的类型有单刃镗刀、双刃镗刀和多刃镗刀三种。

① 单刃镗刀。单刃镗刀分镗不通孔用的镗刀和镗通孔的镗刀。

② 双刃镗刀。简单的双刃镗刀就是镗刀的两端有一对对称的切削刃同时参与切削，切削时可以消除径向切削力对镗杆的影响，工件孔径的尺寸精度由镗刀尺寸来保证。

③ 多刃镗刀。在大批量生产中，尤其是加工刀具磨耗量较小的有色金属时，常采用多刃组合镗刀，即在一个镗杆和一个刀头上安排多个径向和轴向尺寸加工的镗刀片。尽管这种组合镗刀制造和重磨比较麻烦，但从总的加工效益来说，具有优越性。

为了提高镗孔的精度和效率，且避免上述多刃镗刀重磨时的麻烦，可在镗孔时采用多刃组合镗刀，即在一个刀体或刀杆上设置两个或两个以上的刀头，每个刀头都可单独调整，两个以上切削刃同时工作的镗刀即为多刃组合镗刀。（有关镗刀的详细资料可参阅有关资料）

（4）镗削加工方法

① 单一表面的加工。

a. 镗削直径不大的孔。可将镗刀安装在镗轴上旋转，工作台不移动，让镗轴兼作轴向进给运动，如图 5-26（a）所示。每完成一次进给，让主轴退回起点位置，然后再调节背吃刀量继续加工，直至加工完毕。镗削深度可以由调节镗刀伸出长度来确定。

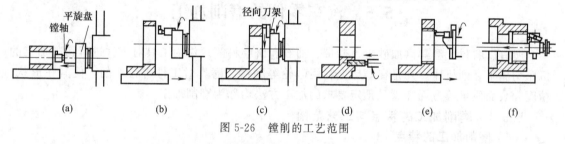

图 5-26　镗削的工艺范围

b. 镗削不深的大孔。在平旋盘溜板上装上刀架与镗刀，让平旋盘转动，在刀架溜板带动镗刀切入所需深度后，再让工作台带动工件作纵向进给运动，如图 5-26（b）所示。

c. 加工孔边的端面。把刀具装在平旋盘的刀架上，由平旋盘带动刀具旋转，同时刀架在刀架溜板的带动下沿平旋盘径向进给，如图 5-26（c）所示。

d. 钻孔、扩孔、铰孔。对于小孔，可在主轴上逐次装上钻头、扩孔钻及铰刀，主轴旋转并轴向作进给运动，即可完成小孔的钻、扩、铰等切削加工，如图 5-26（d）所示。

e. 镗削螺纹。将螺纹镗刀安装在特制的刀架上，由镗轴带动旋转，工作台沿床身按刀具每旋转一转移动一个导程的规律进行进给运动，就能镗出螺纹。控制每一行程的背吃刀量时，可在每一行程结束时，将特制刀架沿它的溜板方向按需要移动一定距离，如图 5-26（e）所示，用这种方法还可以加工长度比较短的外螺纹。镗内螺纹时可将另一特制螺纹刀装夹在镗杆上，镗杆既能转动，又能按要求作轴向进给运动，如图 5-26（f）所示。

② 孔系加工。

孔系是指在空间具有一定相对位置精度要求的两个或两个以上的孔。孔系分为同轴孔系、垂直孔系和平行孔系。

a. 镗同轴孔系。同轴孔系的主要技术要求为同轴线上各孔的同轴度，生产中常采用以下几种方法加工。

• 导向法。单件小批生产时，箱体上的孔系一般在通用机床上加工，镗杆的受力变形会影响孔的同轴度，这时，可采用导向套导向加工同轴孔。

• 找正法。找正法是在工件一次装夹镗出箱体一端的孔后，将镗床工作台回转180°，再对箱体另一端同轴线的孔进行找正加工。找正后保证镗杆轴线与已加工孔轴线位置精确重合。

• 镗模法。在成批大量生产中，一般采用镗模加工，其同轴度由镗模保证。用镗模镗孔时，镗杆与机床主轴通过浮动夹头浮动连接，保证孔系的加工精度不受机床精度的影响。

b. 镗平行孔系。平行孔系的主要技术要求是各平行孔轴线之间及孔轴线与基准面之间的距离尺寸精度和位置精度。生产中常采用以下几种方法加工。

• 坐标法。坐标法镗孔是将被加工孔系间的孔距尺寸换算成两个相互垂直的坐标尺寸，然后按此坐标尺寸精确地调整机床主轴和工件在水平与垂直方向的相对位置，通过控制机床的坐标位移尺寸和公差来保证孔距尺寸精度。

• 找正法。找正法加工是在通用机床上镗孔时，借助一些辅助装置去找正每一个被加工孔的正确位置。常用的找正方法有划线找正法、量块心轴找正法。

• 镗模法。在成批大量生产中，一般采用镗模加工，其平行度由镗模来保证。

c. 镗垂直孔系。垂直孔系的主要技术要求为各孔轴线间的垂直度，生产中常采用找正法和镗模法来加工。单件小批生产中，一般在通用机床上采用找正法加工；成批生产中，一般采用镗模法加工，其垂直度由镗模保证。

5.5 汽车零件的磨削加工

所有以磨料、磨具（如砂轮、砂带、油石和研磨料等）作为工具对工件进行切削加工的机床均属于磨削机床。凡是在磨床上利用砂轮等磨料、磨具对工件进行切削，使其在形状、精度和表面质量等方面能满足预定要求的加工方法均称为磨削加工。

5.5.1 磨削加工的特点与工艺范围

（1）磨削加工的特点

① 切削刃不规则。

砂轮表面上每个磨粒相当于一把刀具，其切削刃的形状、太小和分布均处于不规则的随机状态，通常切削时有很大的负前角和小后角。

② 背吃刀量小、加工质量高。

一般情况下，磨削时的背吃刀量较小，在一次行程中所能切除的金属层较薄。磨削加工的公差等级为 IT5～IT7，表面粗糙度 Ra 值为 $0.2～0.8\mu m$。采用高精度磨削方法，表面粗糙度 Ra 值可达 $0.006～0.1\mu m$。

③ 磨削速度快、温度高。

一般磨削速度为 $35m/s$ 左右，高速磨削时可达 $60m/s$，目前磨削速度已发展到 $120m/s$。但磨削过程中，砂轮对工件有强烈的挤压和摩擦作用，产生大量的切削热，在磨削区域瞬时温度可达 $1000℃$ 左右。在生产实践中，降低磨削时切削温度的措施是加注大量的切削液，减小背吃刀量，适当减小砂轮转速及提高工件的速度。

④ 磨削加工的适应性强。

就工件材料而言，不论软硬材料均能磨削；就工件表面而言，平面、圆柱面、曲面等都能采用磨削加工。

⑤ 砂轮具有自锐性。

在磨削过程中，砂轮表面的磨粒逐渐变钝，作用在磨粒上的切削抗力就会增大，致使磨钝的磨粒破碎并脱落，露出锋利刃口继续切削，这就是砂轮的自锐性，它能使砂轮保持良好的切削性能。

⑥ 径向磨削分力大。

磨削时由于同时参加磨削的磨粒多，磨粒又以负前角切削，因此径向磨削分力很大，一般为切向力的1.5～3倍。因此磨削轴类零件时，通常用中心架支承，以提高工件的刚性，减少因变形而引起的加工误差，在磨削加工的最后阶段，通常进行一定次数无径向进给的光磨。

（2）磨削加工的工艺范围

磨削加工的应用范围非常广泛，可以加工内外圆柱面、内外圆锥面、平面、成形面和组合面等。目前磨削主要用于对工件进行精加工，对于经过淬火的工件及其他高硬度的特殊材料，几乎只能用磨削来进行加工。另外，磨削也可以用于粗加工，如粗磨工件表面，切除钢锭和铸件上的硬皮表面，清理锻件上的毛边，打磨铸件上的浇口、冒口表面，还可用薄片砂轮切断管料以及各种硬度高的型材。

由于现代机器上高精度、淬硬零件的数量日益增多，磨削在现代机器制造业中占的比重日益增加。而且随着精密毛坯制造技术的发展和高生产率磨削方法的应用，使某些零件有可能不经其他切削加工，而直接由磨削加工完成，这将使磨削加工的应用更为广泛。

（3）磨床

磨床是种类最为繁多的一种机床，在机械制造业中占有非常重要的地位。除了能对淬火及其他高硬度材料进行加工外，在磨床上加工公差等级在IT7以上的零件时，比在其他机床上加工要容易得多，而且也很经济。磨削加工能够很容易获得高精度，是由于磨具在进行精加工时，能切下非常薄的切削余量。另外磨床的主轴采用动压或静压滑动轴承，有很高的旋转精度和抗振性，磨床的进给运动往往采用平稳的液压传动，并和电气相结合实现半自动化和自动化工作，随着自动测量装置在磨床上的应用，磨削加工质量的可靠性大为增加。

磨床的种类很多，其中主要类型有以下几种。

① 外圆磨床：外圆磨床包括万能外圆磨床、普通外圆磨床、无心外圆磨床等。

② 内圆磨床：根据磨削方法的不同，内圆磨床可分为普通内圆磨床、行星内圆磨床和无心内圆磨床等。

③ 平面磨床：根据砂轮工作面和工作台形状的不同，普通平面磨床可分为卧轴矩台式平面磨床、立轴矩台式平面磨床、卧轴圆台式平面磨床、立轴圆台式平面磨床等。

④ 工具磨床：它包括工具曲线磨床、钻头沟槽磨床等。

⑤ 刀具刃磨磨床：它包括万能工具磨床、拉刀刃磨床、滚刀刃磨床等。

⑥ 专门化磨床：它包括花键轴磨床、曲轴磨床、齿轮磨床、螺纹磨床等。

⑦ 其他磨床：它包括珩磨机、研磨机、砂带磨床、超精加工机床、砂轮机等。

（4）磨床的运动与传动

磨削加工一般是以砂轮的高速旋转作为主运动，其进给运动则取决于加工的工件表面形状以及采用的磨削方法，可由工件或砂轮来完成，也可由两者共同完成。

5.5.2 磨削方法

（1）外圆磨削

外圆磨削是用砂轮外圆周面来磨削工件的外回转表面，它不仅能加工圆柱面、端面（台阶部分），还能加工球面和特殊形状的外表面等。外圆磨削一般在外圆磨床或无心外圆磨床上进行，也可采用砂带磨床磨削。

① 在外圆磨床上磨削外圆。

a. 工件的装夹。在外圆磨床上，工件一般可用以下方法进行装夹：

• 用两顶尖装夹工件。工件支承在前、后顶尖上，由拨盘上的拨杆拨动鸡心夹头带动工件旋转，实现圆周进给运动。这种装夹方式有助于提高工件的回转精度和主轴的刚度，被称为"死顶尖"工作方式。

这是外圆磨床上最常用的装夹方法，其特点是装夹方便，定位精度高。两顶尖固定在头架主轴和尾架套筒的锥孔中，磨削时顶尖不旋转，这样头架主轴的径向圆跳动误差和顶尖本身的同轴度误差就不再对工件的旋转运动产生影响。只要中心孔和顶尖的形状正确，装夹得当，就可以使工件的旋转轴线始终不变，获得较高的圆度和同轴度精度。

• 用三爪自定心卡盘或四爪单动卡盘装夹工件。在外圆磨床上可用三爪自定心卡盘装夹圆柱形工件，其他一些自动定心夹具也适于装夹圆柱形工件。四爪单动卡盘一般用来装夹不规则工件。在万能外圆磨床上，利用卡盘在一次装夹中磨削工件的内孔和外圆，可以保证内孔和外圆之间有较高的同轴度精度。

• 用心轴装夹工件。磨削套类工件时，可以内孔为定位基准在心轴上装夹。

• 用卡盘和顶尖装夹工件。当工件较长，一端能钻中心孔，另一端不能钻中心孔时，可一端用卡盘、另一端用顶尖装夹工件。

b. 外圆磨削方法。常用的外圆磨削方法有纵向磨削法、横向磨削法、分段磨削法和深度磨削法四种。

• 纵向磨削法。如图5-27（a）所示，磨削时，工件作圆周进给运动，同时随工作台作纵向进给运动，砂轮作周期性横向进给运动。当每次纵向行程或往复行程结束后，砂轮作一次横向进给，磨削余量经多次进给后被磨去。纵磨法磨削效率低，但能获得较高的精度和较小的表面粗糙度值。

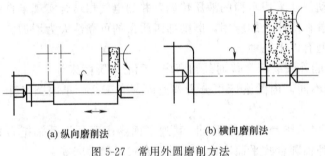

(a) 纵向磨削法   (b) 横向磨削法

图5-27 常用外圆磨削方法

• 横向磨削法。又称切入磨削法，如图5-27（b）所示。磨削时，砂轮作连续或间断横向进给运动，砂轮切入磨削时无纵向进给，工件作圆周进给运动。砂轮的宽度大于磨削工件表面长度，砂轮作慢速横向进给，直至磨到要求的尺寸。横磨法磨削效率高，但磨削力大，磨削温度高，必须供给充足的切削液冷却。

• 分段磨削法。又称综合磨削法，是纵向磨削法和横向磨削法的综合运用，即先用横向磨削法将工件分段粗磨，各段留精磨余量，相邻两段有一定量的重叠，最后再用纵向磨削法进行精磨。分段磨削法兼有横向磨削法效率高、纵向磨削法质量好的优点。

• 深度磨削法。其特点是在一次纵向进给中磨去全部磨削余量。磨削时，砂轮修整成一端有锥面或阶梯状，工件的圆周进给速度与纵向进给速度都很慢。此方法生产率较高，但砂轮修整复杂，并且要求工件的结构必须保证砂轮有足够的切入和切出长度。

② 在无心外圆磨床上磨削外圆。

在无心外圆磨床上磨削外圆，如图5-28所示，工件置于砂轮和导轮之间的托板上，以待加工表面为定位基准，不需要定位中心孔。工件由转速低的导轮（没有切削能力、变形大、摩擦系数较大的树脂或橡胶砂轮）推向砂轮，靠导轮与工件间的摩擦力使工件旋转。改变导轮的转速，便可调节工件的圆周进给速度。砂轮有很高的转速，与工件间有很大的相对速度，

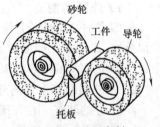

图5-28 无心磨削

故可对工件进行磨削。

采用无心外圆磨削，工件装卸简便迅速，生产率高，容易实现自动化。加工公差等级可达 IT6，表面粗糙度 Ra 值为 $0.32\sim1.25\mu m$。但是，无心磨削不易保证工件有关表面之间的位置精度，也不能用于磨削带有键槽或缺口的轴类工件。

此外，还可用砂带磨床磨削外圆。砂带磨削是一种新型的磨削方法，用高速移动的砂带作为切削工具进行磨削。

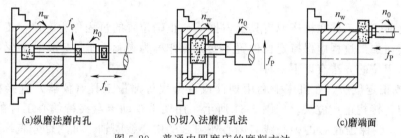

(a)纵磨法磨内孔	(b)切入法磨内孔法	(c)磨端面

图 5-29　普通内圆磨床的磨削方法

（2）内圆磨削

用砂轮磨削工件内孔的磨削方式称为内圆磨削，它可以在专用的内圆磨床上进行，也能够在具备内圆磨头的万能外圆磨床上实现。内圆磨削可以分为普通内圆磨削、无心内圆磨削和行星内圆磨削。

在普通内圆磨床上磨削工件内孔（图 5-29）时，砂轮高速旋转做主运动 n_0，工件旋转作圆周进给运动 n_w，同时砂轮或工件沿其轴线往复移动作纵向进给运动 f_a，砂轮还作径向进给运动 f_p。

与外圆磨削相比，内圆磨削所用的砂轮和砂轮轴的直径都比较小。为了获得所要求的砂轮线速度，就必须提高砂轮主轴的转速，但容易发生振动，影响工件的表面质量。此外，由于内圆磨削时砂轮与工件的接触面积大，发热量集中，冷却条件差以及工件热特别是砂轮主轴刚性差，易弯曲变形，因为内圆磨削不如外圆磨削的加工精度高，在实际生产中，常采用减少横向进给量、增加光磨次数等措施来提高内孔的加工质量。

（3）平面磨削

常见的平面磨削方式有四种，如图 5-30 所示。工件装夹在具有电磁吸盘的矩形或圆形工作台上作纵向往复直线运动或圆周进给运动。由于受砂轮宽度的限制，需要砂轮沿轴线方向作横向进给运动。为了逐步地切除全部余量，砂轮还需周期性地沿垂直于工件被磨削表面的方向进给。

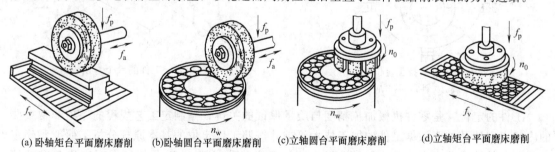

(a)卧轴矩台平面磨床磨削	(b)卧轴圆台平面磨床磨削	(c)立轴圆台平面磨床磨削	(d)立轴矩台平面磨床磨削

图 5-30　平面磨削方法

图 5-30（a）、（b）所示属于圆周磨削。这时砂轮与工件的接触面积小，磨削力小，排屑及冷却条件好，工件受热变形小，且砂轮磨损均匀，所以加工精度较高。然而，砂轮主轴呈悬臂状态，刚性差，不能采用较大的磨削用量，故生产率较低。

图 5-30 (c)、(d) 所示属于端面磨削，砂轮与工件的接触面积大，同时参加磨削的磨粒多，另外磨床工作时主轴受压力，刚性较好，允许采用较大的磨削用量，故生产率高。但是，在磨削过程中，磨削力大，发热量大，冷却条件差，排屑不畅，造成工件的热变形较大，且砂轮端面沿径向各点的线速度不等，使砂轮磨损不均匀，所以这种磨削方法的加工精度不高。

5.6　汽车零件的定位

在加工之前，使工件在机床或夹具上占据某一正确位置的过程称为定位；工件定位后将其固定，使其在加工过程中保持定位位置不变的操作称为夹紧；工件定位、夹紧的过程合称为装夹。工件定位的方法有以下三种。

① 直接找正定位法。在机床上利用划针或百分表等测量工具（仪器）直接找正工件位置的方法称为直接找正定位法。如图 5-31 所示，用四爪单动卡盘夹持偏心工件的外圆 A 来加工偏心孔 C，为保证孔 C 的中心线与偏心外圆 B 的中心线同轴，可用百分表找正，使外圆 B 与机床主轴回转中心同轴。然后加工孔 C，即可保证孔 C 与外圆 B 同轴。此方法生产率低，加工精度主要取决于工人操作技术水平和测量工具的精确度，一般用于单件小批生产。

② 划线找正定位法。先根据工序简图在工件上划出中心线、对称线和加工表面的加工位置线等，然后再在机床上按划好的线找正工件位置的方法称为划线找正法。该方法生产率低、加工精度低，一般用于生产批量不大的工件。当所选用的毛坯为形状较复杂、尺寸偏差较大的铸件或锻件时，在加工阶段的初期，为了合理分配加工余量，经常采用划线找正定位法。

③ 利用夹具定位法。中批以上生产中广泛采用专用夹具进行定位。关于夹具应用的情况暂不介绍。这里所介绍的定位法，主要是指工件在夹具中的定位。工件在夹具中的定位，是指使同一批工件都能在夹具中占据一致的位置，以保证工件相对于刀具和机床的正确加工位置。工件在夹具中的定位，是指工件的定位基准（面）与夹具上定位元件的工作表面相互接触或相互配合。

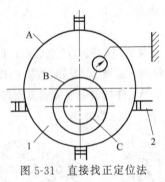

图 5-31　直接找正定位法
1—偏心工件；2—卡爪

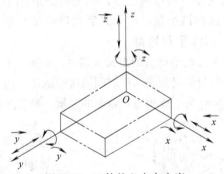

图 5-32　工件的六个自由度

工件的定位，是零件机械加工精度与质量保证的关键，是制定工艺规程的一项非常重要的内容，它涉及如何根据工件的加工技术要求并按照工件定位的基本原理分析、研究和确定应限制工件的哪些自由度，应如何选择工件的定位基准（面），以及如何根据定位基准的情况选择合适的定位元件，满足工件加工技术要求等内容。

5.6.1　工件定位的基本原理

（1）六点定则

任何一个工件，如果对其不加任何限制，那么它在空间的位置是不确定的，可以向任意方向移动或转动，工件所具有的这种运动的可能性，称为工件的自由度。如果把工件放在空间直角坐标系中来描述（图 5-32），则工件具有六个自由度，即沿 x、y、z 轴移动和绕 x、y、z 轴转动的六个自由度，可分别用 $\vec{x}$、$\vec{y}$、$\vec{z}$ 表示沿 x、y、z 轴移动的自由度，用 $\hat{x}$、$\hat{y}$、$\hat{z}$ 表示绕 x、y、z 轴转动的自由度。

工件的定位，实质上就是限制工件应该被限制的自由度。也就是说，若要确定工件在某坐标方向上的位置，就需且只需用一个定位支承点限制工件在该方向上的自由度。用六个合理布置的定位支承点限制工件的六个自由度，就可使工件的位置完全确定，称为工件定位的"六点定则"。

如图 5-33 所示，在空间直角坐标系的 xOy 面上布置三个定位支承点 1、2、3，使工件的底面与三点相接触，则该三点就限制了工件的 $\vec{z}$、$\hat{x}$、$\hat{y}$ 三个自由度。同理，在 zOy 面上布置两个定位支承点 4、5 与工件侧面相接触，就可限制工件的 $\vec{x}$ 和 $\hat{z}$ 自由度；在 zOx 面上布置一个定位支承点与工件的另一侧面接触，就可限制工件的 $\vec{y}$ 自由度，从而使工件的位置完全确定。

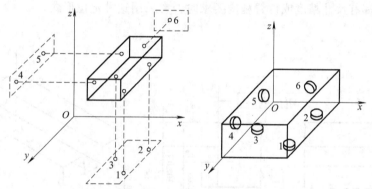

图 5-33 定位支承点的分布

值得注意的是，底面上布置的三个支承点不能在同一条直线上，且三个支承点所形成的三角形面面积愈大愈好。侧面上布置的两个支承点所形成的连线不能垂直于点所形成的平面，且两点之间的距离愈远愈好，这就是上述所提到的"合理布置"的含义。

"六点定则"可用于任何形状、任何类型的工件，具有普遍性。无论工件的具体形状和结构如何，其六个自由度均可由六个定位支承点来限制，只是六个支承点的具体分布形式有所不同。例如，图 5-34（a）所示为盘状工件的定位，底面的三个支承点限制了工件的 $\vec{z}$、$\hat{x}$、$\hat{y}$ 三个自由度，外圆柱面上的两个支承点限制了工件的 $\vec{x}$ 及 $\vec{y}$ 自由度，工件圆周槽中的支承点限制了工件的 $\hat{z}$ 自由度。

根据"六点定则"利用支承点来限制工件自由度时，就能分清哪个支承点限制了工件的哪个自由度，如图 5-34（b）中所示槽内的支承点限制了工件的 $\hat{z}$ 自由度。但有时没必要分清究竟哪个支承点限制了工件的哪一个自由度，如图 5-34 中所示底面上的三个支承点互相配合，共同限制了工件的三个自由度 $\vec{z}$、$\hat{x}$、$\hat{y}$，而其中究竟是哪个支承点限制了 $\vec{z}$、哪个支承点限制了 $\hat{x}$、$\hat{y}$ 分不清，也没必要分清。重要的是必须清楚，不在一条直线上的三个支承点，可以限制工件的三个自由度。

工件具体定位时，实际上不是用定位支承点，而是用各种不同形状的定位元件定位。不同的定位元件限制工件的自由度数不同。

（2）工件的定位形式

工件的定位有以下几种形式。

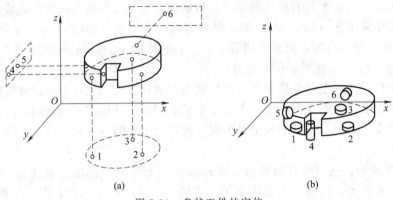

图 5-34　盘状工件的定位

① 完全定位。用六个合理布置的定位支承点限制工件的六个自由度，使工件位置完全确定的定位形式称为完全定位。前面谈到的两个实例都是完全定位。当工件在 x、y、z 三个坐标方向上都有尺寸精度或位置精度要求时，常采用这种定位形式。

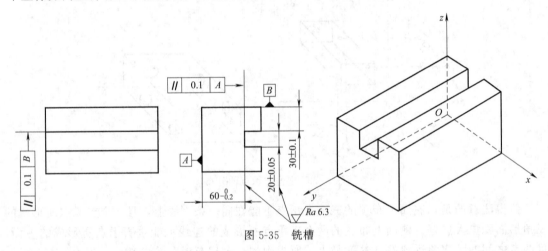

图 5-35　铣槽

② 不完全定位。工件被限制的自由度少于六个，但能满足加工技术要求的定位形式称为不完全定位。如图 5-35 所示，在工件上铣槽，它有两个方位的位置要求，为保证槽底面与 A 面距离尺寸和平行度要求，必须限制 $\vec{z}$、$\widehat{x}$、$\widehat{y}$ 三个自由度；为保证槽侧面与 B 面的平行度及距离尺寸要求，必须限制 $\vec{x}$、$\widehat{z}$ 两个自由度。一共需限制以上五个自由度。当采用五个定位支承点限制了工件上述五个自由度时，即为不完全定位。如铣不通槽，被加工表面就有三个方位的位置要求，必须限制工件的六个自由度。则需采用完全定位。

③ 过定位。两个或两个以上的定位支承点同时限制工件的同一个自由度的定位形式称为过定位，也常称为超定位或重复定位。图 5-36（a）所示的定位形式，由于心轴限制了工件 $\vec{y}$、$\vec{z}$、$\widehat{y}$、$\widehat{z}$ 四个自由度，大支承板限制了工件 $\vec{x}$、$\widehat{y}$、$\widehat{z}$ 三个自由度，其中 $\widehat{y}$、$\widehat{z}$ 两个自由度被重复限制，因此属过定位。

工件以过定位形式定位时，由于工件和定位元件都存在有制造误差，工件的几个定位基准面可能与几个定位元件不能同时很好地接触，因此夹紧后工件和定位元件将产生变形，甚至损坏。如图 5-36（a）中所示，当工件内孔与端面的垂直度误差较大且内孔与心轴配合间隙很小时，工件端面与大定位支承板只有极少部分接触，夹紧后，工件和心轴将会产生变形，影响加工精度。过定位严重时，还可能使工件无法进行装卸。因此，一般情况下应尽量

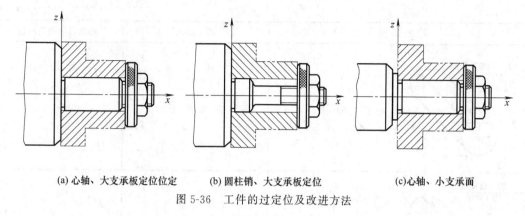

(a) 心轴、大支承板定位位定   (b) 圆柱销、大支承板定位   (c)心轴、小支承面

图 5-36   工件的过定位及改进方法

避免采用过定位形式。

　　图 5-36（b）、（c）所示是通过改变定位元件的结构形状而避免了过定位的示例。图5-36（b）所示采用定位销（圆柱销）仅限制工件两个自由度 $\vec{y}$、$\vec{z}$，而没有像心轴那样限制工件 $\vec{y}$、$\vec{z}$、$\hat{y}$、$\hat{z}$ 四个自由度，大支承板限制工件 $\vec{x}$、$\hat{y}$、$\hat{z}$ 三个自由度，共限制工件五个自由度，没有出现过定位。图 5-36（c）所示采用心轴和小支承面定位，心轴限制工件 $\vec{y}$、$\vec{z}$、$\hat{y}$、$\hat{z}$ 四个自由度，小支承面限制工件 $\vec{x}$ 自由度，共限制工件五个自由度，也没有出现过定位，一般情况下，当加工表面与工件的大端面有较高的位置精度要求时，可采用图 5-36（b）所示的定位方案；当加工表面与工件内孔有较高的位置精度要求时，则应采用5-36（c）所示的定位方案。

　　如果工件上的各定位基准面之间以及各定位元件之间的位置精度都很高，则即使采用了过定位，也往往不会造成不良后果，反而能提高工件在加工中的支承刚度和稳定性，因此，这种情况下的过定位是可以采用的，实际生产中也经常使用。所以说，过定位不一定必须避免，而应正确对待。如图 5-36（a）所示，如果工件内孔与端面的垂直度精度很高，心轴与大支承板的垂直度精度也很高，那么这种过定位就可以采用。

　　④ 欠定位。根据加工技术要求应限制的自由度没有被限制，这种定位现象称为欠定位。欠定位现象是不允许出现的，因为其不能保证工件的加工技术要求。如图 5-35 所示，在工件上铣通槽，如果 $\vec{z}$ 没有被限制，就不能保证槽底面与 A 面的距离尺寸要求；如果 $\hat{x}$ 或 $\hat{y}$ 没有被限制，就不能保证槽底面与 A 面的平行度要求，这两种情况都属于欠定位。

　　表 5-3 所示为满足加工技术要求必须限制的自由度的示例。

表 5-3   满足加工技术要求必须限制的自由度的示例

工 序 简 图	加工要求	必须限制的自由度
加工面宽度为W的槽 B W H（z x y O 坐标轴）	①尺寸 B ②尺寸 H	$\vec{x}$ $\vec{z}$ $\hat{x}$ $\hat{y}$ $\hat{z}$

工序简图	加工要求	必须限制的自由度
加工平面 尺寸 H	尺寸 H	$\vec{z}$ $\widehat{x}$
加工面宽度为 W 的槽 W、ϕd、H	①尺寸 H ②W 的对称面对 ϕd 轴线的对称度	$\vec{x}$ $\vec{z}$ $\widehat{x}$ $\widehat{z}$
加工面宽度为 W 的槽 W、L、H、ϕd、W_1	①尺寸 H ②尺寸 L ③尺寸 W_1 的对称面对 ϕd 轴线的对称度	$\vec{x}$ $\vec{y}$ $\vec{z}$ $\widehat{x}$ $\widehat{y}$ $\widehat{z}$
加工面圆孔 ϕd、L	通孔 ①尺寸 L ②加工孔轴线对 ϕd 轴线的对称度	$\vec{x}$ $\vec{y}$ $\widehat{x}$ $\widehat{z}$
	不通孔	$\vec{z}$ $\vec{y}$ $\vec{z}$ $\widehat{x}$ $\widehat{z}$
加工面圆孔 ϕd、L、ϕd_1	通孔 ①尺寸 L ②加工孔轴线对 ϕd 轴线的对称度	$\vec{x}$ $\vec{y}$ $\widehat{x}$ $\widehat{y}$ $\vec{z}$
	不通孔 ③加工孔轴线对 ϕd_1 轴线的位置度	$\vec{x}$ $\vec{y}$ $\vec{z}$ $\widehat{x}$ $\widehat{y}$ $\widehat{z}$

5.6.2 定位方式及定位元件

在分析工件定位时，为了简化问题，习惯上都是先利用定位支承点来限制工件应被限制的自由度；而实际上，工件在夹具中的定位，并不是用定位支承点，而是用各种不同结构与形状的定位元件与工件相应的定位基准面相接触或配合实现的。工件上的定位基准面与相应的定位元件的工作表面合称为定位副，定位副的选择及其制造精度直接影响工件的定位精度和夹具的制造及使用性能。这里主要按不同的定位基准面分别介绍常用的定位元件。关于定位基准的选择将随后做较详细的介绍。

（1）常见的定位方式及定位元件

常见的工件定位方式有四种，即工件以平面为定位基准、工件以内孔为定位基准、工件以外圆为定位基准和工件以一面两孔为定位基准。

① 工件以平面为定位基准。

工件以平面作为定位基准时，常用的定位元件有以下几种：

a. 支承钉。一个支承钉相当于一个支承点，可限制工件一个自由度。图 5-37 所示为三种标准支承钉，其中平头支承钉多用于工件以精基准定位；球头支承钉和齿纹支承钉适用于工件以粗基准定位，可减少接触面积，以便与粗基准有稳定的接触，球头支承钉较易磨损而失去精度。齿纹支承钉能增大接触面间的摩擦力，但落入齿纹中的切屑不易清除，故多用于侧面和顶面定位。

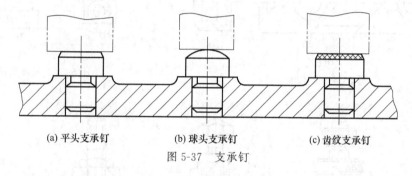

(a) 平头支承钉　　　(b) 球头支承钉　　　(c) 齿纹支承钉

图 5-37　支承钉

支承钉与夹具体上孔的配合为 H7/r6 或 H7/n6。当支承钉需经常更换时，可加衬套，其外径与夹具体孔的配合亦为 H7/r6 或 H7/n6，内径与支承钉的配合为 H7/js6。当使用几个支承钉（处于同一平面）时，装配后应一次磨平其工作表面，以保证其等高性要求。

b. 支承板。支承板适用于工件以精基准定位的场合。工件以大平面与一大（宽）支承板相接触定位时，该支承板相当于三个不在一条直线上的定位支承点，可限制工件三个自由度。一个窄长支承板相当于两个定位支承点，可限制工件两个自由度。工件以一个大平面同时与两个窄长支承板相接触定位时，这两个窄长支承板相当于一个大（宽）支承板，限制工件三个自由度。宽、窄支承板是根据支承板的宽度相对于工件定位基准面宽度的大小来划分的，当支承板的宽度相对于一个大的工件定位基准面的宽度来说相差不大时，认为该支承板是宽支承板，否则认为是窄支承板。

图 5-38 所示为两种标准支承板。其中 A 型支承板结构简单、紧凑，但切屑易落入螺钉头周围的缝隙中，且不易清除，因此多用于侧面和顶面的定位；B 型支承板在工作面上有45°的斜槽，且能保持与工件定位基准面连续接触，清除切屑方便，因此多用于底面定位。

支承板用螺钉紧固在夹具体上。当工件以一个大平面在两个以上的支承板上定位时，支承板在夹具体上装配后应一次磨平其工作表面，以保证其平面度。

根据定位的需要，也可按照工件定位基准面的具体轮廓形状，设计非标准的定位支承板，例如图 5-39 所示的圆环支承板。

上述支承钉与支承板是固定在夹具体上使用的，因此也称为固定支承。

c. 可调支承。可调支承是指高度可以调节的支承（图 5-40），一个可调支承限制工件一个自由度。可调支承适用于铸造毛坯分批铸造，不同批次毛坯的形状和尺寸变化较大，而又以粗基准定位的场合；或用于以同一夹具加工形状相同而尺寸不同的工件；也可用于可调整夹具和成组夹具中。其中图 5-40（a）所示的可调支承可用手直接调节或用扳手拧动进行调节，适用于支承小型工件；图 5-40（b）所示的可调支承具有衬套，可防止磨损夹具体；图 5-40（b）、（c）所示的可调支承需用扳手调节，这两种可调支承适用于支承较重的工件。

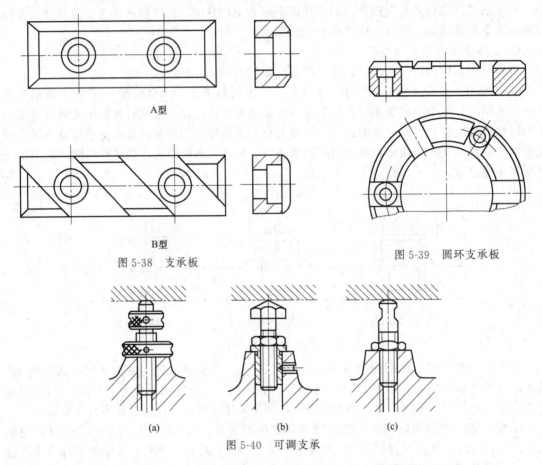

A型

B型

图 5-38　支承板

图 5-39　圆环支承板

(a)   (b)   (c)

图 5-40　可调支承

必须注意，可调支承在一批工件加工之前只调整一次，在加工同一批工件的过程中，其位置保持不变，作用相当于固定支承，所以，可调支承在调整后必须用锁紧螺母锁紧。

d. 自位支承（浮动支承）。自位支承是在工件定位过程中能随工件定位基准面的位置变化而自动与之适应的多点接触的浮动支承，其作用相当于一个定位支承点，限制工件的一个

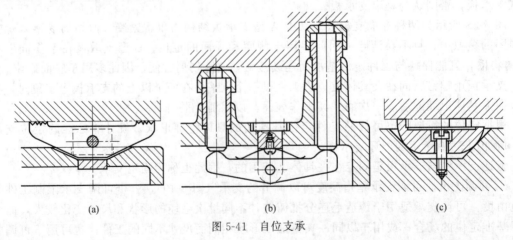

(a)   (b)   (c)

图 5-41　自位支承

自由度。自位支承由于接触点数目的增多，可提高工件的支承刚度和定位稳定性，因此适用于粗基准定位或工件刚度不足的定位情况，如图 5-41 所示，其中图 5-41（a）、（b）所示为两点浮动，图 5-41（c）所示为三点浮动。

② 工件以内孔为定位基准。

工件以内孔作为定位基准时，常用的定位元件有以下几种：

a. 定位销。定位销是轴向尺寸较短的圆柱形定位元件，可限制工件两个自由度。其工作表面直径的基本尺寸与相应的工件定位孔的基本尺寸相同，其精度可根据工件加工精度、定位基准面的精度和工件装卸的方便，按 g5、g6、f6、f7 制造。图 5-42（a）～（c）所示是固定式定位销，可直接用过盈配合（H7/r6 或 H7/n6）装配在夹具体上。在大批大量生产中，定位销使用一段时间后，会因磨损而不能再用，必须更换新的。为了便于更换，可采用可换式定位销。图 5-42（d）所示为一种常用的可换式定位销在夹具体上的装配结构，衬套外径与夹具体的配合为 H7/n6，衬套内径与可换式定位销的配合为 H7/h6 或 H7/h5。

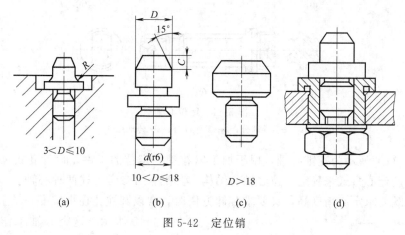

图 5-42　定位销

从图中可以看出，当定位销工作表面直径 3mm＜D≤10mm 时，为增加强度，避免定位销因撞击而折断或热处理时淬裂，通常把根部倒成圆角 R。相应的夹具体上要有沉孔，使定位销圆角部分沉入孔内而不影响定位。为了便于工件顺利装入，定位销的头部应有 15°倒角。

当工件以内孔和端面组合定位时，常采用带台肩的定位销或定位销与支承板等定位元件组合使用。图 5-43 所示为一非

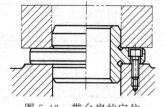

图 5-43　带台肩的定位

标准的带台肩的定位销。由于工件内孔直径较大，因此将定位销做成空心的，以减轻重量。因此将定位销部分限制工件两个自由度，台肩的大圆环端面限制工件三个自由度。

b. 定位心轴。心轴的结构形式在很多工厂中有自己的标准，供设计时选用，图 5-44 所示为几种常用的心轴结构形式。

图 5-44（a）所示为间隙配合心轴，由于心轴工作部分一般按 h6、g6 或 f7 制造，故工件装卸比较方便，但定心精度不高。采用间隙配合心轴时，工件常以内孔和端面联合定位。心轴限制工件四个自由度，心轴的小台肩端面限制工件一个自由度。工件内孔与端面之间、定位元件的圆柱工作表面与台肩端面之间要有较高的垂直度。夹紧螺母通过开口垫圈可快速夹紧或松开工件。开口垫圈的两端面应平行，一般需经过磨削。当工件定位内孔与夹紧端面的垂直度误差较大时，应采用球面垫圈夹紧。

图 5-44（b）所示为过盈配合心轴。心轴由引导部分 1、工作部分 2 以及与传动装置

（如拨盘、鸡心夹头等）相联系的传动部分3组成。引导部分的作用是使工件迅速而准确地套在心轴上，其直径d_3的基本尺寸为工件定位基准孔的最小极限尺寸，长度约为基准孔长度的一半。工作部分直径按r6制造，其基本尺寸为工件定位基准孔的最大极限尺寸。当工件定位基准孔的长径比$L/D>1$时，心轴的工作部分应稍带锥度。这时，直径d_1应按r6制造，其基本尺寸为工件定位基准孔的最大极限尺寸；直径d_2应按h6制造，其基本尺寸为孔的最小极限尺寸。这种心轴制造简单、定心精度高，无需另设夹紧装置，但装卸工件不便，且易损伤工件定位孔，因此多用于定心精度要求高的精加工。

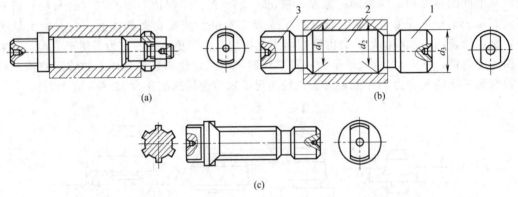

图 5-44　定位心轴

1—引导部分；2—工作部分；3—传动部分

图 5-44（c）所示为花键心轴，用于加工以花键孔定位的工件。设计花键心轴时，应根据工件的不同定心方式来确定定位心轴的结构，其配合可参考上述两种心轴。

当工件既要求定心精度高，又要求装卸方便时，常以圆柱孔在小锥度心轴上定位，如图5-45所示。这类心轴工作表面的锥度

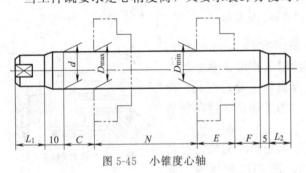

图 5-45　小锥度心轴

很小，常为（1∶1000）～（1∶5000）。工件装在心轴上楔紧后，靠孔产生的弹性变形而有少许过盈，从而消除间隙并产生摩擦力带动工件回转，不需另行夹紧，但因传递的转矩较小，所以仅适用于工件定位孔公差等级不低于IT7的精车和磨削加工。

心轴的锥度越小，定心精度越高，且夹紧越可靠，但工件轴向位置有较大的变动。因此应根据定位孔的精度和工件的加工要求来合理地选择锥度。

c. 圆锥销。图5-46所示为几种圆锥销的应用示例。其中图5-46（a）所示结构用于粗基准定位，图5-46（b）所示结构用于精基准定位。由于工件用单个圆锥销定位易倾斜，因此应像图5-46（c）～（e）所示那样成对使用或与其他定位元件配合使用。

单个圆锥销限制工件三个移动自由度，两个圆锥销成对使用（其中一个沿轴线方向可移动）共限制工件五个自由度。图5-46（d）、（e）所示的圆锥销沿轴线方向可移动，因此只限制工件两个自由度。

③ 工件以外圆为定位基准。

工件以外圆为定位基准时，常用的定位元件有以下几种。

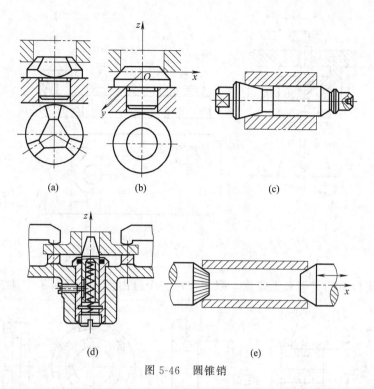

图 5-46 圆锥销

a. V 形块。工件以外圆定位时，最常用的定位元件是 V 形块。图 5-47 所示为常用 V 形块的结构形式。其中图 5-47（a）所示结构用于较短的外圆柱面定位，可限制工件两个自由度；其余三种结构用于较长的外圆柱表面或阶梯轴，可限制工件四个自由度，其中图 5-47（b）所示结构用于以粗基准面定位，图 5-47（c）所示结构用于以精基准面定位，图 5-47（d）所示结构用于工件较长、直径较大的重型工件，这种 V 形块一般做成在铸铁底座上镶淬硬支承板或硬质合金板的结构形式。

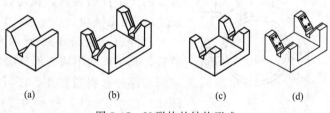

图 5-47 V 形块的结构形式

V 形块的最大优点是对中性好，可使一批工件的定位基准（轴线）对中在 V 形块两斜面的对称平面上，而不受定位基准面直径误差的影响，且装夹很方便。并且，V 形块的应用范围较广，不论定位基准面是否经过加工，是完整的圆柱表面还是局部的圆弧面，都可采用 V 形块定位。

除上述固定式 V 形块外，夹具上还经常采用活动 V 形块，图 5-48 所示为活动 V 形块的应用实例。活动 V 形块除具有定位作用外，还兼有夹紧作用。

b. 定位套。图 5-49 所示为几种常见的定位套。为了限制工件的轴向自由度，定位套常与其端面（支承板）配合使用。图 5-49（a）所示是带小端面的长定位套，工件以较长的外圆柱面在长定位套的孔中定位，限制工件四个自由度；同时工件以端面在定位套的小端面上定位，限制工件一个自由度，共限制了工件五个自由度。图 5-49（b）、（c）所示是带大端面的短定位套，工件以较短的外圆柱面在短定位套的孔中定位，限制工件两个自由度；同时，

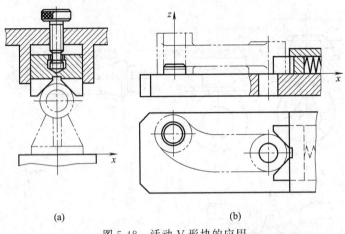

(a)   (b)

图 5-48   活动 V 形块的应用

工件以端面在定位套的大端面上定位，限制工件三个自由度，共限制了工件五个自由度。

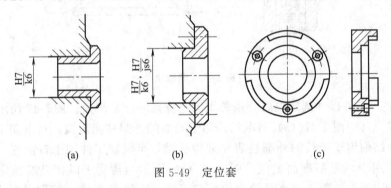

(a)   (b)   (c)

图 5-49   定位套

定位套结构简单、容易制造，但定心精度不高，只适用于工件以精基准定位的情况，且为了便于工件的装入，在定位套孔口端应有 15°或 30°倒角或圆角。

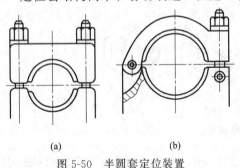

(a)   (b)

图 5-50   半圆套定位装置

c. 半圆套。图 5-50 所示为两种半圆套定位装置，其下面的半圆套部分起定位作用，上面的半圆套部分起夹紧作用。图 5-50（a）所示为可卸式，图 5-50（b）所示为铰链式，后者装卸工件更方便。半圆套定位装置主要适用于大型轴类工件及从轴向进行装卸不方便的工件。

采用半圆套定位时，限制工件自由度的情况与圆套筒相同，但工件定位基准面的公差等级不应低于 IT8～IT9，半圆套的最小内径应取工件定位基准面的最大直径。

d. 圆锥套。图 5-51 所示为通用的外拨顶尖。工件以圆柱面的端部在外拨顶尖的锥孔中定位，限制了工件的三个移动自由度。锥孔内有齿纹，可带动工件旋转，顶尖体锥柄部分插入机床主轴孔中。

圆锥套不能单独使用，应和其他定位元件共同配合使用（如图 5-51 中所示与后顶尖共同使用）。

④ 工件以一面两孔定位。

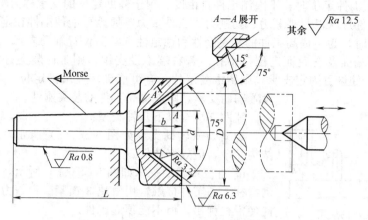

图 5-51 工件在圆锥套中定位

在加工箱体、杠杆、盖板和支架等零件时，工件常以两个轴线平行的孔及与两孔轴线相垂直的大平面为定位基准。如图 5-52 所示，所用的定位元件为一大支承板，它限制了工件三个自由度；一个圆柱销，它限制了工件两个自由度；一个菱形销（也称为削边销），它可限制工件绕圆柱销转动的一个自由度。工件以一面两孔定位时，共限制了工件的六个自由度，属完全定位形式，而且易于做到在工艺过程中的基准统一，便于保证工件的位置精度。

工件以一面两孔定位时，如不采用一个圆柱销和一菱形销，而是采用两个圆柱销，则由于两个圆柱销均限制工件两个相同的自由度，会造成工件在两孔中心线连线方向上出现过定位。由于工件上两定位孔的孔距及夹具上两销的销距都有误差，当误差较大时，这种过定位会使工件无法准确装到夹具上定位，因此，实际生产中，工件以一面两孔定位时，一般不采用两个圆柱销，而是采用图 5-52 所示的一个圆柱销和一个菱形销。

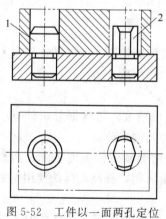

图 5-52 工件以一面两孔定位
1—圆柱销；2—菱形销

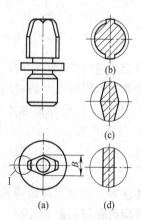

图 5-53 菱形销的结构

工件上的两个定位孔可以是零件结构上原有的孔，也可以是为了实现一面两孔定位而专门加工出来的工艺孔。

常用菱形销的结构形状如图 5-53 所示。当工件定位孔直径 $D \leqslant 3mm$ 时，用图 5-53 （b）所示的结构；当工件定位孔直径 $D > 3 \sim 50mm$ 时，用图 5-53 （c）所示的结构；当工件定位孔直径 $D > 50mm$ 时，用图 5-53 （d）所示的结构。

在将菱形销装配到夹具体上时，应使削边方向垂直于两销连心线方向。

⑤ 辅助支承。在工件定位时，不限制工件自由度、用于辅助定位的支承称为辅助支承。生产中，由于工件形状以及夹紧力、切削力、工件重力等原因可能使工件在定位后会产生变形或定位不稳定时，为了提高工件的装夹刚性和稳定性，常需设置辅助支承。如图5-54所示，工件以内孔、端面及右后面定位钻小孔。若右端不设支承，则工件装夹好后右边悬空、刚性差。若在 A 处设置固定支承，则属重复定位，有可能破坏左端的定位。若在 A 处设置辅助支承，则能提高工件的装夹刚性。

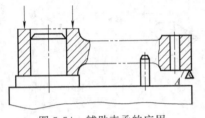

图 5-54　辅助支承的应用

辅助支承有以下几种类型：

a. 螺旋式辅助支承如图 5-55（a）所示，这种支承结构简单，但效率较低。

b. 自位式辅助支承如图 5-55（b）所示，弹簧 2 推动滑柱 1 与工件接触，用滑块 3 锁紧。弹簧力的大小应能使滑柱弹出，但不能顶起工件。

c. 推引式辅助支承如图 5-55（c）所示，它适用于工件较重、垂直作用的切削负荷较大的场合。工件定位后，推动手轮 4 使滑柱 5 与工件接触，然后转动手轮使斜楔 6 开槽部分胀开而锁紧，反转手轮则松开。

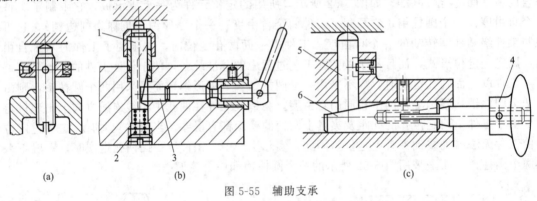

图 5-55　辅助支承

1,5—滑柱；2—弹簧；3—滑块；4—手轮；6—斜楔

螺旋式辅助支承的结构形式类似于可调支承，但不需要锁紧螺母。两者的作用也完全不同，可调支承限制工件的自由度，而辅助支承不限制工件的自由度。

（2）对定位元件的基本要求

① 足够的精度：定位元件的精度将直接影响工件的定位精度。可根据分析计算、查设计手册、参考工厂现有资料或根据经验等合理确定定位元件的制造公差。

② 耐磨性好：定位元件在使用过程中会受到磨损，从而导致定位精度下降，当磨损到一定程度时，定位元件必须更换。为了延长定位元件的更换周期，提高夹具的使用寿命，定位元件应有较好的耐磨性。

③ 足够的强度和刚度：定位元件不仅起到限制工件自由度的作用，而且在加工过程中还要承受工件重力、切削力、夹紧力等，因此，定位元件必须要有足够的强度和刚度。

④ 工艺性好：定位元件的结构应力求简单、合理，便于制造、装配和维修。

5.7　汽车零件的定位与夹紧

5.7.1　定位基准的选择

在制订零件机械加工工艺规程时，定位基准的选择是否合理意义十分重大。它不仅影响到工件装夹是否准确、可靠和方便，工件的加工精度是否易于保证，而且影响到零件上各加工表面的加工顺序，甚至还会影响到所采用的工艺装备的复杂程度。

为了便于对定位基准选择有更深入的理解和掌握，在此先对基准的有关知识作一些简单介绍。

（1）基准及其分类

用来确定生产对象上几何要素间的几何关系所依据的那些点、线、面称为基准。根据作用的不同，可将基准做如下的分类：

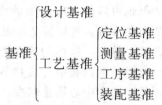

① 设计基准。设计图样上所采用的基准称为设计基准。它是标注设计尺寸的起点。图 5-56（a）所示的零件中，平面 A 是平面 B、C 的设计基准，平面 D 是平面 E、F 的设计基准。在水平方向，平面 D 也是孔 7 和孔 8 的设计基准；在垂直方向，平面 A 是孔 7 的设计基准，孔 7 又是孔 8 的设计基准。图 5-56（b）所示的钻套零件中，孔中心线是外圆与内孔的设计基准，也是端面 B 端面圆跳动的设计基准，端面 A 是端面 B、C 的设计基准。

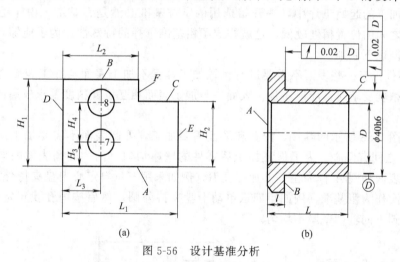

图 5-56 设计基准分析

② 工艺基准。在工艺过程中所采用的基准称为工艺基准。按用途不同可将其分为以下四种：

a. 定位基准。在加工中用作工件定位的基准称为定位基准，它代表了工件在机床或夹具上的位置，用该基准可以使工件在机床或夹具上占据确定的位置。工件在机床或夹具上定位时，定位基准就是工件上直接与机床或夹具的定位元件相接触的点、线、面。例如，将图 5-56（b）所示零件套在心轴上磨削 $\phi40h6$ 外圆表面时，内孔中心线即是定位基准。

定位基准又可分为粗基准和精基准：

• 粗基准。用作定位基准的表面，如果是没经过切削加工的毛坯面，则称为粗基准。

• 精基准。用作定位基准的表面，如果是经过切削加工的表面，则称为精基准。

b. 测量基准。工件在测量、检验时所使用的基准称为测量基准。

c. 工序基准。在工序简图上用来确定本工序加工表面加工后的尺寸、形状、位置的基准称为工序基准。工序基准也就是用来在工序简图上标注本工序加工表面加工后应保证的尺寸、形状和位置的基准。例如，图 5-57 为车削加工图 5-56（b）所示钻套零件时的工序图，A 面即是 B、C 面的工序基准。

d. 装配基准。装配时用来确定零件或部件在产品中的相对位置所采用的基准称为装配基准。例如，图 5-56（b）所示钻套零件上的 ϕ40h6 外圆柱面及端面 B 就是该钻套零件装在钻床夹具钻模板上的孔中时的装配基准。

零件上的基准通常是零件表面上具体存在的一些点、线、面，但也可以是一些假定的点、线、面，如孔或轴的中心线、槽的对称面等。这些假定的基准，必须由零件上某些相应的具体表面来体现，这样的表面称为基准面。例如图 5-56（b）所示钻套零件的内孔中心线并不具体存在，而是由内孔圆柱面来体现的，内孔中心线是基准，而内孔圆柱面是基准面。也就是

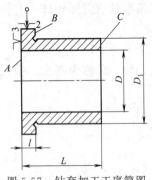

图 5-57　钻套加工工序简图

说，当选择工件上的平面作为定位基准时，该平面同时也是定位基准面；当选择工件上的内孔或外圆中心线作定位基准时，则内孔或外圆柱面为定位基准面。

选择定位基准（包括粗基准和精基准）时应遵循的原则如下。

（2）粗基准的选择

零件的机械加工从毛坯开始。由于在毛坯上还没有任何一个已经过切削加工的表面，因此，在机械加工的起始工序中，一开始选用的定位基准必然是粗基准。由于毛坯表面较粗糙，各表面之间的位置精度较低，这就构成了粗基准选择的特殊性。为了能够合理选择粗基准一般应遵循以下原则。

① 当零件上有一些表面不需要进行机械加工，且不加工表面与加工表面之间具有一定的相互位置精度要求时，应以不加工表面中与加工表面相互位置精度要求较高的不加工表面作为粗基准。

例如，图 5-58 所示的零件，内孔和端面需要加工，外圆表面不需要加工，铸造时内孔 B 与外圆 A 之间有偏心。为了保证加工后零件的壁厚均匀（内、外圆表面的同轴度较好），应以不加工表面外圆 A 作为粗基准加工孔 B（例如采用三爪自定心卡盘夹持外圆 A）。如果采用内孔表面作为粗基准（例如用四爪单动卡盘夹持外圆，然后按内孔找正定位），则加工后内孔与外圆不同轴，壁厚不均匀。

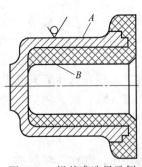

图 5-58　粗基准选择示例

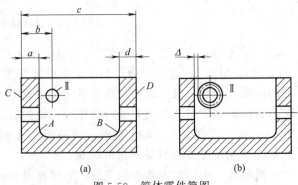

图 5-59　箱体零件简图

又如图 5-59 所示的箱体零件，箱体内壁 A 面与 B 面均为不加工表面。为了防止位于孔 Ⅱ 轴线上齿轮的齿顶圆装配时与箱体内壁 A 面相碰，设计时已考虑留有间隙 Δ，并由加工尺寸 a、b 予以保证。

加工该箱体时，应选择与孔II轴线有位置精度要求的 A 面为粗基准加工 C 面［图 5-60（a）］，然后以 C 面为精基准加工孔II［图 5-60（b）］，先后分别保证工序尺寸 a 和 b，则间隙 Δ 可间接获得，保证齿轮外圆不与 A 面相碰。否则，如果先选择与孔II轴线没有位置精度要求的 B 面为粗基准加工 D 面，然后以 D 面为精基准加工 C 面，最后以 C 面定位加工孔II，先后顺次获得工序尺寸 d、c 和 b，则尺寸 a 除了因尺寸 d、c 的加工误差而发生变化外，还将随着毛坯内壁 A、B 两面间的距离尺寸的变化而变化。由于毛坯尺寸误差较大，因此尺寸 a 的误差必然随之较大。当尺寸 a 大到使间隙 Δ 太小，甚至为负值时，则齿轮装配时必然和 A 面相碰。显然，后面这一加工方案的粗基准选择不正确。这也表明，当零件上存在若干个不加工表面时，应选择与加工表面的相对位置有紧密联系的不加工表面作为粗基准。

注意事项如下：

a. 上述不加工表面与加工表面之间的位置精度要求，一般情况下不会太高，否则这两个表面均需采用机械加工的方法加工出来才能保证精度。这种不加工表面与加工表面之间的不太高的位置精度要求，往往在零件图上并没有用有关的形位公差符号标注出来，而是工艺人员在对零件图及零件在产品中的作用进行分析时得出的结论。一般为了达到下列几种目的，零件上有关的不加工表面和加工表面之间应有一定的位置精度。

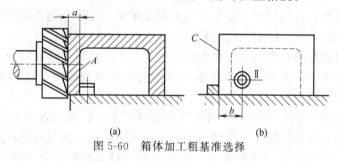

图 5-60　箱体加工粗基准选择

· 使零件上有些表面之间的壁厚均匀性不至于太差，以保证其具有足够的结构强度，如图 5-61 所示。

· 在产品中使有关零件的有关表面之间具有足够大的间隙，以保证在产品的装配和工作时，不至于发生相互碰撞，如图 5-59 所示。

· 使一批零件加工完毕后，在其加工精度达到要求的同时，各个零件的重量差亦不超过一定

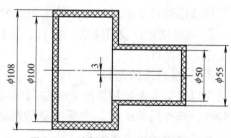

图 5-61　阶梯轴加工的粗基准选择

的范围。例如，为了保证发动机工作时运转平稳，同一发动机中的各活塞的重量不应相差很大。为此，活塞应按重量进行分组装配到发动机中。为了减少活塞的分组数，需保证全部已加工好的活塞的重量相差不得超过一定的范围。由于活塞内腔各表面为不加工表面，因此要使加工后的活塞满足其重量要求，就必须使外部各加工表面相对内腔各不加工表面具有一定的位置精度要求。

b. 当毛坯制造精度较高时，可以考虑不遵守上述以不加工表面作为粗基准的原则。

② 当零件上有较多的表面需要加工时，粗基准的选择应有利于各加工表面均能获得合理的加工余量。为此，应遵循以下原则：

a. 为使各加工表面都能得到足够的加工余量，应选择毛坯上加工余量最小的表面作为粗基准。

图 5-61 所示的阶梯轴，因 $\phi55$mm 外圆的加工余量较小，故应选 $\phi55$mm 外圆为粗基准。否则，如果选取 $\phi108$mm 外圆为粗基准加工 $\phi55$mm 外圆表面，则当两外圆有 3mm 的偏心时，加工后的 $\phi55$mm 外圆表面的一侧可能会因余量不足而残留部分毛坯表面，从而使工件报废。

b. 为保证某重要加工表面的加工余量小且均匀，应以该重要加工表面作为粗基准。

c. 粗基准的选择应尽可能使加工表面的金属切除量总和最小。

③ 粗基准应尽量避免重复使用，通常在同一尺寸方向上（即同一自由度方向上）只允许使用一次。

由于作为粗基准的毛坯表面一般都比较粗糙且精度较低，因此在工件装夹时只能以该表面凸出的部位与机床或夹具相互接触。如果在两次装夹中重复使用同一粗基准，则会因实际接触位置不同而产生较大的定位误差，使两次装夹后分别加工出的表面之间出现较大的位置误差。

④ 当以粗基准定位加工一些表面时，在加工出来的表面中，应有一些表面便于作为后续加工的精基准。

由于粗基准应尽量避免重复使用，因此如果在后续的加工中没有合适的精基准，则只能再选另外一些粗基准继续加工其他表面。这常常也是不合理的，应以加工出来的表面作为精基准继续加工。因此，以粗基准定位加工出来的表面中，应有一些表面能便于作为后续加工的精基准，这样才能保证后续加工的顺利进行和加工精度的不断提高。

在处理上述由粗基准向精基准过渡的问题时，在下列情况下可以例外：

a. 当毛坯质量很高，而加工表面之间的位置精度要求较低时，可以重复使用同一组毛坯表面作为粗基准。

b. 在后续工序中，当主要的定位基准已经是精基准时，为了保证本工序的加工表面与某一不加工表面的相互位置精度，仍可以用此不加工表面作为次要的定位基准。

c. 当工件上影响加工表面位置精度的基准已经是精基准时，对于仅为工件装夹方便等原因所选用的粗基准（对加工精度无影响），可以在加工过程中反复使用。

⑤ 应尽量选择没有飞边、浇口、冒口或其他缺陷的平整表面作粗基准，使工件定位准确稳定，夹紧可靠。

（3）精基准的选择

当以粗基准定位加工出了一些表面之后，在后续的加工中，就应以精基准作为主要的定位基准。选择精基准时，主要考虑的问题是如何便于保证加工精度和装夹方便、可靠。为此，一般应遵循以下原则：

① 基准重合原则。直接选用加工表面的设计基准（或工序基准）作为定位基准，称为基准重合原则。按照基准重合原则选用定位基准，便于保证加工精度，否则会产生基准不重合误差，影响加工精度。

图 5-62 所示的零件，表面 A、B 及底面 D 已经加工，现加工表面 C。为了遵守基准重合原则，应选择加工表面 C 的设计基准（表面 A）作为定位基准。

按调整法加工该零件时，加工表面 C 对设计基准 A 的位置精度的保证仅取决于本工序的加工误差，即在基准重合的条件下，只要 C 面相对 A 面的平行度误差不超过 0.05mm，位置尺寸 L_1 的加工误差 Δ_1 不超过其设计公差 T_1 范围（$\Delta_1 \leqslant T_1$），就能保证加工精度。此时，表面 B 的加工误差对表面 C 的加工精度不产生影响。

但是，当加工表面 C 的设计基准为表面 B（图 5-63）时，如果仍以表面 A 为定位基准，就违背了基准重合原则，会产生基准不重合误差。

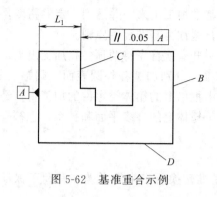

图 5-62 基准重合示例

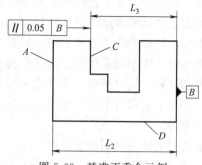

图 5-63 基准不重合示例

这时，从图 5-63 中可以明显看出，加工表面 C 相对设计基准 B 的位置精度不仅受到本工序加工误差的影响，而且还会受到由于基准不重合所带来的设计基准（B 面）相对定位基准（A 面）之间的位置误差的影响。以位置尺寸来说，加工 C 面时所应保证的设计尺寸 L_3 在调整法加工中是间接获得的。此时，尽管预先调定了刀具相对定位基准面 A 的位置，并在一批工件加工过程中该位置始终保持不变。但是，由于加工中存在的种种误差的影响，必然会使加工表面 C 相对定位基准 A 产生一定的加工误差 Δ_1。另外，在前面工序中加工表面 A、B 时，同样会产生一定的加工误差 Δ_2，引起设计基准 B 面相对定位基准面 A 之间的位置变动。在一批工件中其最大变动量等于表面 A、B 间位置尺寸 L_2 的公差 T_2。显然，分布在设计尺寸 L_3 两个界面上的加工误差之和，就构成了尺寸 L_3 的总误差 Δ_3，即 $\Delta_1 + \Delta_2 = \Delta_3$。换句话说，加工表面 C 时尺寸 L_3 产生的误差中，不仅包含本工序产生的误差 Δ_1，而且还增加了一个从定位基准到设计基准之间位置尺寸 L_2 的误差 Δ_2。这个增加的误差 Δ_2 在基准重合时是不存在的，只有在基准不重合时才会出现，故称为基准不重合误差。

显而易见，在基准不重合时，为了保证设计尺寸 L_3 的精度要求，必须使上述两项误差之和不超过其设计尺寸的公差值，即：

$$\Delta_1 + \Delta_2 \leqslant T_3$$

可以看出，在 T_3 一定的情况下，由于基准不重合误差 Δ_2 的存在，势必导致加工误差 Δ_1 允许数值的减小，即提高了对本工序加工精度的要求。当 T_3 较小时，为了不使 Δ_1 的允许数值过小，使加工能顺利进行，有时还需要提高有关表面位置尺寸的精度，以减小基准不重合误差 Δ_2。

综上所述，遵守基准重合原则，有利于保证加工表面获得较高的加工精度。所以，在工件的精加工阶段，尤其是表面之间位置精度要求较高的表面最终加工时，更应特别注意遵守这一原则。

上述主要分析的是定位基准与设计基准不重合时产生的基准不重合误差。类似的分析方法也可以用于其他基准不重合的场合，如工序基准和设计基准、工序基准与测量基准、测量基准与设计基准、装配基准与设计基准、定位基准与工序基准、定位基准与装配基准之间不重合时，都会产生基准不重合误差。我们希望在产品的制造过程中，尽量使上述各基准能够重合，以便于保证产品的精度要求。

应用基准重合原则时，应注意具体条件。定位过程中产生的基准不重合误差，是在用调整法加工一批工件时产生的。若用试切法加工，直接保证设计尺寸要求，则不存在基准不重合误差。

② 基准统一原则。当工件以某一组精基准定位，可以比较方便地对其余多个表面进行

加工时，应尽早地在工艺过程的开始阶段就把这组精基准加工出来，并达到一定的精度，在以后各道工序（或多道工序）中都以其作为定位基准，这称为基准统一原则。

例如，在轴类零件的加工中，经常在工艺过程的一开始就首先将两顶尖孔加工出来，以后在很多道工序中都采用两顶尖孔作为统一的定位基准，分别加工各外圆表面、圆锥表面、螺纹及花键等，这就符合了基准统一原则。再如，在中批以上的箱体类零件的加工中，经常采用一个大平面和两个孔作为统一的定位基准，来加工箱体上的许多平面和孔系，也符合基准统一原则。

采用基准统一原则的主要优点是：

a. 多数表面采用同一组基准定位加工，避免了基准转换所带来的误差，有利于保证这些表面间的位置精度。

b. 由于多数工序采用的定位基准相同，因而所采用的定位方式和夹紧方法也就相同或相近，有利于使各工序所用夹具基本统一，从而减少了夹具设计和制造所需的时间和费用，简化了生产准备工作。

c. 为在一次装夹下可能加工出尽可能多的表面提供有利条件。因而有利于减少零件加工过程中的工序数量，简化了工艺规程的制订。由于工件在加工过程中装夹次数减少，不仅减少了多次装夹所带来的装夹误差和装卸工件的辅助时间，而且为采用高效率的专用设备和工艺装备创造了条件。

当所采用的统一基准与设计基准不重合时，加工精度虽不如基准重合时那样容易保证（因为增加了一个基准不重合误差），但对于加工表面较多、各加工表面都有各自的设计基准的较复杂的零件来说，采用基准统一原则要比采用基准重合原则（基准需多次转换）优点更多一些。

当采用基准统一原则无法保证加工表面的位置精度时，可考虑先采用基准统一原则进行粗、半精加工，最后再采用基准重合原则对个别重要表面进行精加工，这样就兼顾了两个原则的优点，避开了其缺点。如果选择的定位基准既符合基准重合原则，又符合基准统一原则，就是最理想的定位基准选择方案。

基准统一原则经常用于加工内容较多的复杂零件。当工件上没有合适的表面作为统一的基准时，常在工件上加工出一组专供定位用的基准面（这就是后面要谈的辅助基准）。这些基准面有时是与设计基准重合的（如轴类零件的顶尖孔），有时则不相重合（如箱体加工时以一面两孔定位）。

作为统一基准的表面，由于在加工过程中多次使用，容易产生磨损而降低精度，以至于影响定位的精度和可靠性，故应在使用过程中注意保护，必要时还要进行修整。

③ 互为基准、反复加工原则。当工件上存在两个相互位置精度有要求的表面时，可以认为它们彼此之间是互为基准的。如果这些表面本身的加工精度和其间的相互位置精度都有很高的要求，且均适宜作为定位基准时，则可采用互为定位基准的办法来进行反复加工，即先以其中一个表面为基准加工另一个表面，然后再以加工过的表面为定位基准加工刚才的基准面，如此反复进行几轮加工，就称为互为基准、反复加工。

这种加工方案不仅符合基准重合原则，而且在反复加工的过程中，基准面的精度愈来愈高，加工余量亦逐步趋于小且均匀，因而最终可获得很高的位置精度。在生产中经常采用这一原则加工同轴度或平行度等位置精度要求较高的精密零件。

④ 自为基准原则。选择加工表面本身作为定位基准，称为自为基准。

有些精加工和光整加工工序要求加工余量必须小且均匀时，经常采用这一原则。有的加工方法，如浮动铰孔、拉孔、珩磨孔及攻螺纹等，只有在加工余量均匀一致的情况下，才能保证刀具的正常工作，一般常采用刀具与工件相对浮动的方式来确定刀具与加工表面之间的正确位置。这些都是以加工表面本身作为定位基准的实例。

按自为基准原则加工时，只能提高加工表面本身的尺寸精度和形状精度，而不能提高其位置精度。加工表面与其他表面之间的位置精度，需由前面的有关工序来保证，或在后续工序中采用以该加工表面作为定位基准对其他表面进行加工的办法来保证。

（4）辅助基准的应用

为满足工艺上的需要，在工件上专门设计和加工出来的定位基准称为辅助基准。

在机械加工时，一般均优先选择零件上的重要工作表面作为定位基准。显然，这些表面都是零件设计上就要求精度较高的表面。但有时会遇到一些零件，这些重要的工作表面不适宜选作定位基准。这时为了定位的需要，将零件上的一些本来不需加工的表面或加工精度要求较低的表面（如非配合表面），按较高的精度加工出来，用作定位基准。例如轴类零件两端面上的顶尖孔，除了在加工时作为定位基准外，在零件的工作中不起任何作用，它是专为定位的需要而加工出来的。又如箱体类零件的加工中，常采用一面两孔定位，这两个孔的精度在设计上往往要求不高或在零件的使用上根本就不需要这两个孔，但却以较高的精度加工出来作为定位基准。上述两例中这些为了工艺上的需要而加工出来的定位基准，就是辅助基准。

（5）关于定位基准选择问题的几点说明

为了更好地了解定位基准的选择问题，下面就如何统一考虑工件在整个工艺过程中的定位基准选择以及有关粗、精基准选择中存在的共性问题，再作一些简要的说明。

① 前面所谈到的粗、精基准选择的各项原则，每一条都只是突出强调了某一个方面的要求，具体应用时，可能会出现相互矛盾之处。这时，就应根据具体情况，灵活运用上述各项原则，保证主要方面，兼顾次要方面，从整体上尽量使定位基准的选用更合理。

② 定位基准的选择顺序。在制订工艺规程时，选择定位基准应按一定的顺序进行，一般的选择顺序是：首先选定最终完成工件主要表面加工和保证主要技术要求所需的精基准；接着考虑为了可靠地加工出上述主要精基准，是否需要选择一些表面作为中间精基准；然后再结合选用粗基准所应解决的问题，遵循粗基准的选择原则来选择粗基准。

显然，定位基准的选择顺序正好与定位基准的使用顺序相反。为了使先行工序为后续工序的加工创造有利条件，工序顺序的安排及定位基准的选择，都应为后续工序准备好一组可靠的精基准。也就是说，定位基准的选择不能只考虑本道工序，而应从零件加工的整个工艺过程出发，使先行工序为后续工序创造条件，让每道工序都能有合适的定位基准。定位基准的选择是制订零件机械加工工艺规程中的重点，也是一个难点。

③ 作为定位基准的表面，应尽可能具有足够的长度和较大的面积，保证工件装夹时具有较高的定位精度和较好的稳定性。

④ 所选择的定位基准，应使工件在加工过程中受到夹紧力、切削力和工件本身重力等作用下，不会产生偏移或较大的变形。

⑤ 当采用夹具定位时，定位基准的选择应使夹具的结构简单、操作方便。

5.7.2 工件的夹紧

工件定位之后，在切削加工之前，必须用夹紧装置将其夹紧，以防止在加工过程中由于受到切削力、重力、惯性力等的作用发生位移和振动，影响加工质量，甚至使加工无法顺利进行。因此，夹紧装置的合理选用至关重要。夹紧装置也是机床夹具的重要组成部分，对夹具的使用性能和制造成本等有很大的影响。

（1）夹紧装置的组成及要求

① 夹紧装置的组成。

a. 力源装置。提供原始作用力的装置称为力源装置，常用的力源装置有液压装置、气动装置、电磁装置、电动装置、真空装置等。以操作者的人力为力源时，称为手动夹紧，没有专门的力源装置。

b. 夹紧机构。要使力源装置所产生的原始作用力或操作者的作用力正确地作用到工件上，还需要有最终夹紧工件的执行元件（即夹紧元件）以及将原始作用力或操作者的作用力传递给夹紧元件的中间传力机构。夹紧元件和中间传力机构组成了夹紧机构。最简单的夹紧机构就是一个元件，如夹紧螺钉，它既是夹紧元件，也是中间传力机构。中间传力机构在传递力的过程中起着改变力的大小、方向和自锁的作用。手动夹紧装置必须有自锁功能，以防在加工过程中工件产生松动而影响加工，甚至造成事故。

② 对夹紧装置的基本要求。

a. 应保证在夹紧和加工过程中，工件定位后所获得的正确位置不会改变。

b. 夹紧力大小要适当，既要保证工件被可靠夹紧，又要防止工件产生不允许的夹紧变形和表面损伤。

c. 夹紧装置的复杂程度应与生产纲领相适应，在保证生产率的前提下，结构应力求简单；尽量采用标准化、系列化和通用化的夹紧装置，以便于设计、制造和维修。

d. 夹紧装置应操作方便、安全省力，以减轻操作者劳动强度，缩短辅助时间，提高生产率。

（2）夹紧力的确定

确定夹紧力就是确定夹紧力的大小、方向和作用点三个要素。在确定夹紧力的三要素时，要分析工件的结构特点、加工要求、切削力及其他外力作用于工件的情况，而且必须考虑定位装置的结构形式和布置方式。

① 夹紧力方向的确定。

a. 夹紧力方向应朝向主要定位基准面如图 5-64 所示为在直角支座上镗孔，本工序要求所镗孔与 A 面垂直，故应以 A 面为主要定位基准面，在确定夹紧力方向时，应使夹紧力朝向 A 面即主要定位基准面，以保证孔与 A 面的垂直度。反之，若朝向 B 面，则当工件 A、B 两面有垂直度误差时，就无法实现以主要定位基准面定位，因而也无法保证所镗孔与 A 面垂直的工序要求。

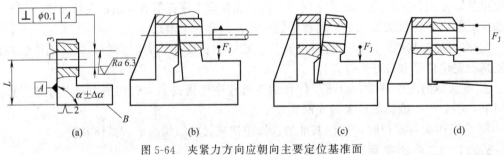

图 5-64　夹紧力方向应朝向主要定位基准面

b. 夹紧力应朝向工件刚性较好的方向，使工件变形尽可能小。由于工件在不同的方向上刚度是不等的，因此不同的受力表面也因其接触面积大小不同而变形各异，尤其在夹紧薄壁零件时更需注意。图 5-65 所示的套筒，由于其轴向刚度大于径向刚度，因此夹紧力应朝向轴向方向。用三爪自定心卡盘夹紧外圆，显然要比用特制螺母从轴向夹紧工件变形更大。

c. 夹紧力方向应尽可能实现"三力"同向，以利于减小所需的夹紧力。当夹紧力和切削力、工件自身重力的方向均相同时，加工过程中所需的夹紧力为最小，从而能简化夹紧装置的结构和便于操作，且利于减少工件变形。图 5-66 所示为在钻床上钻孔的情况，由于夹紧力 F_J 与工件重力 G 和切削力 F 同向，工件重力和切削力也能起到夹紧作用，因此这时所需的夹紧力为最小。

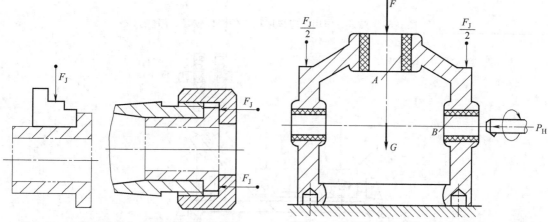

图 5-65　夹紧力应朝向工件刚性较好的方向　　图 5-66　夹紧力方向应尽可能实现"三力"同向

② 夹紧力作用点的确定。

a. 夹紧力作用点应落在定位元件上或几个定位元件所形成的支承区域内。图 5-67 所示为夹紧力作用点位置不合理的实例。夹紧力作用点位置不合理，会使工件倾斜或移动，破坏工件的定位。

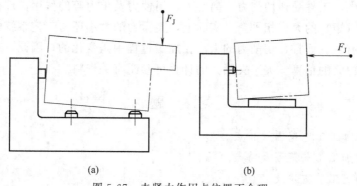

(a)　　　　　　　　(b)

图 5-67　夹紧力作用点位置不合理

b. 夹紧力作用点应作用在工件刚性较好的部位上，如图 5-68（a）所示。若夹紧力作用点作用在工件刚性较差的顶部中点，则工件就会产生较大的变形。图 5-68（b）所示为夹紧力作用点作用在工件刚性较好的实体部位，并改单点夹紧为两点夹紧，避免了工件产生不必要的变形，且夹紧牢固可靠。

c. 夹紧力作用点应尽量靠近加工部位。夹紧力作用点靠近加工部位可提高加工部位的夹紧刚性，防止或减少工件振动。如图 5-69 所示，主要夹紧力 F_J 垂直作用于主要定位基准面，如果不再施加其他夹紧力，则因夹紧力 F_J 没有靠近加工部位，加工过程中易产生振动。

所以，应在靠近加工部位处采用辅助支承并施加夹紧力 F_J 或采用浮动夹紧机构，既可提高工件的夹紧刚度，又可减小振动。

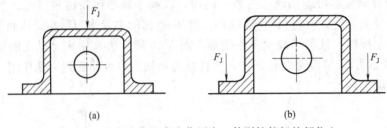

图 5-68　夹紧力作用点应作用在工件刚性较好的部位上

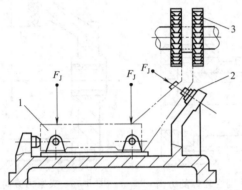

图 5-69　夹紧力作用点应尽量靠近加工部位
1—工件；2—辅助支承；3—铣刀

③ 夹紧力大小的确定。夹紧力的大小要适当，夹紧力太小，难以夹紧工件；夹紧力太大，将增大夹紧装置的结构尺寸，且会增大工件变形，影响加工质量。

在加工过程中，工件受到切削力、离心力、惯性力及重力等的作用，理论上，夹紧力的大小应与上述力（矩）的大小相平衡。实际上，夹紧力的大小还与工艺系统的刚性、夹紧机构的传递效率等有关。而且，切削力的大小在加工过程中是变化的，因此，夹紧力的计算只能在静态下进行粗略的估算。关于夹紧力的计算可参阅有关资料。

习　题

1. 简述车削加工工艺范围及特点。
2. 简述铣削加工工艺范围及特点。
3. 简述孔加工工艺方法及特点。
4. 简述磨削加工工艺范围及特点。
5. 说明工件的定位与夹紧的区别和联系。
6. 可调支承和螺旋式辅助支承有何区别？
7. 如图 5-70 所示，根据工件的加工要求［图（d）~（f）中所示钻孔均为通孔］，完成下列工作：

① 说明工件在夹具中定位时应限制的自由度。

② 选择一组合适的定位基准（用符号标注在工件相应的表面上）。

③ 选择合适的定位元件，并说明这些定位元件所限制的工件自由度，以及该定位方式

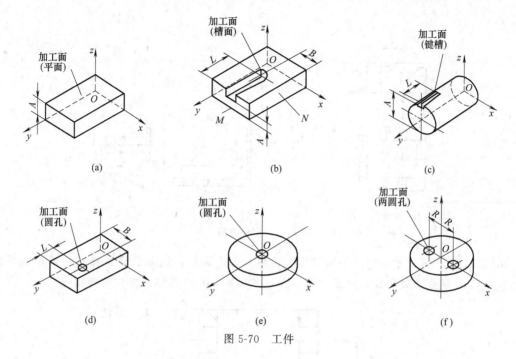

图 5-70　工件

属何种定位形式。

④ 确定夹紧力的作用方向和作用点（用符号标注在工件相应的表面上）。

8. 根据工件定位原理，分析图 5-71 中所示各定位方案中各定位元件所限制的工件自由度。如果出现了过定位或欠定位，请指出可能造成的不良后果，并提出改进方案。

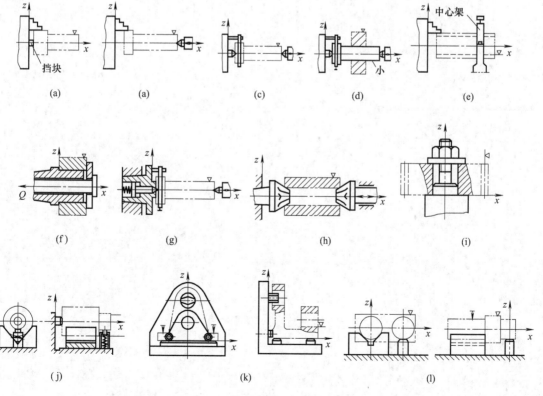

图 5-71

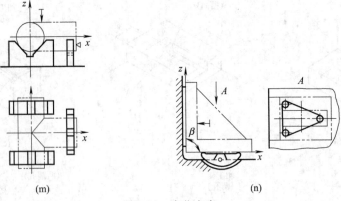

(m)　　　　　　　　　(n)

图 5-71　定位方案

9. 加工图 5-72 所示工件上标有"▽"的各加工表面时，试分别说明应限制工件的哪些自由度，粗、精基准及定位元件应如何选择；并确定夹紧力的作用方向和作用点。

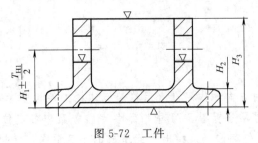

图 5-72　工件

第6章

汽车典型零件加工工艺基础

（1）知识目标

掌握制定汽车零件机械加工工艺规程的基本概念、基本原则。

（2）能力目标

能制定汽车零件的机械切削加工工艺。

能正确选择毛坯、定位基准，正确确定加工余量。

（3）素养目标

具备机械切削加工的职业道德，具备团结协作的职业素养，具备不断学习汽车零件机械切削加工制造的新知识、新技能的意识和能力。

6.1 基 本 概 念

6.1.1 生产过程和工艺过程

（1）生产过程

在机械产品制造中，将原材料（或半成品）转变为成品的全过程，称为生产过程。对于机械制造而言，生产过程的组成如图 6-1 所示。

由此可见，机械产品的生产过程一般比较复杂，为了便于组织生产，提高生产率和降低成本，有利于产品的标准化和专业化生产，许多产品的生产往往不是在一个工厂（或车间）内单独完成，而是按行业分类组织生产，由众多的工厂（或车间）联合起来协作完成。例如，汽车的生产过程就是由发动机、底盘、电器设备、仪表、轮胎等协作制造工厂（或车间）及汽车总装厂等各单位的生产过程所组成的。

生产过程可以是指整台机器的制造过程，也可以是指某一种零件或部件的

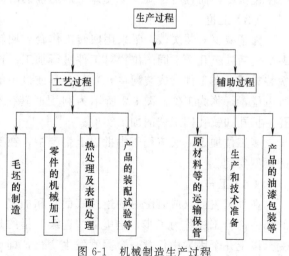

图 6-1 机械制造生产过程

制造过程。一个工厂将进厂的原材料制成该厂产品的过程即为该厂的生产过程，它又可分为若干个车间的生产过程，某个工厂（或车间）的成品可能是另一个工厂（或车间）的原材料。

（2）工艺过程

工艺是指使各种原材料、半成品成为成品的方法和过程。工艺过程是指改变生产对象的形状、尺寸、相对位置和性质等，使其成为成品或半成品的过程。而机械加工工艺过程是指利用机械加工的方法，直接改变毛坯的形状、尺寸和表面质量，使其转变为成品的过程。本节主要讨论机械加工工艺过程，为便于叙述，以下将机械加工工艺过程简称为工艺过程。

6.1.2　工艺过程的组成

要完成一个零件的工艺过程，需要采用多种不同的加工方法和设备，通过一系列的加工工序来实现。工艺过程由一个或若干个顺序排列的工序组成，每个工序又可分为若干个安装、工位、工步和走刀。

（1）工序

一名或一组工人，在一处工作地对同一个或同时对几个工件所连续完成的那部分工艺过程称为工序。判断一系列的加工内容是否属于同一个工序，关键在于这些加工内容是否在同一个工作地对同一个工件连续地完成。这里的"工作地"是指一台机床、一座钳工台或一个装配地点；这里的"连续"是指对一个具体工件的加工是连续进行的，中间没有插入另一个工件的加工，例如在车床上加工一个轴类零件，尽管在加工过程中可能多次调头装夹工件及变换刀具，只要没有更换机床，也没有在加工过程中插入另一个工件的加工，则在此车床上对该轴类零件的所有加工内容都属于同一个工序。

工序是工艺过程的基本组成部分，也是确定工时定额、配备工人、安排作业计划和进行质量检验等的基本单元。

（2）安装

前面我们已经介绍了工件定位、夹紧和装夹的概念，而工件（或装配单元）经一次装夹后所完成的那部分工序称为安装。在一个工序中，工件可能只需装夹一次，也可能需要装夹几次，每一次装夹必然伴随有一次安装。

在加工过程中应尽量减少安装次数，因为在一次安装中加工多个表面容易保证各表面间的位置精度，而且由于减少了装卸工件的辅助时间，因此可以提高生产率。

（3）工位

为了减少安装次数，常采用回转工作台、回转夹具或移位夹具等多工位夹具，在一次装夹中先后处于几个不同的位置对工件进行加工。这种为了完成一定的工序内容，在工件经一次装夹后，在工件（或装配单元）与夹具或设备的可动部分一起相对刀具或设备的固定部分所占位置，称为工位。图6-2所示为利用回转工作台在一次安装中顺次完成装卸工件、钻孔、扩孔和铰孔四工位的加工实例。

多工位加工一般应用于中批以上生产中，在专用机床上铣端面打中心孔就是多工位加工的典型实例。

（4）工步

在加工表面（或装配时的连接表面）和加工（或装配）工具不变的情况下，所连续完成的那一部分工序称为工步，这里的"连续"指的是切削用量中的转速与进给量均没有发生改变。以上几个因素中任意一个因素发生变化，即形成了新工步。一个工序可以包括一个或几个工步。

为了简化工艺文件，对于在一次安装中连续进行的若干相同的工步，常看作一个工步（可称为合并工步）。如用一把钻头连续钻削几个相同尺寸的孔，就认为是一个工步，而不看成是几个工步。

为了提高生产效率，用几把不同的刀具或复合刀具同时加工一个工件上的几个表面，也看成是一个工步，称为复合工步。

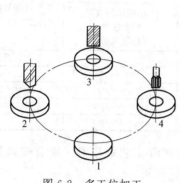

图6-2　多工位加工

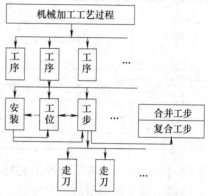

图6-3　机械加工工艺过程的组成

（5）走刀

走刀是指切削工具在加工表面上每切削一次所完成的那一部分工步。在一个工步中，若加工表面上需要切除的材料层较厚，无法一次全部切除掉，需分几次切削，则每切去一层材料称为一次走刀。一个工步可以包括一次或几次走刀。

工艺过程的组成情况及相互关系如图6-3所示。

6.1.3　生产纲领与生产类型

（1）生产纲领

企业在计划期内应当生产的产品产量和进度计划，称为该产品的生产纲领。企业的计划期常定为一年，因此，生产纲领常被理解为企业一年内生产的产品数量，即年产量。机器中某一种零件的生产纲领除了生产该机器所需的该种零件的数量外，还包括一定量的备品和废品，所以零件的生产纲领是指包括备品和废品在内的年产量。零件的生产纲领可按式（6-1）计算：

$$N = Qn(1+a)(1+b) \tag{6-1}$$

式中，N 为零件的生产纲领，件/年；Q 为机器的生产纲领，台/年；n 为每台机器中该零件的数量，件/台；a 为备品率，%；b 为废品率，%。

（2）生产类型

生产类型是指企业（或车间、工段、班组、工作地）生产专业化程度的分类，一般分为大量生产、成批生产和单件生产三种类型。

① 单件生产。单件生产是指生产的产品品种很多，但同一产品的产量很小，各个工作地的加工对象经常改变，而且很少重复生产。

② 大量生产。大量生产是指生产的产品数量很大，大多数工作地长期只进行某一工序的生产。

③ 成批生产。成批生产是指一年中分批轮流生产几种不同的产品，每种产品均有一定的数量，工作地的生产对象周期性地重复。每次投入或产出的同一产品（或零件）的数量称为批量。按照批量的大小，成批生产可分为小批、中批和大批生产三种。小批生产的工艺特

点接近单件生产，常将两者合称为单件小批生产；大批生产的工艺特点接近大量生产，常合称为大批大量生产。生产类型的划分，可根据生产纲领和产品的特点及零件的重量或工作地每月担负的工序数，参考表 6-1 确定。同一企业或车间可能同时存在几种生产类型，要判断企业或车间的生产类型，应根据企业或车间中占主导地位的产品的生产类型来进行。

表 6-1 生产类型与生产纲领的关系

生产类型		生产纲领/(台/年)或(件/年)			工作地每月担负的工序数(工序数/月)
		重型机械或重型零件(>100kg)	中型机械或中型零件(10~100kg)	小型机械或轻型零件(<10kg)	
单件生产		5	10	100	不作规定
成批生产	小批	5~100	10~200	100~500	>20~40
	中批	100~300	200~500	500~5000	>10~20
	大批	300~1000	500~5000	5000~50000	>1~10
大量生产		>1000	>5000	>50000	1

不同的生产类型具有不同的工艺特点（表 6-2），在制订工艺规程时，应首先确定生产类型，根据不同生产类型的工艺特点，制订出合理的工艺规程。

表 6-2 各种生产类型的主要工艺特点

特点	单件生产	成批生产	大量生产
工件的互换性	一般是配对制造，缺乏互换性，广泛用钳工修配	大部分有互换性，少数用钳工修配	全部有互换性。某些精度较高的配合件用分组选择法装配
毛坯的制造方法及加工余量	铸件用木模手工造型；锻件采用自由锻。毛坯精度低，加工余量大	部分铸件用金属模造型；部分锻件采用模锻。毛坯精度中等，加工余量中等	铸件广泛采用金属模机器造型；锻件广泛采用模锻，以及其他高生产率的毛坯制造方法。毛坯精度高，加工余量小
机床设备	采用通用机床。按机床种类及大小采用"机群式"排列	采用部分通用机床和部分高生产率机床。按加工零件类别分工段排列	广泛采用高生产率的专用机床及自动机床。按流水线形式排列
夹具	多用标准附件，极少采用专用夹具，靠划线及试切法达到精度要求	广泛采用专用夹具，部分靠划线法达到精度要求	广泛采用高生产率夹具及调整法达到精度要求
刀具与量具	采用通用刀具和万能量具	较多采用专用刀具及专用量具	广泛采用高生产率刀具和量具
对工人的要求	需要技术熟练的工人	需要一定熟练程度的工人	对操作工人的技术要求较低，对调整工人的技术要求较高
工艺规程	有简单的工艺路线卡	有工艺规程，对关键零件有详细的工艺规程	有详细的工艺规程
生产率	低	中	高
成本	高	中	低
发展趋势	箱体类复杂零件采用加工中心进行加工	采用成组技术，利用数控机床或柔性制造系统等进行加工	在计算机控制的自动化制造系统中加工，并可能实现在线故障诊断、自动报警和加工误差自动补偿

6.1.4 工艺规程

工艺规程是规定产品或零部件制造工艺过程和操作方法等的工艺文件。正确的工艺规程是在总结长期的生产实践和科学实验的基础上，依据科学理论和必要的工艺试验并考虑具体的生产条件而制订的。

工艺文件是一些不同格式的卡片，填写完毕并经审批后，就可以在生产中指导工人操作，并用于生产、工艺管理等。

（1）工艺文件的类型与格式

工艺规程的类型有以下三种：

① 专用工艺规程　它是针对每一种产品和零件所设计的工艺规程。

② 通用工艺规程　它包括以下两种：

a. 典型工艺规程：是为一组结构相似的零件所设计的通用工艺规程。

b. 成组工艺规程：是按成组技术原理将零件分类成组后，针对每一组零件所设计的通用工艺规程。

③ 标准工艺规程　它是已纳入标准的工艺规程。

一般机械加工工艺规程的工艺文件有七种：

a. 机械加工工艺过程卡片。

b. 机械加工工序卡片。

c. 标准零件或典型零件工艺过程卡片。

d. 单轴自动车床调整卡片。

e. 多轴自动车床调整卡片。

f. 机械加工工序操作指导卡片。

g. 检验卡片。

表 6-3　机械加工工艺过程卡片格式

	机械加工工艺过程卡片			产品型号		零(部)件图号				
				产品名称		零(部)件名称		共( )页 第( )页		
材料牌号		毛坯种类		毛坯外形尺寸		每种毛坯可制件数		每台件数	备注	
工序号	工序名称	工序内容			车间 工段 设备		工艺装备		工时	
									准终	单件
描图										
描校										
底图号										
装订号										
					设计(日期)	审核(日期)	标准化(日期)	会签(日期)		
标记	处数 更改文件号 签字 日期	标记 处数 更改文件号 签字	日期							

最常用的机械加工工艺过程卡片和机械加工工序卡片的格式见表 6-3 和表 6-4。有些工厂使用的上述卡片格式虽与此不完全相同，但基本上是类似的。

表 6-3 所示的机械加工工艺过程卡片是以工序为单位简要说明零件机械加工过程的一种工艺文件，主要用于单件小批生产和中批生产的零件，大批大量生产时可酌情自定。该卡片是生产时管理方面的工艺文件。

表 6-4 所示的机械加工工序卡片是在工艺过程卡片的基础上，进一步按每道工序所编制的一种工艺文件，其主要内容包括工序简图与该工序中每个工步的加工内容、工艺参数、操作要求以及所用的设备和工艺装备等。工序卡片主要用于大批大量生产中所有的零件、中批生产中复杂产品的关键零件以及单件小批生产中的关键工序。

表 6-4　机械加工工序卡片

		机械加工工序卡片		产品型号	零(部)件图号		
				产品名称	零(部)件名称		共( )页第( )页
		（工序简图）		车间	工序号	工序名称	材料牌号
				毛坯种类	毛坯外形尺寸	每种毛坯可制件数	每台件数
				设备名称	设备型号	设备编号	同时加工件数
				夹具编号	夹具名称		切削液
				工位器具编号	工位器具名称		工序工时：准终／单件
工步号	工步内容		工艺装备	主轴转速/(r/min) 切削速度/(m/min)	进给量/(mm/r) 背吃刀量/mm	进给次数	工步工时：机动／辅助
描图							
描校							
底图号							
装订号							
				设计（日期）	审核（日期）	标准化（日期）	会签（日期）
标记	处数	更改文件号	签字 日期	标记 处数 更改文件号 签字 日期			

实际生产中并不需要各种工艺文件都必须齐全，允许结合具体情况作适当增减。未规定的其他工艺文件格式，可根据需要自定。

（2）工序简图

工艺文件中的工序简图可以清楚直观地表达出本工序的有关内容，其绘制方法如下：

① 可按大概的比例缩小（或放大），并尽可能用较少的视图绘出，视图中与本工序无关

的次要结构和线条可略去不画。

② 主视图方向尽量与工件在机床上的装夹方向一致。

③ 本工序加工表面用粗实线或红色粗实线表示，其他表面用细实线表示。

④ 图中应标注本工序加工后应达到的尺寸（即工序尺寸）及其上下偏差、加工表面粗糙度、形状和位置公差等，有时也用括号注出工件外形尺寸作参考用。

⑤ 工件的结构、尺寸要与本工序加工后的情况相符，不要将后面工序中才能形成的结构形状在本工序的工序简图中反映出来。

⑥ 图中应使用表 6-5 所示符号表示出工件的定位及夹紧情况。

表 6-5　定位及夹紧符号

分类（标注位置）		独立		联动	
		标注在视图轮廓线上	标注在视图正面上	标注在视图轮廓线上	标注在视图正面上
主要定位支承	固定式				
	活动式				
辅助(定位)支承					
手动夹紧					
液压夹紧		Y	Y	Y	Y
气动夹紧		Q	Q	Q	
电磁夹紧		D	D	D	D

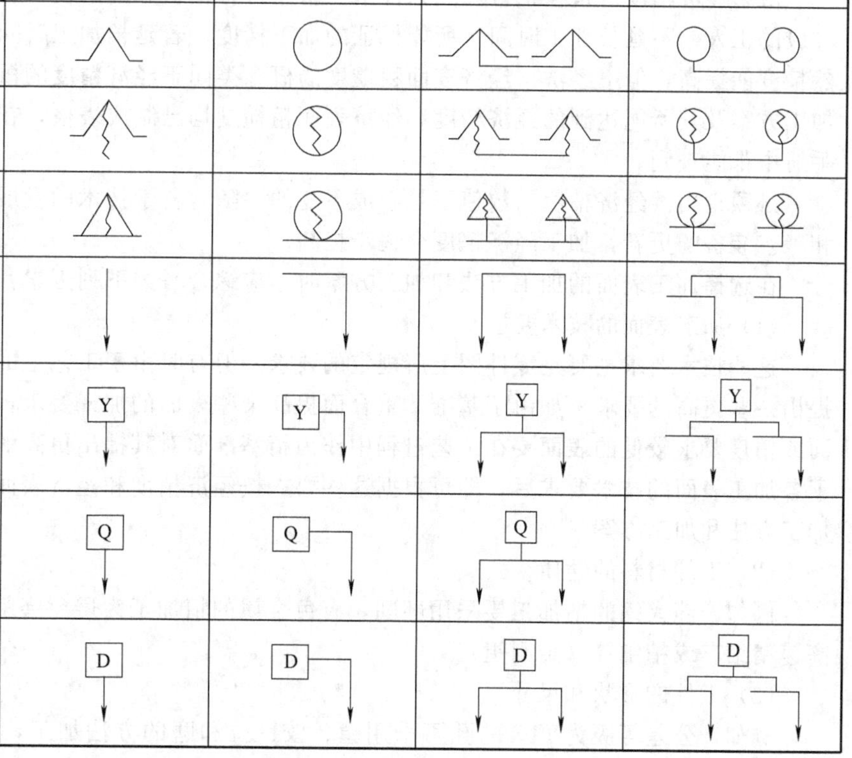

6.2　拟定工艺路线

工艺路线的拟定是工艺规程制订过程中的关键阶段，是工艺规程制订的总体设计。所拟定的工艺路线合理与否，不但影响加工质量和生产率，而且影响到工人、设备、工艺装备及生产场地等的合理安装及利用，从而影响生产成本。因此，工艺路线的拟定应在仔细分析零件图、合理确定毛坯的基础上，结合具体的生产类型和生产条件，并依据下面所述的一般性原则来进行，其主要工作包括各加工表面加工方法与加工方案的选择、工序集中与分散程度的确定、工序顺序的安排、定位与夹紧方案的确定等内容。设计时一般应先提出几种方案，通过分析对比，从中选择出最佳方案。

6.2.1 加工方法和加工方案的选择

工件上不同的加工表面所采用的加工方法往往不同，而同一种加工表面可能会有许多种加工方法可供选择。一般加工精度较低的表面时，可能只需进行一次加工即可；而加工精度较高的表面时，往往需要经过粗加工、半精加工、精加工甚至光整加工才能逐步达到最终要求，即对于精度较高的加工表面，仅仅选择最终加工方法是不够的，还应正确地确定从毛坯表面到最终成形表面的加工路线——加工方案。在具体选择时，应根据工件的加工精度、表面粗糙度、材料和热处理要求、工件的结构形状和尺寸大小、生产纲领等条件，以及本车间设备情况、技术水平，并结合各种加工方法的经济精度、表面粗糙度等因素，综合考虑进行选择，应同时满足加工质量、生产效率和经济性等方面的要求。

为了能正确地选择加工方法和加工方案，应了解生产中各种加工方法和加工方案的特点及其经济加工精度和经济表面粗糙度。

所谓经济精度是指在正常加工条件下（采用符合质量标准的设备、工艺装备和标准技术等级的工人，不延长加工时间）所能保证的加工精度。若延长加工时间，就会增加成本，虽然精度能提高，但不经济。经济表面粗糙度的概念类同于经济精度的概念。各种加工方法和加工方案及其所能达到的经济精度和经济表面粗糙度均已制成表格，在有关机械加工的各种手册中都能查到。

必须指出，经济精度的数值不是一成不变的，随着科学技术的发展、工艺的改进与设备和工艺装备的更新，加工经济精度会逐步提高。

在选择加工表面的加工方法和加工方案时，应综合考虑下列因素：

(1) 加工表面的技术要求。

这些技术要求主要是零件图上所规定的要求，但有时由于工艺上的原因，会在某些方面提出一些更高的要求，如由于基准不重合而提高某些表面的加工要求，或由于某些不加工表面或精度要求较低的表面要在工艺过程中作为精基准而对其提出更高的加工要求等。当明确了各加工表面的技术要求后，即可根据这些要求按经济精度和经济表面粗糙度选择最合适的加工方法和加工方案。

(2) 工件材料的性质。

例如，淬火钢的精加工要采用磨削，有色金属的精加工为避免磨削时堵塞砂轮，则要用高速精细车或精细镗（金刚镗）。

(3) 工件的形状和尺寸。

例如，公差等级为 IT7 的孔可采用镗、铰、拉和磨的方法加工，但箱体上的孔一般不宜采用拉或磨，而常常采用镗孔（大孔时）或铰孔（小孔时）。

(4) 生产类型。

所选择的加工方法要与生产类型相适应。大批大量生产应选用生产效率高和质量稳定的加工方法。例如，平面和孔可采用拉削加工，单件小批生产则采用刨削、铣削平面和钻、扩、铰或镗孔。又如，为保证质量可靠和稳定，保证高成品率，在大批大量生产中采用珩磨和超精磨加工精密零件，也常常降级使用一些高精度的加工方法加工一些精度要求并不太高的表面。大批大量生产常选用精密毛坯，精密毛坯可直接进入磨削加工阶段，因而可简化机械加工过程。

(5) 具体生产条件。

应充分利用现有设备和工艺手段，发挥创造性，挖掘企业潜力，重视新技术、新工艺的应用与推广，不断提高工艺水平。有时因现有设备的负荷等原因，不便及时使用，则还需改用其他加工方法。

（6）特殊要求。

有些加工表面可能会有一些特殊要求，如表面纹路方向的要求，不同加工方法的纹路方向有所不同，如铰削和镗削的纹路方向和拉削的纹路方向不同，选择加工方法时应考虑加工表面的特殊要求。

6.2.2 加工顺序的安排

零件表面的加工方法和加工方案确定之后，就要安排加工顺序，即确定哪些表面先加工，哪些表面后加工，同时还要确定热处理、检验等工序在工艺过程中的位置。零件加工顺序安排是否合适，对加工质量、生产效率和经济性都有较大影响。

（1）加工阶段的划分

当零件的加工质量要求比较高时，往往不可能在一道工序中完成全部加工工作，而必须分几个阶段来进行加工。

① 加工阶段。整个工艺过程一般需划分为如下几个阶段：

a. 粗加工阶段。这一阶段的主要任务是切去大部分余量，关键问题是如何提高生产效率。

b. 半精加工阶段。这一阶段的主要任务是为零件主要表面的精加工做好准备（达到一定的精度和表面粗糙度，保证合适的精加工余量），并完成一些次要表面的加工（如钻孔、攻螺纹、铣键槽等）。

c. 精加工阶段。这一阶段的主要任务是保证零件主要加工表面的尺寸精度、形状精度、位置精度及表面粗糙度要求。这是关键的加工阶段，大多数零件的加工经过这一加工阶段后就已完成。

d. 光整加工阶段。对于零件尺寸精度和表面粗糙度要求很高（IT5、IT6 以上，$Ra \leqslant 0.20\mu m$）的表面，还要安排光整加工阶段。这一阶段的主要任务是提高尺寸精度和减小表面粗糙度值，一般不用来纠正位置误差。位置精度由前面工序保证。

有时，由于毛坯余量特别大、表面特别粗糙，在粗加工前还需要有去黑皮的加工阶段，称为荒加工阶段。为了及时地发现毛坯的缺陷，减少运输工作量，通常把荒加工阶段放在毛坯车间进行。

② 划分加工阶段的原因。

a. 利于保证加工质量。粗加工时切除金属较多，产生较大的切削力和切削热，同时也需要较大的夹紧力。在这些力和热的作用下，工件会发生较大的变形，并产生较大的内应力。如果不分阶段连续地进行粗、精加工，就无法避免上述原因引起的加工误差。加工过程分阶段后，粗加工造成的加工误差通过半精加工和精加工即可得到纠正，并逐步提高零件的加工精度和减小表面粗糙度值。此外各加工阶段之间的时间间隔相当于自然时效，有利于使工件消除残余应力和充分变形，以便在后续加工阶段中得到修正。

b. 合理使用设备。加工过程分阶段后，粗加工可采用功率大、刚度好和精度较低的机床进行加工以提高生产效率，精加工则可采用高精度机床进行加工以确保零件的精度要求，这样既充分发挥了设备的各自特点，也做到了设备的合理使用。

c. 便于安排热处理。粗加工阶段前后，一般要安排去应力等预先热处理工序，精加工前要安排淬火等最终热处理，其变形可以通过精加工予以消除。

d. 便于及时发现毛坯缺陷，以及避免损伤已加工表面。毛坯经粗加工阶段后，缺陷已暴露，可以及时发现和处理。同时把精加工工序安排在最后，可以避免已加工好的表面在搬运和夹紧中受到损伤。

　　零件加工阶段的划分也不是绝对的，当加工质量要求不高、工件刚度足够、毛坯质量高或加工余量小时，可以不划分加工阶段，直接进行半精或精加工，如在自动机上加工的零件。有些重型零件，由于装夹、运输费时又困难，因此也常在一次装夹中完成全部的粗加工和精加工。

　　工艺过程划分阶段是对于零件加工的整个过程而言的，不能以某一表面的加工和某一工序的加工来判断。例如，有些定位基准面在半精加工阶段甚至在粗加工阶段就需加工得很准确，而某些钻小孔的粗加工工序又常常安排在精加工阶段。

　　（2）工序集中与工序分散

　　工序集中与工序分散是拟定工艺路线时确定工序数目或工序内容多少的两种不同原则，是拟定工艺路线的一个原则问题，它与设备类型的选择及生产类型有密切的关系。

　　① 工序集中和工序分散的概念。工序集中就是将工件的加工集中在少数几道工序内完成每道工序的加工内容较多。工序集中可采用技术上的措施集中，称为机械集中，如采用多刃、多刀和多轴机床、自动机床加工等；也可采用人为的组织措施集中，称为组织集中，如在卧式车床上的顺序加工。

　　工序分散就是将工件的加工分散在较多的工序内进行，每道工序的加工内容很少，最少时每道工序仅有一个简单的工步。

　　② 工序集中和工序分散的特点。

　　a. 工序集中的特点。相对于机械集中而言，工序集中有以下特点：

　　•采用高效专用设备及工艺装备，生产效率高。

　　•工件装夹次数减少，易于保证表面间位置精度，还能减少工序间运输量，缩短生产周期。

　　•工序数目少，可减少机床数量、操作工人数和生产面积，还可简化生产计划和生产组织工作（这个特点也适用于工序集中）。

　　•因采用结构复杂的专用设备及工艺装备，故投资大，调整和维修复杂，生产准备工作量大，转换新产品比较费时。

　　b. 工序分散的特点。

　　•设备及工艺装备比较简单，调整和维修方便，工人容易掌握，生产准备工作量小，又易于平衡工序时间，易适应产品更换。

　　•可采用最合理的切削用量，减少机动时间。

　　•设备数量多，操作工人多，占用生产面积也大。

　　③ 工序集中与工序分散的选用。工序集中与工序分散各有利弊，应根据生产类型、现有生产条件、工件结构特点和技术要求等进行综合分析后选用。

　　通常，大批大量生产适于采用工序集中原则，可以把较复杂的机械集中起来使用，即采用工序集中原则，如多刀、多轴机床、各种高效组合机床和自动机加工；对于一些结构较简单的产品，如轴承生产，可以采用工序分散的原则。成批生产应尽可能采用效率较高的机床，如转塔车床、多刀半自动车床等，使工序适当集中。单件小批生产采用组织集中、工序集中的方法，以便简化生产组织工作。

　　当产品品种较多又经常变换时，适于采用工序分散的原则。由于数控机床和柔性制造技术的发展，也可采用工序集中的原则。

　　对于重型零件，为了降低工人装卸工件和运输工件的劳动强度，应适当集中工序；对于刚性差且精度高的精密零件，则应适当分散工序。

目前零件的制造工艺的发展趋向于工序集中。

（3）加工顺序的确定

复杂零件的机械加工工艺路线要经过一系列切削加工、热处理和辅助工序。因此，在拟定工艺路线时，工艺人员要全面地把切削加工、热处理和辅助工序三者一起加以综合考虑。

① 切削加工工序的安排。

a. 先基面后其他。选为精基准的表面，应安排在起始工序进行加工，以便尽快为后续工序的加工提供精基准。

b. 划分加工阶段。对于加工质量要求较高的零件，应按粗、精加工分阶段原则安排加工顺序，即先安排各表面的粗加工，中间安排半精加工，最后安排主要表面的精加工和光整加工。

c. 先主后次。即先安排主要表面的加工，次要表面加工可适当穿插在主要表面加工工序之间。所谓主要表面是指整个零件上加工精度要求高、表面粗糙度值小的装配表面、工作表面，它们是整个工件加工中的关键所在。次要表面是指工件上的键槽、螺纹孔等。次要表面一般加工量较少，加工比较方便。若把次要表面的加工穿插在各加工阶段之间进行，就能使加工阶段更加明显，增加阶段间的间隔时间，便于使工件有足够的时间让残余应力重新分布与释放、充分变形，以便在后续工序中予以纠正。

d. 先面后孔。对于箱体、支架类零件，应先加工平面，去掉孔端毛坯表面，以方便孔加工时刀具的切入、测量和调整。平面的轮廓尺寸大，也宜于先加工出来用作定位基准。

e. 考虑车间设备布置情况。当设备呈机群式布置（即把相同类型机床布置在同一区域）时，应尽量把相同工种的工序安排在一起，避免工件在车间内往返流动。

② 热处理工序的安排。为了消除内应力、改善切削性能而进行的预先热处理工序，如时效、正火、退火等，应安排在粗加工之前。对于精度要求较高的零件有时在粗加工之后，甚至在半精加工之后还要安排一次时效处理。

为了提高零件的综合力学性能而进行的热处理，如调质，应安排在粗加工之后进行。对于一些性能要求不高的零件，调质也常作为最终热处理。

为了得到所要求的表面硬度，要进行渗碳、淬火等工序，一般应安排在半精加工之后、精加工之前。对于整体淬火的零件，则应在淬火之前，将所有用金属切削刀具加工的表面都加工完，经过淬火后，一般只能进行磨削加工。

由于渗氮层较薄，为了提高零件硬度、耐磨性、疲劳强度和抗蚀性进行的渗氮处理应尽量靠后安排，一般安排在精加工或光整加工之前。

③ 辅助工序的安排。辅助工序包括工件的检验、去毛刺、清洗和涂防锈油等，其中检验工序是主要的辅助工序，它对保证产品质量有极重要的作用。辅助工序一般应安排在：

a. 粗加工全部结束后，精加工之前。

b. 零件从一个车间转向另一个车间前后。

c. 重要工序加工前后。

d. 零件全部加工结束之后。

加工顺序的安排是一个比较复杂的问题，影响的因素也比较多，应灵活掌握以上原则，注意积累生产实践经验。

6.3 加工余量的确定

工艺路线拟定之后，就要对每道工序进行详细设计，其中包括正确地确定每道工序应保证的工序尺寸，而工序尺寸的确定与工序的加工余量有着密切的关系，本节主要讨论有关加工余量的一些问题。

6.3.1 加工余量的基本概念

加工余量是指加工过程中从加工表面切去的材料层厚度，加工余量主要分为工序余量和加工总余量两种。

① 工序余量。

工序余量是相邻两工序的工序尺寸之差，即在一道工序中从某一加工表面切除的材料层厚度。

对于非对称的加工表面，加工余量是单边余量。

② 加工总余量。

加工总余量的概念在前面已有叙述，加工总余量等于各工序余量之和。

③ 最大余量、最小余量和余量公差。

毛坯制造和各工序加工后的工序尺寸都不可避免地存在误差，所以无论加工总余量还是工序余量都不是一个固定值，有最大余量、最小余量之分，余量的变动范围称为余量公差。

对于被包容面来说，基本余量是前工序和本工序基本尺寸之差，最小余量是前工序最小工序尺寸和本工序最大工序尺寸之差，最大余量是前工序最大工序尺寸和本工序最小工序尺寸之差；对于包容面来说则相反。余量公差即加工余量的变动范围（最大加工余量与最小加工余量的差值），等于前道工序与本工序的尺寸公差之和。

工序尺寸的公差带，一般规定在零件的"入体"方向，故对于被包容表面（轴），基本尺寸即最大工序尺寸；而对于包容面（孔），则基本尺寸是最小工序尺寸。毛坯尺寸的公差一般采用双向标注。

6.3.2 确定加工余量大小的方法

加工余量的大小对于零件的加工质量和生产效率均有较大的影响。加工余量过大，不仅增加机械加工的劳动量，降低生产效率，而且增加材料、工具和电力等的消耗，导致加工成本增高。但是加工余量过小，又不能保证消除前工序的各种误差和表面缺陷，甚至产生废品，因此，应当合理地确定加工余量。

确定加工余量的方法有下列三种：

（1）经验估计法

经验估计法是工艺人员根据积累的生产经验确定加工余量的方法。一般情况下，为防止因余量过小而产生废品，经验估计法的数值往往偏大。经验估计法常用于单件小批量生产。

（2）查表修正法

查表修正法是以生产实践和试验研究积累的有关加工余量资料数据为基础，并按具体生产条件加以修正来确定加工余量的方法。该方法应用比较广泛，加工余量表在各种机械加工工艺手册中都有，查表方法也很简单。

（3）分析计算法

分析计算法是通过对影响加工余量的各种因素进行分析，然后根据一定的计算关系式来计算加工余量的方法。此法确定的加工余量比较合理，但由于所需的具体数据目前尚不完整，计算也较复杂，故目前很少采用。

6.4　确定工序尺寸及公差

零件上要求保证的设计尺寸一般要经过几道工序的加工才能得到，每道工序加工后应达到的加工尺寸就是工序尺寸。制订工艺规程的重要工作之一就是确定每道工序的工序尺寸及其公差，合理确定工序尺寸及其公差是保证加工精度的重要基础之一。

工艺尺寸链法是通过计算工艺尺寸链来确定工序尺寸及其公差的一种方法。

（1）工艺尺寸链的基本知识

① 尺寸链的概念、种类和特征。

a. 尺寸链的概念。在机器装配或零件加工过程中，由相互联系且按一定顺序排列的尺寸形成的封闭尺寸图形称为尺寸链。图 6-4 所示的尺寸 $A_0 \sim A_5$ 是相互联系的尺寸，它们首尾相接所形成的封闭尺寸图形即为尺寸链。

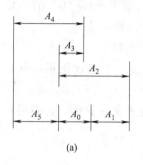 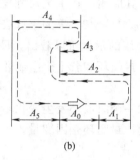 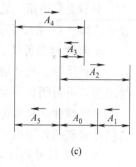

图 6-4　尺寸链

为了便于分析和计算尺寸链，对尺寸链中的各尺寸作如下定义：

• 环。列入尺寸链中的每一尺寸均称为环，分为封闭环和组成环两种。

• 封闭环。封闭环是尺寸链中在设计、装配或加工过程中最后（自然或间接）形成的一个环，一个尺寸链必有且只有一个封闭环。

• 组成环。尺寸链中除封闭环外，其余环均为组成环。组成环对封闭环有影响，任一组成环的变动必然引起封闭环的变动。组成环又可分为增环和减环。

• 增环。该环是尺寸链中的组成环，其变动会引起封闭环的同向变动。同向变动是指在其余组成环大小不变时，该环尺寸增大封闭环尺寸随之增大，该环尺寸减小封闭环尺寸随之减小。

• 减环。该环是尺寸链中的组成环，其变动会引起封闭环的反向变动。反向变动是指在其余组成环大小不变时，该环尺寸增大封闭环尺寸反而减小，该环尺寸减小封闭环尺寸反而增大。

当尺寸链中的环数较少时，可以直接用上述定义判别组成环中的增减环。当尺寸链中的环数较多时，用定义直接判别较麻烦，这时可用环绕法判别。方法如下：先按封闭环的尺寸标注方向任意给封闭环确定一个方向，如图 6-4（b）所示，定此封闭环方向为向右，沿该方向环绕尺寸链一周，在此过程中，遇到一个环，就沿环绕方向给该环定一个方向。若某一环的方向与封闭环的方向相反，则该环即为增环，反之即为减环。在尺寸链图中，增环用该环字母上标向右的箭头表示，减环用该环字母上标向左的箭头表示，如图 6-4（c）所示。

b. 尺寸链的种类。尺寸链理论在机械设计、加工和装配等方面应用非常广泛，按其应用场合不同，可分为以下三种：

• 设计尺寸链：全部组成环均为同一零件上的设计尺寸所形成的尺寸链。设计尺寸链也称为零件尺寸链。

• 装配尺寸链：全部组成环均为不同零件设计尺寸所形成的尺寸链。

- 工艺尺寸链：全部组成环均为同一零件上的工艺尺寸所形成的尺寸链。

所谓工艺尺寸，就是指根据加工的需要，在工艺简图或工艺规程中给出的工序尺寸、测量尺寸等。工艺尺寸有两种，一种是直接引用零件图上的设计尺寸作为工序尺寸或测量尺寸；另一种是在零件图上并未标出但在加工过程中要用到的工序尺寸，或在检验时要直接测量的测量尺寸。对于后一种在零件图上未标出但在工艺过程中又要用到的工艺尺寸，也称为引入的工艺尺寸。这种工艺尺寸除了在工艺基准与设计基准重合时，可通过加工余量确定出来外，均需通过工艺尺寸链计算得到。任何工艺尺寸在工艺过程中均可通过不同加工方法直接保证其精度或直接进行测量，因此都是组成环。

本节主要讨论工艺尺寸链及其应用。在工艺尺寸链中，封闭环用带下角标"0"的字母表示，如 A_0；组成环用带下角标"1""2"等的字母表示，如 A_1、A_2 等。

c. 尺寸链的特征。从上面介绍的示例可以看出，尺寸链具有两个特征：

- 封闭性。尺寸链是由一个封闭环和若干个组成环相互连接形成的一个封闭图形，具有封闭性，不封闭就不是尺寸链。

- 关联性。尺寸链中的任意一个组成环发生变化，封闭环都将随之发生变化，它们相互之间是关联的，组成环是自变量，封闭环是因变量。

② 工艺尺寸链计算的基本公式。

工艺尺寸链的计算方法有两种：极值法和概率法。极值法适用于组成环数较少的尺寸链计算，而概率法适用于组成环数较多的尺寸链计算。工艺尺寸链计算主要应用极值法，本节仅介绍尺寸链的极值法计算。

极值法计算基本公式如下：

a. 封闭环的基本尺寸 A_0：

$$A_0 = \sum_{i=1}^{m} \overrightarrow{A_i} - \sum_{i=m+1}^{n} \overleftarrow{A_i} \tag{6-2}$$

式中，m 为增环的环数；n 为组成环的环数。

即封闭环的基本尺寸等于所有增环基本尺寸之和减去所有减环基本尺寸之和。

b. 封闭环的最大极限尺寸 A_{0max}：

$$A_{0max} = \sum_{i=1}^{m} \overrightarrow{A_{imax}} - \sum_{i=m+1}^{n} \overleftarrow{A_{imin}} \tag{6-3}$$

即封闭环的最大极限尺寸等于所有增环的最大极限尺寸之和减去所有减环的最小极限尺寸之和。

c. 封闭环的最小极限尺寸 A_{0min}：

$$A_{0min} = \sum_{i=1}^{m} \overrightarrow{A_{imin}} - \sum_{i=m+1}^{n} \overleftarrow{A_{imax}} \tag{6-4}$$

即封闭环的最小极限尺寸等于所有增环的最小极限尺寸之和减去所有减环的最大极限尺寸之和。

d. 封闭环的上偏差 $\mathrm{ES}(A_0)$：

$$\mathrm{ES}(A_0) = A_{0max} - A_0 = \sum_{i=1}^{m} \mathrm{ES}(\overrightarrow{A_i}) - \sum_{i=m+1}^{n} \mathrm{EI}(\overleftarrow{A_i}) \tag{6-5}$$

即封闭环的上偏差等于所有增环上偏差之和减所有减环下偏差之和。

e. 封闭环的下偏差：

$$EI(A_0) = A_{0min} - A_0 = \sum_{i=1}^{m} EI(\overrightarrow{A_i}) - \sum_{i=m+1}^{n} ES(\overleftarrow{A_i}) \qquad (6\text{-}6)$$

即封闭环的下偏差等于所有增环下偏差之和减所有减环上偏差之和。

f. 封闭环的公差：

$$T_0 = ES(A_0) - EI(A_0) = \sum_{i=1}^{m} T_i \qquad (6\text{-}7)$$

即封闭环的公差等于所有组成环公差之和。

③ 工艺尺寸链的计算形式。

在计算工艺尺寸链时，有以下三种情况：

a. 正计算。已知各组成环的尺寸及其上、下偏差，计算封闭环尺寸及其上、下偏差，其计算结果是唯一的。这种情况主要用于验证工序尺寸及其上、下偏差是否满足设计尺寸要求，即用于设计尺寸校核。

b. 反计算。已知封闭环尺寸及其上、下偏差，计算各组成环尺寸及其上、下偏差。这种情况实际上是将封闭环的公差值合理地分配给各组成环，主要用于根据机器的装配精度，确定各零件尺寸及其上、下偏差的计算和工序尺寸的计算等方面。

c. 中间计算。已知封闭环和部分组成环的尺寸及其上、下偏差，计算某一组成环尺寸及其上、下偏差。此法应用最广，用于加工中基准不重合时工序尺寸及其上、下偏差的计算。

（2）工艺尺寸链的应用和计算方法

应用工艺尺寸链计算引入的工艺尺寸的关键，是找出在加工过程中要保证的设计尺寸与有关的工艺尺寸之间的内在联系，确定封闭环及组成环并建立工艺尺寸链，在此基础上利用工艺尺寸链计算公式进行具体计算。下面通过典型实例，介绍工艺尺寸链的建立和计算方法。

① 测量基准与设计基准不重合时工艺尺寸链的建立和计算。

在零件加工过程中，有时会遇到一些表面加工之后按设计尺寸不便（或无法）直接测量的情况，因而需在零件上另选易于测量的表面做测量基准进行加工，以间接保证设计尺寸的要求。此时，就需应用工艺尺寸链对引入的工艺尺寸进行计算。

图 6-5 所示的套筒零件，如建立零件轴向设计尺寸链，则零件图上标注出来的设计尺寸 $10_{-0.36}^{0}$ mm 和 $50_{-0.17}^{0}$ mm 为组成环，未标注出来的大孔深度尺寸（空环尺寸）为封闭环，这

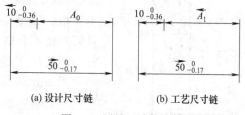

(a) 设计尺寸链　　(b) 工艺尺寸链

图 6-5　测量尺寸的换算

里以 A_0 表示，如图 6-5（a）所示。根据增环、减环的定义，可判别出尺寸 $50_{-0.17}^{0}$ mm 为增环，根据尺寸链计算公式可计算出：

$$A_0 = (50-10) = 40 \ (mm)$$
$$ES(A_0) = [0-(-0.36)] = 0.36 \ (mm)$$
$$EI(A_0) = (-0.17-0) = -0.17 \ (mm)$$

即大孔深度尺寸为 $40_{-0.17}^{+0.36}$ mm。

由于在加工过程中设计尺寸 $10_{-0.36}^{0}$ mm 不便测量，直接保证加工精度有困难，因此需通过加工引入的大孔深度尺寸（这里用 A_1 表示）来间接保证其精度。由于大孔深度尺寸 A_1

便于用深度游标卡尺测量，可直接保证精度，因此由尺寸$10_{-0.36}^{0}$mm、$50_{-0.17}^{0}$mm 和 A_1 组成的工艺尺寸链如图 6-5（b）所示，A_1 是组成环。而设计上要求保证，但在工艺上却是间接获得的设计尺寸$10_{-0.36}^{0}$mm 是封闭环。显然，A_1 是减环，$50_{-0.17}^{0}$mm 是增环。根据尺寸链计算公式，计算该工艺尺寸链：

由式（6-2）　　　　　　　$10=50-\overleftarrow{A_1}$　　得 $\overleftarrow{A_1}=40$mm

由式（6-5）　　　　　　　$0=0-EI(\overleftarrow{A_1})$　　得 $EI(\overleftarrow{A_1})=0$mm

由式（6-6）　　$-0.36=-0.17-ES(\overleftarrow{A_1})$　　得 $ES(\overleftarrow{A_1})=0.19$mm

即 $A_1=40_{0}^{+0.19}$mm。

在加工时，如果$50_{-0.17}^{0}$mm 的尺寸合格，大孔深度尺寸 A_1 在$40_{0}^{+0.19}$mm 的范围内，则设计尺寸$10_{-0.36}^{0}$mm 必是合格的。

比较大孔深度的工艺尺寸$40_{0}^{+0.19}$mm 和原设计上要求的空环尺寸$40_{-0.17}^{\pm0.36}$mm 可知，由于测量基准与设计基准不重合，因此需要通过工艺尺寸链对引入的工艺尺寸进行尺寸换算，按换算出来的工艺尺寸进行加工以间接保证设计尺寸，而换算出来的工艺尺寸的精度要求明显比原设计尺寸的精度要求高（$40_{0}^{+0.19}$mm 的公差值比$40_{-0.17}^{\pm0.36}$mm 的公差值小），增加了加工难度。这种情况不但在测量基准与设计基准不重合时存在，而且在定位基准等工艺基准与设计基准不重合时也同样存在。这进一步说明了在选择定位基准等工艺基准时应尽量与设计基准相重合的道理。

由上述分析可知，当换算出来的工艺尺寸加工合格（本例大孔深度尺寸在$40_{0}^{+0.19}$mm 内即为合格），且其余组成环（本例只有$50_{-0.17}^{0}$mm）也合格时，则间接获得的设计尺寸（本例中为$10_{-0.36}^{0}$mm）必定合格。把换算出来的工艺尺寸的上、下偏差标在公差带图上（见图 6-6，本例大孔深度尺寸的公差带为 0～0.19mm），该公差带区域称为Ⅰ区，是合格品区。把零件设计上对该设计尺寸要求的上、下偏差也标在公差带图上（见图 6-6，本例为 −0.17～0.36mm），当该工艺尺寸加工后，实际尺寸超出了原设计要求的公差范围（本例

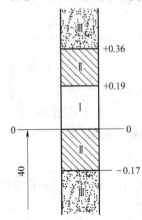

图 6-6　假废品区实例

$A_1>40.36$mm 或 $A_1<39.83$mm），则间接获得的设计尺寸一定不合格，因此在公差带图上，超出原设计要求的公差范围（标为Ⅲ区）是不合格品区。当工艺尺寸加工后的结果超出了工艺要求时，即超出了换算出来的工艺尺寸公差范围。（本例指超出了$40_{0}^{+0.19}$mm 范围），在工序检验上将认为是不合格品，但当该工艺尺寸未超过原设计要求的公差范围（本例为$40_{-0.17}^{\pm0.36}$）时，则仍有可能是合格的，此现象称为假废品现象。在公差带图上，假废品区标为Ⅱ区，如图 6-6 所示的实例，假废品区分为大小相同的两部分，且对称地分布于合格品区两侧，假废品区以外即为不合格品区。

例如，本例中当 A_1 的实际尺寸为 40.25mm 时，显然超出了$40_{0}^{+0.19}$mm 的范围，但未超出$40_{-0.17}^{\pm0.36}$ 的范围，另一个组成环$50_{-0.17}^{0}$mm 的实际尺寸只要在 49.89～50mm 的范围内（显然它也是合格尺寸），则设计尺寸$10_{-0.36}^{0}$mm 就是合格的。只有当$50_{-0.17}^{0}$mm 的实际尺寸在 49.83～49.89mm 的范围内时，设计尺寸$10_{-0.36}^{0}$mm 才不合格。

由此可见，在实际加工时，当按工艺尺寸链换算出的工艺尺寸的实际值虽超出了换算出

的公差范围，但未超出原设计要求的公差范围，即落在假废品区时，还不能简单地认为该零件不合格，应逐个测量出各组成环的具体值，并算出间接获得的设计尺寸的实际值，才能最终判别零件上要求的设计尺寸是否合格。因此，当出现假废品时，对零件进行最后复检很有必要，这样可防止将实际合格的产品当做废品处理而造成浪费。

② 定位基准与设计基准不重合时工艺尺寸链的建立和计算。

在零件的加工过程中，当加工表面的定位基准与设计基准不重合时，也需利用工艺尺寸链计算引入的工序尺寸，并通过该工序尺寸的加工来间接保证设计尺寸的精度（详细计算略）

习　题

1. 什么叫工艺尺寸链？试举例说明组成环、增环、减环、封闭环的概念。

2. 在实际加工时，当按工艺尺寸链换算出的工艺尺寸的实际值超出了换算出的公差范围时，是否就能认为该零件不合格？

3. 在计算工艺尺寸链时，有几种情况？

4. 试判别图 6-7 中所示各尺寸链中哪些是增环，哪些是减环。

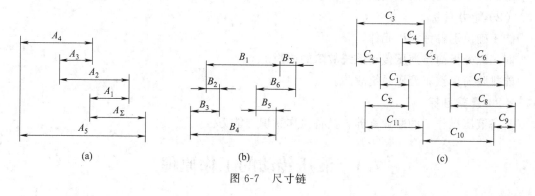

图 6-7　尺寸链

第7章

汽车液压液力传动基础

（1）知识目标

掌握汽车液压、液力传动的基本结构组成及其工作原理。

掌握液压传动的基本概念及其基本知识。

（2）能力目标

能正确识别各种液压元件。

能正确分析简单液压传动系统故障的原因。

能排除简单汽车液压系统故障。

（3）素养目标

具备液压操作工的职业素养，具备协作意识与能力。

7.1 液压传动的工作原理

（1）简化的模型

在机械传动中，人们利用各种机械构件来传递力和运动，如杠杆、凸轮、轴、齿轮和皮带等。在液压传动中，则利用没有固定形状但具有确定体积的液体来传递力和运动。图 7-1

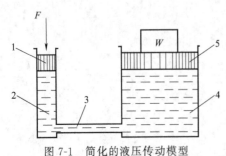

图 7-1　简化的液压传动模型

1,5—活塞；2,4—液压缸；3—管道

所示是一个简化的液压传动模型。图中所示有两个直径不同的液压缸 2 和 4，缸内各有一个与内壁紧密配合的活塞 1 和 5，假设活塞能在缸内自由（无摩擦力）滑动，而液体不会通过配合面产生泄漏。缸 2、4 下腔用一管道 3 连通，其中充满液体，这些液体是密封在缸内壁、活塞和管道组成的容积中的。如果活塞 5 上有重物 W，则当在活塞 1 上施加的力 F 达到一定大小时，就能阻止重物 W 下降，这就是说可以利用密封容积中的液体传递力。当活塞 1 在力 F 作用下向下运动时，重物 W 将随之上升，这说明密封容积中液体不仅可传递力，还可传递运动，所以液体是一种传动介质。但必须强调指出，液体必须在密封容积中才能起传动的作用。

（2）力比和速比

下面我们进一步研究利用上述模型传动时的力比和速比。在传动过程中，活塞上的力作用于密封液体上，液体受到压力，液体压力又作用于活塞底面。活塞1底面单位面积上的压力（物理学中称压强，本书中一般称压力）为：

$$P_1 = \frac{F}{A_1} \tag{7-1}$$

活塞5底面上的压力：

$$P_2 = \frac{W}{A_2} \tag{7-2}$$

式中，A_1、A_2分别是活塞1、5的底面积。

根据流体力学中的帕斯卡原理，$P_1 = P_2 = P$，即$\frac{F}{A_1} = \frac{W}{A_2}$，$\frac{A_2}{A_1} = \frac{W}{F}$，输出端的力与输入端的力之比等于两活塞面积之比，也称为增力比。

如果活塞1向下移动一段距离L_1，则液压缸2内被挤出的液体体积为$A_1 L_1$。这部分液体进入液压缸4，使活塞5上升L_2距离，缸4让出的体积为$A_2 L_2$。不计泄漏和液体的压缩性，两体积应相等，即$A_1 L_1 = A_2 L_2$或$\frac{L_2}{L_1} = \frac{A_1}{A_2}$。

如运动的时间为t，则活塞1的平均速度$v_1 = \frac{L_1}{t}$，活塞5的平均速度$v_2 = \frac{L_2}{t}$，根据上式有：

$$\frac{v_2}{v_1} = \frac{A_1}{A_2} \tag{7-3}$$

就是说，输出、输入的速度比与活塞面积成反比，此比值称为速比。

7.2　液压传动的组成及特点

（1）液压系统的组成

任何一个液压系统都由以下几部分组成：

① 动力元件。系统中液压泵提供一定流量的压力油液，或者说泵将机械能转换成液压能，是一个动力元件或能量转换装置。实际上泵是整个液压系统的动力源。

② 执行元件。执行元件的作用是将液压能重新转换成机械能，克服负载，带动机器完成所需的动作，如液压缸或液压泵。

③ 控制元件。磨床液压系统中采用了各种阀，其中有改变液流方向的方向控制阀（如换向阀及开停阀）、调节运动速度的流量控制阀（如节流阀）和调节压力的压力控制阀（如溢流阀）三大类。这些阀在液压系统中占有很重要的地位，系统借助于这些阀而获得各种功能。

④ 辅助元件。除上述三部分以外的其他元件，包括压力表、滤油器、蓄能装置、冷却器、管件等。液压系统中的油箱、油管和滤油器等都是辅助元件（或装置）。

⑤ 传动介质。传动介质指各类液压传动中的液压油或乳化液。

不论液压系统是简单还是复杂，必定含有上述四种液压元件及传动介质。缺少任何一种，系统就不能正常工作或功能不全。

（2）液压传动的优点

与机械、电气传动相比，液压传动具有以下优点：

① 可以在运行过程中实现大范围的无级调速。

② 在同等输出功率下，液压传动装置体积小、质量小、运动惯性小、反应速度快。

③ 可实现无间隙传动，运动平稳。

④ 便于实现自动工作循环和自动过载保护。

⑤ 由于一般采用油作为传动介质，对液压元件有润滑作用，因此有较长的使用寿命。

⑥ 液压元件都是标准化、系列化产品，可以直接从市场上购买，这有利于液压系统的设计、制造和推广应用。

⑦ 可以采用大推力的液压缸或大转矩的液压泵直接带动负载，从而省去中间减速装置，使传动简化。

（3）液压传动的主要缺点

① 液压传动中，能量需经过二次变换，特别是在节流调速系统中，其压力和流量损失较大，故系统效率较低。

② 液体具有较钢铁大得多的可压缩性，另外配合面处不可避免地有油液泄漏，因此一般液压传动不能得到严格的定比传动。

③ 液体性能对温度比较敏感（主要是黏性），这使得液压传动的性能随着温度改变而发生变化，不易保证在高温和低温下都具有良好的性能；当采用油作为传动介质时，还要注意防火问题。

④ 液压元件要求有较高的加工精度，另外一般情况下液压系统要求有独立的能源（电动机、泵等组成的泵站），这些可能使产品成本提高。

⑤ 液压系统的故障比较难寻找，对维修人员技术水平有较高的要求。

综上所述，液压传动的优点多于缺点，并且随着技术水平的提高，某些缺点已在不同程度上得到克服。目前，在国民经济各部门中，液压传动得到了广泛的应用。在某些机械中，如汽车、注塑机、大吨位压力机、工程机械、拉床、加工中心以及煤矿支架等，几乎都采用液压传动，这充分显示了液压传动的优越性。因此，在设计一台机械或设备时，液压传动是一种必须考虑到的用来进行比较选择的传动方案。

7.3　液　压　泵

7.3.1　齿轮泵

（1）外啮合齿轮泵

① 典型结构和工作原理。外啮合齿轮泵的典型结构见图 7-2。它主要由前、后端盖 1、3，泵体 2，一对相互啮合的齿轮 7、9 和转动轴 6、8 等零件组成。齿轮泵的工作原理如图 7-3 所示。当齿轮按图 7-3 所示的方向旋转时，啮合点（线）把密封容积分隔成两部分。啮合点右侧的轮齿脱离啮合，密封容积由小变大，形成真空度，油箱的油在大气压力下，经吸油管进入吸油口，吸入的油液被齿间槽带入啮合点左侧的压油腔，轮齿进入啮合，密封容积由大变小，油液被挤压出去，从压油口压到系统中。啮合的齿轮旋转将周而复始地实现吸油和排油，不断地向系统供给压力油。

② 外啮合齿轮泵存在的几个问题。

a. 泄漏。外啮合齿轮泵存在三条泄漏途径：一是通过齿轮外圆与泵体配合处径向间隙

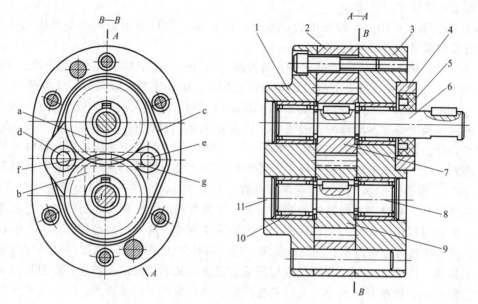

图 7-2 齿轮泵的典型结构

a,b—齿轮；c—泵体；d,e—油口；f,g—油腔；1,3—前、后端盖；2—泵体；4—密封座；5—密封圈；
6—长轴；7—主动齿轮；8—短轴；9—从动齿轮；10—滚针轴承；11—压盖

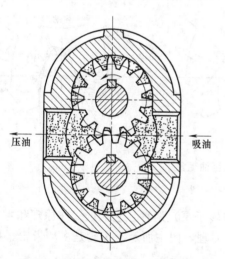

图 7-3 外啮合齿轮泵的工作原理图

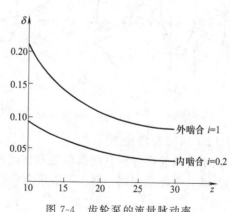

图 7-4 齿轮泵的流量脉动率

的泄漏，称为径向泄漏；二是由于有齿向误差通过两个齿轮的啮合线处的泄漏，称为啮合线泄漏；三是通过齿轮端面与侧盖板之间轴向间隙的泄漏，称为轴向泄漏。这三种泄漏中，径向泄漏由于通道较长，因此即使在径向间隙较大的情况下，泄漏量也比较小；而在两个齿轮啮合点处，随着泵压力的增高，啮合点的接触更加紧密，通过啮合线的泄漏量也不会太大；影响泵容积效率的主要泄漏是轴向泄漏，轴向泄漏量约占总泄漏量的 80%。普通齿轮泵采用控制轴向间隙的方法保证一定的容积效率。低压齿轮泵的轴向间隙为 0.03～0.04mm。高压齿轮泵采用轴向间隙自动补偿装置，以减少轴向泄漏，提高容积效率。轴向间隙自动补偿装置的大致原理是：将压力油通到齿轮端面的一个浮动盖板上，随着泵工作压力的提高，其端面间隙自动减小，因此在高压下运转时也能保持较高的容积效率。当然，必须仔细计算作用在端面上的液压油的压力。

b. 流量脉动。实际上，齿轮啮合过程中，压油腔的密封容积变化率不是固定不变的，因此齿轮泵的瞬时流量是脉动的。

图 7-4 所示为齿轮泵的流量脉动率 δ 与齿数 z 的关系，图中所示 i 为主动齿轮与被动齿轮的齿数比。由图 7-4 可知，外啮合齿轮泵齿数越少，脉动率越大，其最高值超过 20%。

c. 径向不平衡力。从外啮合齿轮泵的工作原理可知，齿轮泵的一侧吸油，另一侧压油。压油腔的油经径向间隙逐渐渗漏到吸油腔，其压力逐渐减小，所以作用在齿轮外圆上的压力分级逐步降低。这样，齿轮轴和轴承上都受到一个径向不平衡力。油压越高，径向不平衡力越大，因此齿轮泵轴承上的作用力很大，轴承寿命往往成为提高其使用压力的制约因素。

d. 困油。为了使传动平稳，齿轮啮合系数必须大于1，即在一对轮齿完全退出啮合前，另一对轮齿已进入啮合。在两对轮齿同时啮合的这段时间内，在两对轮齿的啮合点之间形成一个孤立的密封容积，如图 7-5（a）所示。齿轮继续旋转，这个密封容积先由大变小，到图 7-5（b）所示状态时容积最小；再继续旋转，这一容积又由小变大，到图 7-5（c）所示状态时恢复到最大。由于这一密封容积既不与压油腔相通，又不与吸油腔相通，在容积由大到小时压力急剧升高，而在容积由小变大时只会产生空穴，即产生困油现象。困油会产生振动和噪声，并增加泵的流量脉动率。解决困油的办法是在齿轮泵两侧端盖上各铣两个卸荷槽，卸荷槽的位置如图 7-6 中虚线所示。其尺寸 a 应保证在两啮合线间的密封容积达到最小以前和压油腔相通，而在最小位置以后与吸油腔相通。但口径不能取过小，否则会影响容积效率。

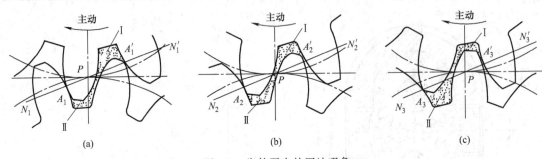

图 7-5　齿轮泵中的困油现象

（2）内啮合齿轮泵

内啮合齿轮泵分渐开线齿轮泵和摆线齿轮泵（转子泵）两种。它们的工作原理和主要特点与外啮合齿轮泵相同。图 7-7 所示为它们的工作原理，图中所示小齿轮是主动齿轮。在渐

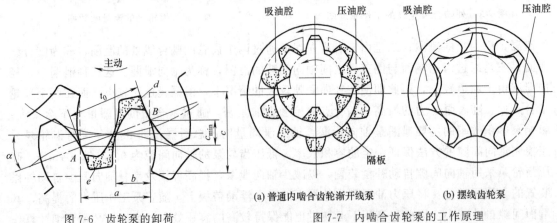

图 7-6　齿轮泵的卸荷

（a）普通内啮合齿轮渐开线泵　　　　（b）摆线齿轮泵

图 7-7　内啮合齿轮泵的工作原理

开线齿轮泵中如图 7-7（a）所示，大、小齿轮间有一块月牙形的隔板将泵的吸油腔和压油腔隔开；在摆线齿轮泵中如图 7-7（b）所示，由于小齿轮的外圆正好和内齿轮的内圆相切，不需要加隔板。

内啮合齿轮泵的优点是结构紧凑、尺寸小、质量小，并且由于齿轮转向相同，相对滑动速度小、磨损小、使用寿命长。另外，内啮合齿轮泵流量脉动小（图 7-4），因此压力脉动和噪声都小。内啮合齿轮泵允许使用的转速高，高转速下离心力能使油液更好地进入密封容积。摆线内啮合齿轮泵的结构更简单，而且由于啮合系数大、传动平稳、吸油条件良好，因而在汽车自动变速器中使用内啮合齿轮泵较多。

7.3.2　柱塞泵

柱塞泵可分为轴向柱塞泵和径向柱塞泵两大类。其中轴向柱塞泵又分为斜盘式和斜缸式。

现以斜盘式轴向柱塞泵为例，说明柱塞泵的工作原理。如图 7-8 中所示，几个相同的柱塞 2 装在缸体（转子）3 的通孔中，沿缸体圆周均匀分布。柱塞的左端在弹力作用下紧贴在斜盘 1 的端面上，斜盘与缸体的轴线相交成 α 角。件 4 为配油盘，上面有两个窗口；件 5 为压油窗，件 6 为吸油窗，分别与排油管和进油管相通。泵工作时，斜盘和配油盘均固定不动。

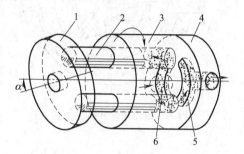

图 7-8　轴向柱塞泵的工作原理
1—斜盘；2—柱塞；3—缸体；4—配油盘；5—压油窗；6—吸油窗

当缸体绕其轴线按图示方向转动时，各柱塞均在缸体中作往复移动，这样，柱塞与孔构成的密封容积将发生周期性变化：柱塞伸出缸体时，密封容积增大，经吸油窗从油箱中吸入油液；柱塞压入缸体时，密封容积减小，油液经压油窗排出。缸体旋转一周，各柱塞往复一次，完成一次吸油和压油过程。

改变斜盘的倾角 α，可以改变柱塞的行程量，即可改变泵的输出流量。α 越大时流量越大，故柱塞泵可作为变量泵使用。若改变斜盘的倾斜方向，可使泵的进油口和出油口互换，即成为双向变量泵。

轴向柱塞泵的结构紧凑，体积小、质量小，工作压力高（因泄漏少且刚性好），易于实现变量。但这种泵对油液的污染敏感，加工精度要求较高，价格较贵。柱塞泵多用于高压系统。国产 CY 型斜盘式液压泵的工作压力可达 320×10^5 Pa。

7.3.3　叶片泵

叶片泵可分为单作用式和双作用式两类。

（1）双作用叶片泵

双作用叶片泵是定量泵，其工作原理如图 7-9 所示。当转子绕其轴线按图示方向转动时，叶片被甩出，其外端紧贴在定子的内表面上滑动（定子不动）。由于定子内表面近似于椭圆形，因此叶片将在转子的槽中作往复移动，定子、转子与相邻两叶片之间构成的密封容积就发生周期性的变化。转子每转一周，叶片往复移动两次，密封容积发生两次增大和缩小的变化，形成两次吸油和两次压油。图 7-9 中虚线所示为端盖上的两个吸油窗和两个压油窗，分别位于密封容积增大和减小的位置上，并分别与泵的吸油口和压油口相通。

双作用叶片泵的输出流量均匀，压力脉动较小，容积效率较高。此外，由于吸、压油口对称配置，转子承受的径向液压力互相平衡。但这种泵结构较复杂，对油液污染较敏感。国产 YB 型叶片泵是双作用叶片泵，其额定工作压力为 $63×10^5\,Pa$。

（2）单作用叶片泵

单作用叶片泵的工作原理如图 7-10 所示。它与双作用叶片泵不同的是：单作用叶片泵定子的内表面为圆柱面，转子与定子不同心（偏心量为 e），端盖上只有一个吸油窗和一个压油窗。转子每转一周，叶片在转子槽内只往复移动一次，相邻两叶片间构成的密封容积只发生一次增大和缩小的变化，即形成一次吸油和压油。调节偏心量 e，可以改变液压泵的流量大小（e 增大时输出流量增大），故单作用叶片泵是变量泵。

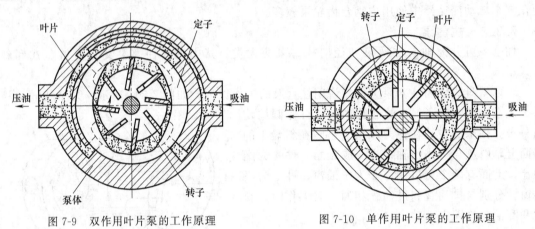

图 7-9　双作用叶片泵的工作原理　　　　图 7-10　单作用叶片泵的工作原理

7.3.4　液压缸

（1）液压缸的分类

液压缸和液压泵一样都属于执行元件。它们的区别是：液压泵实现连续转动，液压缸实现往复运动。液压缸的结构简单，工作可靠，应用很广。

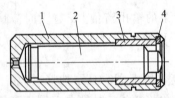

图 7-11　柱塞式液压缸结构示意图
1—缸体；2—柱塞；3—套；4—弹簧圈

液压缸可分为单作用液压缸和双作用液压缸（表 7-1）。前者只有一个外接油口，液压作用力单向驱动，反向动作需在其他外力（重力或弹簧力）的作用下完成；后者有两个外接油口，液压作用力能够双向驱动。液压缸的活塞杆只从缸体的一端伸出时，称为单活塞杆液压缸；活塞杆从缸体两端伸出时，称为双活塞杆液压缸。此外，当活塞的长径比 l/d 大于 3 时称为柱塞，长径比小于 3 时称为活塞。柱塞式液压缸通常是单作用式的，见图 7-11。以下只讨论几种应用较广的双作用活塞式液压缸。

表 7-1　液压缸的分类

类　型	名　称	说　明
单作用缸	柱塞式液压缸	单向驱动，返回行程利用自重或负荷等将柱塞推回
	单活塞杆液压缸	单向驱动，返回行程利用自重或负荷等将活塞推回
	双活塞杆液压缸	活塞的两侧都装有活塞杆，只能向活塞一侧供给压力油，活塞返回通常利用弹簧力、重力或外力来完成
	伸缩液压缸	它以短缸获得长行程，用压力油将可动部分由大到小逐节推出，靠外力由小到大逐节缩回

续表

类 型	名 称	说 明
双作用缸	单活塞杆液压缸	单边有活塞杆,两向液压驱动,两向推力和速度不等
	双活塞杆液压缸	双边有活塞杆,双向液压驱动,可实现等速往复运动
	伸缩液压缸	双向液压驱动,压力油将可动部分由大到小逐节推出,由小到大逐节缩回
	增压液压缸	低压室的压力驱动活塞,使另一端的活塞输出高压

（2）典型双作用液压缸简介

双作用活塞式液压缸的典型结构,可以图 7-12 所示的单活塞杆液压缸为例说明如下。液压缸主要由缸筒组件（缸底 16、缸筒 8、缸盖兼导向套 7、弹簧挡圈 3、半环 4 等）、活塞组件（活塞 9、活塞杆 15、耳环 1、半环 13、弹簧挡圈 14 等）和密封装置等组成。缸的两端开有油口 A 和 B,耐磨环 11 和导向套 7 起定心和导向作用。为防止油的泄漏,活塞与缸筒间用一对 Y 形密封圈 10 密封,活塞杆与活塞内孔间由 O 形密封圈 12 密封,导向套外圆与缸筒间也由 O 形密封圈 5 密封,其内孔与活塞杆间则由 Y 形密封圈 6 密封。密封圈用耐油橡胶制造。防尘圈 2 防止灰尘带入缸内。双活塞杆液压缸的结构与此相似。

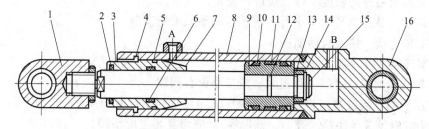

图 7-12 双作用活塞式液压缸的典型结构

1—耳环；2—防尘圈；3,14—弹簧挡圈；4—半环；5,12—O 形密封圈；6,10—Y 形密封圈；7—缸盖兼导向套；8—缸筒；9—活塞；11—耐磨环；13—半环；15—活塞杆；16—缸底

① 双作用双活塞杆液压缸:这种液压缸如图 7-13 所示。由于活塞两端的有效工作面积都是 A,因此其两个方向的液压推力相等,速度也相等。

② 双作用单活塞杆液压缸:双作用单活塞杆液压缸如图 7-14 所示,所占的空间范围较小,其长度范围约为缸体长度的两倍,故常用于大、中型设备。活塞杆向右运动时是压杆,故应有足够的稳定性。

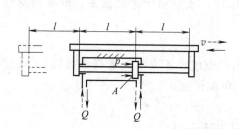

图 7-13 双作用双活塞杆液压缸

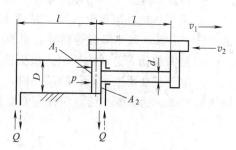

图 7-14 双作用单活塞杆液压缸

单活塞杆液压缸的活塞只在一端装有活塞杆,故活塞两端的承压面积不等,因而两向液压推力和速度都不相等。

③ 增压液压缸:图 7-15 所示为增压液压缸的工作原理。增压液压缸是一种组合缸,它

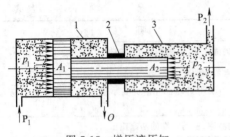

图 7-15 增压液压缸

1—低压缸；2—密封；3—高压缸

由低压缸 1 和高压缸 3 组合而成（件 2 为密封），低压缸的活塞杆是高压缸的柱塞。压力为 p_1 的低压油从 P_1 口输入，推动活塞右移，压力为 p_2 的高压油从 P_2 口输出，压力为零的回油从 O 口排出。当活塞处于平衡状态时，$p_1 A_1 = p_2 A_2$，即

$$\frac{p_1}{p_2} = \frac{A_2}{A_1}。$$

可见左右两腔的压力与两端面积成反比。活塞杆面积 A_2 越小于活塞面积 A_1，增压作用越显著。若将几只增压液压缸串联起来逐级增压，就能得到更大的压力。

（3）液压缸的常见故障

① 液压缸工作时出现爬行的原因和排除方法如下：

a. 缸内有空气侵入。应增设排气装置或者使液压缸以最大行程快速运动强迫排出空气。

b. 液压缸的端盖处密封圈压得太紧或太松。应调整密封圈使之有适当的松紧度，保证活塞杆能用手来回平稳地拉动而无泄漏。

c. 活塞与活塞杆同轴度不好。应进行校正、调整。

d. 液压缸安装后与导轨不平行。应进行调整或重新安装。

e. 活塞杆弯曲。应校直活塞杆。

f. 活塞杆刚性差。加大活塞杆直径。

g. 液压缸运动零件之间间隙过大。应减小配合间隙。

h. 液压缸的安装位置偏移。应检查液压缸与导轨的平行度，并校正。

i. 液压缸内径直线性差（鼓形、锥形等）。应修复，重配活塞。

j. 缸内腐蚀、拉毛。应去掉锈蚀和毛刺，严重时应镗磨。

k. 双活塞液压缸的活塞杆两端螺母拧得太紧，使其同心不良。应略拧松螺母，使活塞处于自然状态。

② 液压缸工作时出现牵引力不足或速度下降的原因和排除方法如下：

a. 活塞配合间隙过大或密封装置损坏，造成内泄漏。应减小配合间隙，更换密封件。

b. 活塞配合间隙过小，密封过紧，增大运动阻力。应增大配合间隙，调整密封件松紧度。

c. 活塞杆弯曲，引起剧烈摩擦。应校直活塞杆。

d. 液压缸内油液温升太高、黏度下降，使泄漏增加；或是由于杂质过多，卡死活塞和活塞杆。应采取散热降温等措施，更换油液。

e. 缸筒拉伤，造成内泄漏。应更换缸筒。

f. 由于经常用工作行程的某一段，造成液压缸内径直线性不良（局部有腰鼓形），致使液压缸的高、低压油互通。应镗磨修复液压缸内径，单配活塞。

7.4　液压辅助元件

液压系统中的辅助装置包括蓄能器、滤油器、油箱、密封件、油管、管接头和压力表等，它们在液压系统中都是不可缺少的组成部分。各种辅助装置在液压系统图中的职能符号可查阅液压手册。以下只对蓄能器、滤油器作一简介。

7.4.1　蓄能器

蓄能器是一种能量储存装置，能将系统中的压力油液储存起来，需用时放出，以补偿泄漏和保持系统压力，并能消除压力脉动和缓和液压冲击。应用较多的是活塞式蓄能器（如图7-16所示，活塞3把上腔的压缩空气与下腔油液隔开）和气囊式蓄能器（如图7-17所示，气囊3隔开气体与油）。

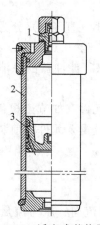

图 7-16　活塞式蓄能器

1—充气阀；2—壳体；3—活塞

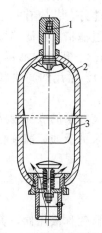

图 7-17　气囊式蓄能器

1—气阀；2—壳体；3—气囊

蓄能器可用来作辅助动力源。图7-18所示为液压机中的一个液压系统。图示工作状态时，活塞杆下移的速度较低，进入液压缸的流量小于液压泵供给的流量，液压泵所输出的一部分压力油便进入蓄能器1被储存起来。回程时换向阀换位，活塞向上移动要求的速度较快，这时蓄能器和泵同时向液压缸供油，使活塞快速返回。可见在执行元件正、反行程速度差别较大时，在系统中加装蓄能器，即可选用流量较小的泵。图7-18中所示压力继电器2的作用是：在蓄能器储油压力达到额定值后断开电路，使液压泵停机；当蓄能器的压力降低时，压力继电器重新通电，泵再投入运行，以节约能量。

蓄能器又可用来补偿泄漏和进行保压。在图7-19所示的液压系统中，当系统压力升高到超过蓄能器1的调定压力时，压力继电器3动作，使电磁换向阀5的上位接入控制油路，溢流阀4的遥控口通油箱，液压泵卸荷。此时由止回阀2和蓄能器1保持系统压力，并放出

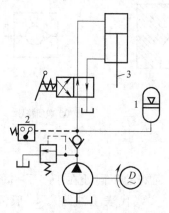

图 7-18　作辅助动力源的液压系统

1—蓄能器；2—压力继电器；3—活塞杆

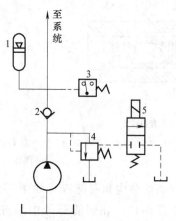

图 7-19　补偿泄漏和进行保压的液压系统

1—蓄能器；2—止回阀；3—压力继电器；4—溢流阀；5—电磁阀

少量油液补充系统中的泄漏。当系统压力因泄漏过多而降到低于调定压力时，压力继电器反向动作，电磁换向阀回到图示位置，溢流阀遥控口与油箱断开，泵又重新供油，使系统压力恢复到调定值。

7.4.2 滤油器

滤油器的功用是清除油液中的杂质和沉淀物。滤油器应结构简单、外形尺寸小、过滤精度高、通油性能好，并应有一定的机械强度。

滤油器的过滤精度按滤芯所能滤除的最小杂质粒度的大小（直径 d）分为四类：粗滤油器（$d \geqslant 0.1mm$）、普通滤油器（$d \geqslant 0.01mm$）、精滤油器（$d \geqslant 0.005mm$）和特精滤油器（$d \geqslant 0.001mm$）。常用的滤油器有网式和线隙式等。一般说来，滤油器的滤清能力越高，其通油能力越低。

滤油器可装在泵的吸油管路或输出管路中，或装在重要元件（如节流阀和伺服阀）的前面。通常，在泵的吸油口前装粗滤油器，在泵的输出管路中及重要元件之前装精滤油器。

7.5 液压控制阀

液压控制阀简称液压阀，其作用是对液压系统中的油液流向、压力流量进行控制或调节，以满足工作机械的各种要求。按照功能的不同，液压阀可以分为方向阀、压力阀和流量阀三类。

7.5.1 方向阀

方向阀用来控制油液的定向、换向和闭锁等，它分为止回阀和换向阀。

（1）止回阀

普通止回阀的作用使油液只能沿一个方向流动。图 7-20 所示为普通止回阀的结构和职能符号。图 7-20（a）中件 1 为阀体、件 2 为阀芯、件 3 为软弹簧。当油液作用力大于弹簧力时，压力油顶开阀芯，自进油口 P_1 流向出油口 P_2。油液倒流时，液压作用力使阀芯压紧在阀体上，阀口关闭，油路不通。常用的止回阀阀芯有球形和锥形两种。锥形阀芯的阻力小，密封性较好。我国高压阀系列中的止回阀均采用锥形阀芯。锥形止回阀又分为直通式〔图 7-20（a）〕和直角式〔图 7-20（b）〕。图 7-20（c）所示为普通止回阀的职能符号。

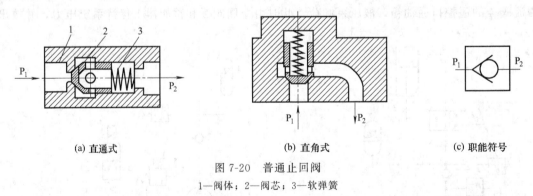

| (a) 直通式 | (b) 直角式 | (c) 职能符号 |

图 7-20 普通止回阀

1—阀体；2—阀芯；3—软弹簧

液控止回阀的结构和职能符号如图 7-21 所示，与普通止回阀的不同处在于多了一条控制油路（K 为控制口，在职能符号中用虚线表示控制油路，实线代表主油路）。一般情况下，只允许油液自进油口 P_1 流向出油口 P_2，不能反向流动。只有当接通控制油路，压力油通入控制口 K 推动控制活塞 2 并通过顶杆将止回阀阀芯顶起后，P_1 与 P_2 相通，油液才可以反向流动。控制压力油与进油口处或出油口处保持不通。当控制油路切断后，油液只能保持单向流动。

止回阀应用很广。图 7-22（a）所示为用止回阀产生背压，即使回油路中产生必要的压力。图 7-22（a）中所示泵 1 出的压力油进入液压缸 6 的右腔，液压缸左腔的油液经止回阀回到油箱。此时止回阀 4 可使回油路中保持一定的背压，以保证活塞平稳地向左运动，并防止系统从回油管出口吸入空气。止回阀提供背压时，要换用较硬的弹簧，它的开启压力为 $(2\sim6)\times10^5$ Pa。

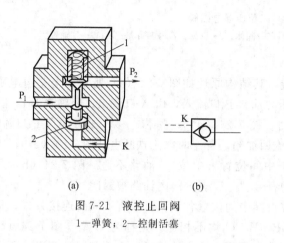

图 7-21　液控止回阀
1—弹簧；2—控制活塞

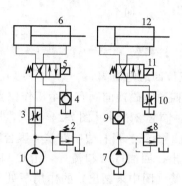

（a）止回阀做背压阀　（b）止回阀起保护作用

图 7-22　止回阀的应用实例
1,7—液压泵；2,8—溢流阀；3,10—节流阀；
4,9—止回阀；5,11—电磁阀；6,12—液压缸

图 7-22（b）中所示止回阀装在液压泵的出口处，防止高压冲击负荷传至液压泵，保证泵的安全。同时，当泵停止工作时，止回阀可锁住液压缸（防止油液倒流回油箱）。

（2）换向阀

换向阀的作用是通过阀芯的运动，变换阀后油流方向或截断油路对油流进行方向控制。

换向阀按阀芯的运动方式可分为滑阀和转阀。滑阀的阀芯是移动的，转阀的阀芯是摆动的。大部分换向阀都是滑阀型的。按操纵方式，换向阀又分为手动换向阀、机动换向阀行程阀、电磁换向阀、液动换向阀和电液换向阀等。

下面介绍几种典型的换向滑阀：

① 二位四通电磁换向阀。

电磁换向阀用电磁铁推动阀芯移动，来实现油路的切换。采用电磁换向阀，可以提高液压系统的自动化程度，在机床及其他液压装置中应用很广。

二位四通电磁阀的结构原理和职能符号如图 7-23 所示。阀芯 3 有两个工作位置（称位：二位），阀体上有四个接出的通道（称通：四通），它的记号为：P 为进油口，O（T）为回油口，A、B 分别为通往液压缸 7 两腔的进、出油口。

当电磁铁的线圈 2 断电时（常态），由图 7-23（a）可见弹簧 4 将阀芯推向左端位置，压力油从液压泵 8→P→B→液压缸左腔，推动活塞 6 右移；回油从液压缸右腔→A→O→油箱。图 7-23（c）所示为常态下这种阀的职能符号，图中所示方格数目即位数，格内箭头表示阀内油液流向，方格上的短线表示外接油路，方格左边的符号表示电磁铁驱动，右边的符号表示复位弹簧。当线圈通电时［图 7-23（b）］，衔铁 1 被吸合，阀芯移至右端位置，压力油由液压泵 8→P→A→液压缸右腔，推动活塞左移；回油则由液压缸左腔→B→O→油箱。图 7-23（d）所示为通电时阀的职能符号。

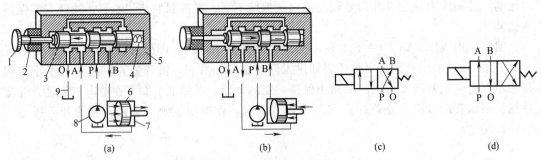

图 7-23　二位四通电磁阀

1—衔铁；2—线圈；3—阀芯；4—弹簧；5—阀体；6—活塞；7—缸筒；8—泵；9—回油管

② 三位四通电磁阀。

三位四通电磁换向阀有三个工作位置，其结构原理如图 7-24 （a）所示。当左边电磁铁 1 吸合时，阀芯 2 右移 ［图 7-24 （c）］，压力油自 P 口流入，由 A 口流出；回油自 B 口流入，由 O 口流回油箱。当右边电磁铁 4 吸合时 ［图 7-24 （d）］，阀芯左移，压力油自 P 口流入，由 B 口流出；回油自 A 口流入，由 O 口流回油箱。常态时电磁铁断电 ［图 7-24 （e）］，阀芯在两端弹簧（图中未画出）的作用下处于中间位置（中位），油路不通。图 7-24 （b）所示为三位四通电磁换向阀的职能符号，图中符号"⊥"表示阀内油路被封闭。

为了满足液压系统的某些要求，三位滑阀中间位置各油口可以有不同的连接方式，称为中位机能（即滑阀机能）。若中位时 A、B、P、O 均不相通，则称为 O 型 ［图 7-24 （e）］，其特点是当阀芯处于中位时，液压缸两端油口既不与压力油相通，也不与回油相通，所以活塞不动（锁住，系统保压，即缸内压力保持不变）。通常在换向阀的系列产品中，规格和位数相同而中位机能不同的换向阀，其阀体尺寸完全相同。因此，只要改换阀芯，便可得到不同的中位机能。

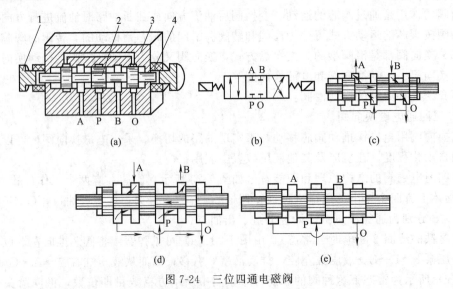

图 7-24　三位四通电磁阀

1—磁铁；2—阀芯；3—阀体；4—电磁铁

③ 液动换向阀和电液换向阀。

液动换向阀用控制油路的油液压力推动阀芯移动，实现油路的切换。其结构原理和职能符号见图 7-25。图中所示控制口 K 接控制油路。无控制压力油时，阀芯在其两端弹簧力的

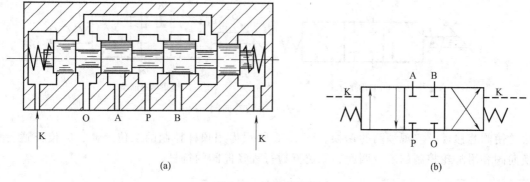

图 7-25 液动换向阀

作用下处于中位。液动换向阀一般用于大流量（超过 100L/min）的场合。

电液换向阀由电磁阀和液动阀组合而成。它实质上是用一个小流量的电磁阀来改变控制油路中油液的流向，去推动一个大流量液动阀的阀芯，从而在大流量油路中实现电信号控制。

电液换向阀的结构原理见图 7-26（a），图 7-26（b）所示为其一般职能符号，图 7-26（c）所示为其简化职能符号。图 7-26（a）中所示件 1 为电磁阀，它起先导作用；件 2 为液动阀即主阀。图 7-26 所示为电磁阀左边线圈通电、主阀芯尚未开始移动（位于中位）的情形。此时左端线圈吸合衔铁，电磁阀阀芯右移，压力油从 P→P′→A′→主阀芯左端油腔 e，推动主阀芯向右移动，使液动阀的左位（即职能符号中左边的方格）接入主油路，P 与 A 通，B 与 O 通。主阀芯右移时，其右端油腔 f 中的油液可经 B′口从泄油口 L 排出。同理，当右边的电磁铁吸合时，电磁阀和主阀的阀芯均先后向左移动，液动阀的右位（即职能符号中右边的方格）接入主油路。当电磁铁断电时，液动阀阀芯两端的油腔 e 和 f 均通过电磁阀的中位与泄油口 L 相通，此时在两端弹簧力的作用下，液动阀的中位接入主油路。

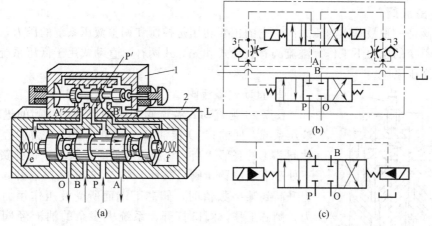

图 7-26 电液换向阀
1—电磁阀；2—液动阀；3—止回节流阀

④ 手动换向阀和行程阀。

手动换向阀是用手动杠杆操纵的换向阀，其职能符号如图 7-27 所示。图 7-27（a）所示为自动复位式，图 7-27（b）所示为钢球定位式。

行程阀又称机动换向阀。行程阀一般是利用装在移动工作台上的行程挡铁，压下顶杆或

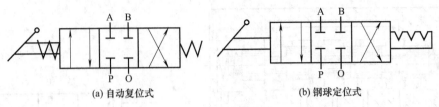

(a) 自动复位式   (b) 钢球定位式

图 7-27 手动换向阀

滚轮使阀芯移动，实现油路的切换。图 7-28 所示为用顶杆控制的二位二通、二位三通行程换向阀和用滑轮控制的二位四通、二位五通行程换向阀的符号。

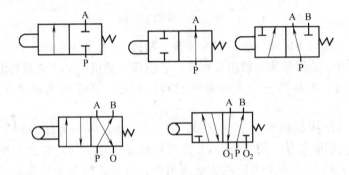

图 7-28 行程阀

7.5.2 压力阀

压力阀用来控制液压系统中的压力，以实现恒压、限压、减压或稳压，或利用系统中压力的变化控制某些液压元件的动作。压力阀是利用阀芯所受的液压作用力和弹簧力的平衡关系来进行工作的。

压力阀按用途可分为溢流阀、减压阀、顺序阀和压力继电器等。

（1）溢流阀

溢流阀是一种最基本的压力阀。它的主要功用是控制和调整液压系统的压力，以保证系统在基本不变的压力下工作。溢流阀有直动式和先导式两种，直动式用于低压系统，先导式用于中、高压系统。

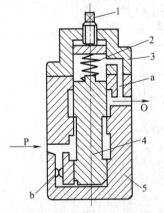

图 7-29 直动式溢流阀

1—调压螺钉；2—弹簧；3—阀体；
4—阀芯；5—阀座

① 直动式溢流阀 。

图 7-29 为直动式溢流阀的结构原理图。阀的进油口 P 接液压系统，回油口 O 接油箱。进油口处的压力油经阻尼孔到达阀芯 4 的底部。当系统压力较低时，阀芯 4 在弹簧 2 的作用下处于下端位置，阀口关闭，将 P 口和 O 口隔开。当系统压力升高到某一数值时，阀芯下端面所受液压作用力超过弹簧力，阀芯上移，阀口打开，系统中多余的油液经阀口溢回油箱，实现稳压溢流作用。

旋转调压螺钉 1 可以改变弹簧的预压力，从而改变溢流阀的开阀压力，即可调节系统压力的大小。油孔 a 的作用是将泄漏到阀芯上端空腔中的油液引到回油口 O，随同溢流油液一起流回油箱。阻尼孔 b 的阻尼作用可减小阀芯的振动，使压力的波动减小。

直动式溢流阀结构简单，但稳定性差，一般只适用于低压系统，因为高压时弹簧很硬，阀的调压性能不佳。P 型直动式溢流阀的额定工作压力为 $25 \times 10^5 \mathrm{Pa}$。

② 先导式溢流阀。

在中压和高压系统中普遍使用先导式溢流阀。图 7-30 所示为先导式溢流阀的结构。它由主阀和先导阀组合而成，其结构特点是主阀芯 5 上下两端油腔都通进油口 P。由图 7-30 可见，压力油由进油口 P 进入主阀下腔，并经阻尼孔 a（直径约 1mm）进到主阀上腔，再经通孔 b 进入先导阀阀芯 1 左边的油腔，其压力作用在锥形阀芯上。当系统油压较低时，锥阀在调压弹簧 2 的作用下关闭，没有油液流过阻尼孔 a，故主阀上、下腔的油压相等，又由于主阀芯上下两端的承压面积也相等，因此主阀芯所受的油压作用力相互平衡，在主弹簧 4 的作用下，主阀芯处于最下端位置，将溢油口 O 关闭。

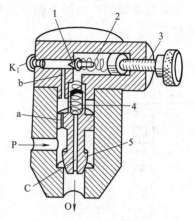

图 7-30 先导式溢流阀

1—先导阀阀芯；2—调压弹簧；3—调压螺钉；4—主弹簧；5—主阀芯

当系统压力升高到超过先导阀调压弹簧所调定的压力值（由调压螺钉 3 调节）时，压力油首先顶开锥阀。先导阀打开后，主阀上腔油液经通孔 b、锥阀座孔及主阀芯通孔 C，由溢油口 O 流回油箱。此时主阀下腔的压力油经阻尼孔向上补充，由于阻尼孔的液阻而产生压力降，使下腔油压高于上腔。这时由于压力差的作用，主阀芯才能克服弹簧 4 的作用力而向上抬起，主阀口打开，系统中多余的油液经主阀口溢回油箱，故主阀的开启落后于先导阀。"先导"的含意即在于此。

在先导式溢流阀中，锥形先导阀用来控制压力的大小，其弹簧可以很软，从而使阀具有良好的调压性能；柱形主阀则用来控制溢流通道的开闭。Y 型和 Y_1 型先导式溢流阀的额定工作压力为 $63 \times 10^5 \mathrm{Pa}$，YF 型高压溢流阀的最高调定压力为 $210 \times 10^5 \mathrm{Pa}$。

若将图中封闭的外控口 K_1 与某外部油路接通，就成为外控溢流阀，此时主阀芯上腔的压力等于外控油压，当它低于系统压力时，溢流阀就会打开，故外控溢流阀的工作压力将随外控油压的变化而变化。在使用时，应注意使先导阀所调定的压力高于外控油压，否则不起外控作用。图 7-31（a）所示是一般溢流阀的职能符号，图 7-31（b）所示是外控溢流阀的职能符号。

由上述可知溢流阀的结构特点是：

a. 不工作时阀口常闭。

b. 控制阀口开闭的油液来自进油口。

c. 泄漏的油液从内部通道排回油箱。

③ 溢流阀的应用举例。

a. 用于稳压溢流。如图 7-32 中所示，定量泵 1 的输出流量恒定。当这一流量超过液压缸的需要时，

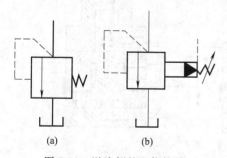

图 7-31 溢流阀的职能符号

多余油液即由溢流阀 2 流回油箱。故在系统正常工作时，溢流阀是打开的。进入液压缸的流量由节流阀 3 调节，系统中的压力由溢流阀调节并保持恒定。

b. 用于防止过载。如图 7-33 中所示，液压缸 3 由变量泵 1 供油，系统中的压力随负载而变。正常工作时，溢流阀 2 前 A 点的压力不超过溢流阀的预调值，阀口关闭，不溢油。当负载增加到使 A 点压力超过溢流阀的预调值时，溢流阀立即打开溢油，故可防止系统过

载，起安全保护作用。此时溢流阀又称安全阀。

c. 用于卸荷。如图 7-34 中所示，二位二通电磁阀接通先导式溢流阀的外控口 K_1。当执行机构停止工作时，电磁阀通电，外控油路被接通，溢流阀主阀芯上腔与油箱相通，其油压接近于零，从而产生很大的压力差，使溢流阀的阀口全开。这时，泵排出的油液在很低的压力下通过溢流阀口流回油箱，实现卸荷，以节省功率损耗，减少油液发热和延长泵的使用寿命。

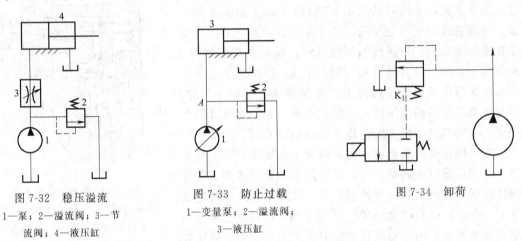

图 7-32　稳压溢流
1—泵；2—溢流阀；3—节流阀；4—液压缸

图 7-33　防止过载
1—变量泵；2—溢流阀；3—液压缸

图 7-34　卸荷

除上述应用外，用先导式溢流阀还可以实现远程调压。溢流阀装在回油路上，可调定回油路中的压力（背压），提高系统的稳定性。

（2）顺序阀

顺序阀利用系统中的压力变化来控制油路的通断，从而实现两个以上执行元件的顺序动作。顺序阀分为直动式和先导式。此外，根据控制油路的不同，顺序阀又可分为内控式和外控式。

① 内控顺序阀。

内控顺序阀简称顺序阀，其结构原理与直动式溢流阀相似，如图 7-35（a）所示，图的

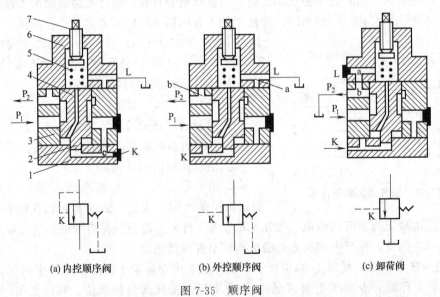

(a) 内控顺序阀　　(b) 外控顺序阀　　(c) 卸荷阀

图 7-35　顺序阀
1—下盖；2,4—活塞（控制活塞）；3—阀体；5—弹簧；6—阀盖；7—调压螺钉

下方所示为职能符号。压力油由进油口 P_1，经控制油孔 C，作用于阀芯 4 的控制活塞 2 底部，当压力较低时，阀芯处于下端位置，进、出油口互不相通（此位置未在图中画出）。当进口油压增至预调压力后，阀芯上移，进、出油口相通（图中所示位置）。顺序阀的开启压力由调压螺钉 7 调节。

顺序阀与溢流阀结构上的区别是：由于顺序阀的进、出油口均有压力，因此泄漏到弹簧腔中的油液应从泄油口 L 单独接回油箱。此外，顺序阀和溢流阀虽然都是由进口油液压力控制其开启的，但顺序阀的调定压力低于进口压力。

② 外控顺序阀。

外控顺序阀也称遥控或液动顺序阀。若把图 7-35（a）所示的内控顺序阀的下盖 1 旋转180°后再装上，就是外控顺序阀，如图 7-35（b）所示。这时控制油孔 C 至进油口的通道被切断，阀口的开闭只能由外部引来的压力油通过外控口 K 进入控制活塞的底部，控制阀的开闭。

外控顺序阀可做卸荷阀使用，使液压泵卸荷，这时可将图 7-35（b）中所示的上盖 6 旋转180°，使孔 a 和孔 b 相通，并堵住泄油口 L，如图 7-35（c）所示。这样，弹簧腔的泄油就可通过 a、b 孔流往出油口，再流回油箱，因此可省掉一条回油管。

图 7-36 所示为外控顺序阀作卸荷阀使用时，在双泵系统中的应用。图中所示 A 为高压小流量泵，B 为低压大流量泵。在液压缸（图中未画出）快速运动时，液压泵输出的油液经止回阀和液压泵 A 共同向系统供油。而在工作行程时，系统压力升高，外控顺序阀 C（卸荷阀）被打开，液压泵 B 卸荷，液压泵 A 单独向系统供油。这时，系统压力由溢流阀调整，止回阀在系统压力油作用下关闭。

（3）压力继电器

压力继电器的功用是利用系统中压力的变化控制电路的通断，从而使液压信号转变为电信号，以实现系统的程序控制或安全控制。

图 7-37 所示为压力继电器的结构原理。控制口 K 和液压系统相通。当系统油压升高到使作用于柱塞 3 的液压作用力大于弹簧力时，柱塞上移，其锥面推动钢球 2 向左水平移动，使杆 1 逆时针转动，电触头 A、B 接通，电气（电磁铁、继电器等）动作；反之，若系统油

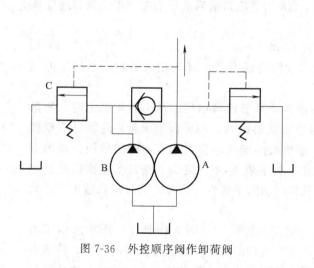

图 7-36 外控顺序阀作卸荷阀

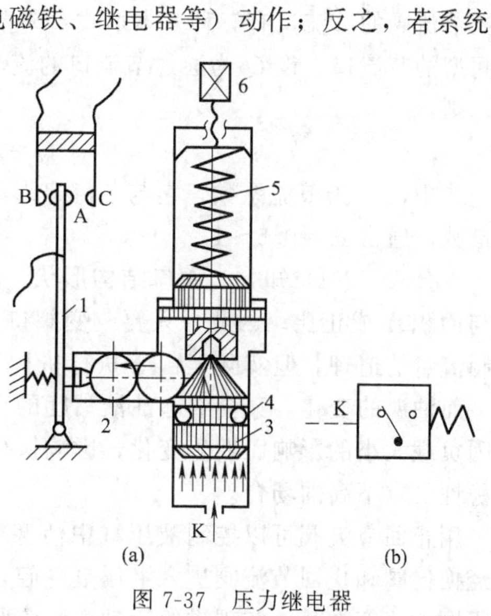

图 7-37 压力继电器

1—杆；2—钢球；3—柱塞；4—密封；

5—调节弹簧；6—调节螺钉

压降低，则电触头 A、C 接通。这样，就可以把系统压力的变化转换成电路的换接。用调解螺钉 6 调节弹簧 5 弹力的大小，控制发出电信号的压力数值。图 7-37（b）所示是继电器的职能符号。

7.5.3　流量阀

流量阀依靠改变阀口通流面积的大小或改变通道的长短来改变液阻，从而控制通过阀的流量，以调节执行机构的运动速度。常用的流量阀有节流阀和调速阀等。

（1）节流阀

图 7-38 所示为节流阀的结构原理和职能符号。如图 7-38（a）中所示，压力油从 P_1 口流入，经阀芯 3 下端的三角形沟槽从 P_2 口流出。旋转调节螺钉 1，即可使阀芯轴向移动，从而改变阀口的通流截面积，使通过的流量得到调节。这种阀的最高工作压力为 140×10^5 Pa。

图 7-39 所示为止回节流阀的职能符号，这种阀由止回阀和节流阀并联而成。当油液从 P_1 流向 P_2 时有节流作用；当油液反向流动，即由 P_2 流向 P_1 时，止回阀被顶开，节流阀不起作用，故可用来实现止回节流。

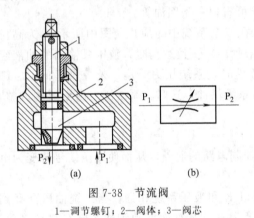

图 7-38　节流阀
1—调节螺钉；2—阀体；3—阀芯

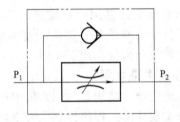

图 7-39　止回节流阀的职能符号

节流阀的节流口有三种基本形式：薄壁小孔型节流口，细长孔型节流口和介于上述两者之间型的节流口。设 Q 为通过节流口的流量，Δp 为节流口前后的压力差，A 为阀口通流面积，则：

$$Q = KA(\Delta p)^m \tag{7-4}$$

式中，K 为节流系数，它与节流口形状和油液性能有关；m 为由节流口形状决定的结构指数，通常 $m = 0.5 \sim 1$。

由公式（7-4）知，当阀口结构形状、油液性质和节流阀前后的压力差均一定时，流量 Q 与面积 A 成正比。因此，只要改变阀口的通流截面积 A，即可调节流量，这就是节流阀控制流量的道理。但实际上由于执行机构工作负载的变化，会引起节流阀前后压力差的变化；而油温的变化，又会引起油液黏度的变化，故系数 K 不为定值，通过节流阀的流量也会因负载大小的影响而发生变化，影响执行机构运动的平稳性。因此，节流阀只适用于运动平稳性要求不高的场合。

用止回节流阀可以控制液压缸中活塞往复运动的速度，如图 7-40 所示。图中所示压力油经换向阀和止回节流阀进入液压缸左腔。调节节流阀的开度，可改变流量的大小，使活塞以不同的速度右移，实现进给运动。溢流阀用来调定节流阀前端的压力，并将多余的油液溢回油箱。换向阀换向后，液压缸左腔的回油直接从止回阀流回油箱，节流阀不起调速作用，活塞快速向左退回。

图 7-40 中所示节流阀装在进油路中，称进油节流；若节流阀装在回油路中，则称为回油节流。

（2）调速阀

如前所述，工作负载的变化将引起节流阀阀口前后压力差 Δp 的变化，从而将影响流量的稳定。因此，节流阀虽可调节速度，但速度会随负载的变化而变化。对于运动平稳性要求较高的液压系统，通常采用调速阀。

调速阀是由定差减压阀与节流阀串联而成的一个组合阀。定差减压阀保证节流阀前后端的压力差恒定，从而使通过节流阀的流量不变，以稳定机构的运动速度。

调速阀的工作原理如图 7-41 所示。图中所示件 1 为减压阀阀芯，件 3 为节流阀阀芯。来自液压泵的压力油（其压力恒为 p_1，由溢流阀调定）经节流口 Δh 减压后，其压力降为 p_2。压力为 p_2 的油液分成三路：其中两路经阀体孔道分别进入减压阀无弹簧的上腔和下腔，产生推动阀芯 1 向上的合力，总承压面积为 $A_1+A_2=A$；另一路经节流口 B 降压后，压力减为 p_3，即调速阀的出口压力。压力为 p_3 的油液进入减压阀芯的弹簧腔，和弹簧一起产生推动阀芯 1 向下运动的合力。当阀芯 1 平衡时，由平衡条件可得：

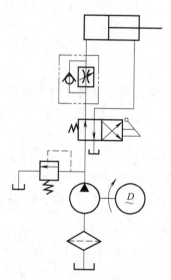

图 7-40 止回节流阀的应用

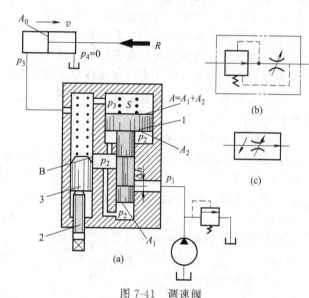

图 7-41 调速阀
1—减压阀阀芯；2—调节螺钉；3—节流阀阀芯

$$p_2 A - p_3 A - F_S = 0 \qquad (7\text{-}5)$$

式中，F_S 为弹簧对阀芯的作用力。

由此可得节流阀前后的压力差为：

$$\Delta p = p_2 - p_3 = \frac{F_S}{A}$$

由于减压阀弹簧很软，故当阀芯 1 移动时，弹簧力 F_S 变化很小，压力差 Δp 基本恒定，由此可知，此时通过调速阀的流量基本恒定。

调速阀的出口压力取决于负载 R 的大小。忽略压力损失时：

$$p_3 = \frac{R}{A_0} \qquad (7\text{-}6)$$

式中，A_0 为活塞面积。

当负载增大时，p_3 增大，此时减压阀芯下移，节流口 Δh 增大，减压程度减小，故 p_2 增加，仍能保持 $\Delta p = p_2 - p_3 = $ 常数，达到稳速的目的。可见在调速阀中，定差减压阀起压力补偿作用。

调节螺杆 2 可使节流阀芯 3 移动，即可改变节流口的开度，以达到改变节流阀的出口流量、实现速度调节的目的。

图 7-41（b）所示是调速阀的职能符号，图 7-41（c）所示是它的简化符号。

应当指出，调速阀中定差减压阀的压力补偿功能，在油液反向流动时不起作用，故调速阀只能单向使用。此外，调速阀中的定差减压阀与一般的定差减压阀不同，不能误将节流阀串联起来当做调速阀使用。

习　题

一、问答题

1. 汽车上常用的泵有哪几种？

2. 齿轮泵主要由哪些零件组成？

3. 试述齿轮泵、叶片泵、柱塞泵的工作原理。

4. 液压缸主要有哪些类型？各有何特点？

5. 液压辅助元件有哪几种？在系统中主要起什么作用？

6. 液压控制元件分为哪几类？在系统中主要起什么作用？

7. 试述止回阀、换向阀、溢流阀、顺序阀、压力继电器、节流阀、调速阀的工作原理和主要组成。

二、选择题（单选）

1. 如图 7-1 所示的简化的液压传动模型，其力比为（　　）。

A. A_1/A_2　　　　　　B. A_2/A_1　　　　　　C. A_2A_1

2. 如图 7-1 所示的简化的液压传动模型，其速比为（　　）。

A. A_1/A_2　　　　　　B. A_2/A_1　　　　　　C. A_2A_1

3. 液压系统中的动力元件是（　　）。

A. 泵　　　　　　　　B. 马达　　　　　　　　C. 缸

4. 液压系统中的执行元件是（　　）。

A. 泵　　　　　　　　B. 阀　　　　　　　　　C. 缸

5. 能对液压系统的压力、流量起调节作用的元件是（　　）。

A. 泵　　　　　　　　B. 阀　　　　　　　　　C. 缸

6. 柱塞泵的工作压力（　　）。

A. 小于齿轮泵

B. 大于齿轮泵，小于叶片泵

C. 大于齿轮泵和叶片泵

7. 齿轮泵输油量不足有可能是由于（　　）。

A. 困油　　　　　　　B. 流量脉动　　　　　　C. 齿轮磨损

8. 液压缸的有效输出力取决于（　　）。

A. 油压　　　　　　　B. 有效作用面积　　　　C. 油压和有效作用面积

9. 单活塞杆液压缸的往返速度，在流量一定的情况下（$A_1 > A_2$），速度（　　）。

A. $v_1 \geqslant v_2$　　　　　B. $v_1 \leqslant v_2$　　　　　C. $v_2 > v_1$

10. 液压缸工作时出现爬行的原因是（　　）。

A. 油液中有空气　　　B. 供油不足　　　　C. 油压不足

11. 蓄能器是一种（　　）。

A. 能量储存装置　　　B. 油液储存装置　　　C. 控制系统压力的装置

12. 粗滤油器一般装在（　　）。

A. 泵的吸油口前　　　B. 泵的输出管路中　　　C. 重要元件之前

13. 止回阀控制油的流向，但只允许（　　）。

A. 油正向流动　　　　B. 油反向流动　　　　C. 油双向流动

14. 滑阀式换向阀是靠（　　）。

A. 阀芯的移动实现换向功能

B. 泵的反转实现换向功能

C. 切换油路实现换向功能

15. 溢流阀在系统中主要起（　　）的作用。

A. 调节或控制系统压力

B. 控制油的流向

C. 控制油的流量

16. 压力继电器可将油的压力（　　）。

A. 转换成电信号　　　B. 减小　　　　　　C. 增大

17. 节流阀在系统中主要起（　　）的作用。

A. 控制系统压力　　　B. 控制油的流向　　　C. 调节或控制系统流量

18. 调速阀比节流阀的调速稳定性（　　）。

A. 好　　　　　　　　B. 差　　　　　　　C. 相同

19. 止回阀发生异常声音可能的原因是（　　）。

A. 流量过小　　　　　B. 流量过大　　　　C. 止回阀损坏

第8章

汽车零件装配工艺基础

（1）知识目标

掌握装配尺寸链的基本概念。

掌握保证装配尺寸链的基本方法。

掌握汽车零件装配的基本方法。

了解装配工艺。

（2）能力目标

能用极值法解装配尺寸链。

能用几种基本装配方法装配汽车零件。

（3）素养目标

具备汽车零件装配的基本素养。

8.1 概　　述

机械产品是由若干个零件和部件组成的。所谓装配就是按规定的技术要求和精度，将构成机器的零件装配成组件、部件或产品的工艺过程。把零件装配成组件，或把零件和组件装配成部件，以及把零件、组件和部件装配成最终产品的过程分别称为组装、部装和总装。

装配的准备工作包括零部件清洗、尺寸和重量分选、平衡等。零件的装入、连接、部装、总装以及装配过程中的检验、调整、试验和装配后的试运转、油漆和包装等都是装配工作的主要内容。装配不但是决定产品质量的重要环节，而且通过装配还可以发现产品设计、零件加工以及装配过程中存在的问题，为改进和提高产品质量提供依据。

装配工作量在机器制造过程中占有很大的比重。尤其在单件小批生产中，因修配工作量大，装配工时往往占机械加工工时的一半左右，即使在大批量生产中，装配工时也占有较大的比例。目前，在多数工厂中，装配工作大部分靠手工劳动完成。所以装配工艺工作更显重要。选择合适的装配方法、制订合理的装配工艺规程，不仅是保证产品质量的重要手段，也是提高劳动生产效率、降低制造成本的有力措施。

（1）机器装配的生产类型及特点

生产纲领决定了生产类型。不同的生产类型，机器装配的组织形式、装配方法、工艺装备等方面均有较大的区别。各类生产类型的装配工作特点如表 8-1 所示。

表 8-1 各种生产类型装配工作的特点

生产类型 装配工作特点	大批大量生产	成批生产	单件小批生产
基本特征	产品固定,生产活动长期重复,生产周期一般较短	产品在系列化范围内变动,分批交替投产或多品种同时投产,生产活动在一定时期内重复	产品经常变换,不定期重复生产,生产周期一般较长
组织形式	多采用流水装配线:有连续移动、间歇移动及可变节奏移动等方式,还可采用自动装配机或自动装配线	笨重的批量不大的产品多采用固定流水装配,批量较大时采用流水装配,多品种平行投产时采用多品种可变节奏流水装配	多采用固定装配或固定式流水装配进行总装,同时对批量较大的部件亦可采用流水装配
装配工艺方法	按互换法装配,允许有少量简单的调整,精密零件成对供应或分组供应装配,无任何修配工作	主要采用互换法,灵活运用其他保证装配精度的装配工艺方法,如调整法、修配法及合并修配法,以节约加工费用	以修配法及调整法为主,互换件所占比例较小
工艺过程	工艺过程划分很细,力求达到高度的均衡性	划分工艺过程须适合于生产批量的大小,尽量使生产均衡	一般不制订详细工艺文件,工序可适当调动,工艺也可灵活掌握
工艺装备	专业化程度高,宜采用专用高效工艺装备,易于实现机械化自动化	通用设备较多,但也采用一定数量的专用工、夹、量具,以保证装配质量和效率	一般为通用设备及通用工装、夹具与量具
手工操作要求	手工操作比重小,熟练程度容易提高,便于培养新工人	手工操作比重较大,技术水平要求较高	手工操作比重大,要求工人有很高的技术水平和全面的工艺知识
应用实例	汽车、拖拉机、内燃机、滚动轴承、手表、缝纫机、电气开关	机床、机车车辆、中小型锅炉、矿山采掘机械	重型机床、重型机器、汽轮机、大型内燃机、大型锅炉

（2）机器装配精度

机器的质量,主要取决于产品设计的正确性、零件加工质量以及机器的装配精度。它是以其工作性能、精度、寿命和使用效果等综合指标来评定的。这些指标由装配给予最终保证。

机械产品的质量标准通常用技术指标表示,其中包括几何方面和物理方面的参数。物理方面的参数有转速、重量、平衡、密封、摩擦等参数;几何方面的参数,即装配精度,包括有距离精度、相互位置精度、相对运动精度、配合表面的配合精度和接触精度等。距离精度是指为保证一定的间隙、配合质量、尺寸要求等,相关零件、部件间的距离尺寸的准确程度;相互位置精度是指相关零件间的平行度、垂直度和同轴度等方面的要求;相对运动精度是指产品中相对运动的零部件间在运动方向上的平行度和垂直度以及相对速度上传动的准确程度;配合表面的配合精度是指两个配合零件间的间隙或过盈的程度;接触精度是指配合表面或连接表面间接触面积的大小和接触斑点分布状况。在机械产品的装配工作中如何保证和提高装配精度,达到经济高效的目的,是装配工艺要研究的核心。

应当指出,零件的加工精度直接影响到装配精度。对于大批量生产,为了简化装配工作,便于流水作业,通常采用控制零件的加工误差来保证装配精度。但是,进入装配的合格零件,总是存有一定的加工误差,当相关零件装配在一起时,这些误差就有累积的可能。累积误差不超出装配精度要求,当然是很理想的。此时装配就只是简单的连接过程。但事实并非常能如此,累积误差往往超过规定范围,给装配带来困难。采用提高零件加工精度来减小累积误差的办法,在零件加工并不十分困难或者在单件小批生产时还是可行的。这种办法增加了零件的制造成本。当装配精度要求很高,零件加工精度无法满足装配要求,或者提高零件加工精度不经济时，则必须考虑采用合适的装配工艺方法，达到既不增加零件加工的难度又能满足装配精度的目的。由此可见，零件加工精度是保证装配精度要求的基础。但装配精度不完全由零件精度来决定，它由零件的加工精度和合理的装配方法共同来保证。如何正确处理好两者之间的关系是产品设计和制造中的一个重要课题。

8.2　保证装配精度的工艺方法

在长期生产实践中，为保证装配精度，人们创造了许多巧妙的装配工艺方法。这些方法又经过人们长期以来的丰富、发展和完善，已成为有理论指导、有实践基础的科学方法，归纳为：互换法、选配法、修配法和调整法四大类。

（1）互换法

用控制零件的加工误差来保证装配精度的方法称为互换法。按其程度不同，分为完全互换法与部分互换法两种。

① 完全互换法。

完全互换法就是机器在装配过程中每个待装配零件不需挑选、修配和调整，装配后就能达到装配精度要求的一种装配方法。装配工作较为简单，生产效率高，有利于组织生产协作和流水作业、对工人技术要求较低，也有利于机器的维修。

为了确保装配精度，要求各相关零件公差之和小于或等于装配允许公差。这样，装配后各相关零件的累积误差变化范围就不会超出装配允许公差范围。这一原则用公式表示为：

$$T_\Sigma \geqslant T_1 + T_2 + \cdots + T_m \tag{8-1}$$

式中，T_Σ 为装配允许公差；T_m 为各相关零件的制造公差；m 为组成环数。

因此，只要制造公差能满足机械加工的经济精度要求，不论何种生产类型，均应优先采用完全互换法。

当装配精度较高、零件加工困难而又不经济时，在大批量生产中，就可考虑采用部分互换法装配零件。

② 部分互换法。

部分互换法又称不完全互换法。它是将各相关零件的制造公差适当放大，使加工容易而经济，又能保证绝大多数产品达到装配要求的一种方法。部分互换法以概率论原理为基础。在零件的生产数量足够大时，加工后的零件尺寸一般在公差带上呈正态分布，而且平均尺寸在公差带中点附近出现的概率最大；在接近上、下极限尺寸处，零件尺寸出现概率很小。在一个产品的装配过程中，各相关零件的尺寸恰巧都是极限尺寸的概率就更小了。当然，若出现这种情况，累积误差就会超出装配允许公差。因此，可以利用这个规律，将装配中可能出现的废品控制在一个极小的比例之内。对于这一小部分不能满足要求的产品，也需进行经济核算或采取补救措施。

根据概率论原理，装配允许公差必须大于或等于各相关零件公差值平方之和的平方根。用公式可以表示为：

$$T_\Sigma \geqslant \sqrt{T_1^2 + T_2^2 + \cdots + T_m^2} \tag{8-2}$$

显然，当装配公差 T_Σ 一定时，将公式（8-1）与公式（8-2）比较，各相关零件的制造公差 T_Σ 增大了许多，零件的加工也就容易了许多。

（2）选配法

选配法就是当装配精度要求极高，零件制造公差限制很严，致使几乎无法加工时，可将制造公差放大到经济可行的程度，然后选择合适的零件进行装配来保证装配精度的一种装配方法。按其选配方式不同，分为直接选配法、分组装配法和复合选配法。

① 直接选配法。

零件按经济精度制造，凭工人经验直接从待装零件中选择合适的零件进行装配。这种方法简单，装配质量与装配工时在很大程度上取决于工人的技术水平，不稳定；一般用于装配精度要求相对不高、装配节奏要求不严的小批量生产的装配中，例如发动机生产中的活塞与活塞环的装配。

② 分组装配法。

对于制造公差要求很严的互配零件，将其制造公差按整数倍放大到经济精度加工，然后进行测量并按原公差分组，按对应组分别装配。这样，既扩大了零件的制造公差，又能达到很高的装配精度。这种分组装配法在内燃机、轴承等的制造中应用较多。

例如，图 8-1 所示为活塞与活塞销的连接情况。根据装配技术要求，活塞销孔与活塞销外径在冷状态装配时应有 $0.0025 \sim 0.0075\text{mm}$ 的过盈量。但与此相应的配合公差仅为 0.005mm。若活塞与活塞销采用完全互换法装配，且按"等公差"的原则分配孔与销的直径公差，则各自的公差只有 0.0025mm。如果配合采用基轴制的原则，则活塞外径尺寸 $d = \phi28_{-0.0025}^{0}\text{mm}$，相应的孔的直径 $D = \phi28_{-0.0075}^{-0.0050}\text{mm}$。加工这样精度的零件非常困难，也不经济。生产中将上述零件的公差放大四倍（$d = \phi28_{-0.10}^{0}\text{mm}$，$D = \phi28_{-0.015}^{-0.005}\text{mm}$），用高效率的无心磨和金刚镗去加工，然后用精密量具测量，并按尺寸大小分成四组，涂上不同的颜色，以便进行分组装配。具体的分组情况如表 8-2 所示。

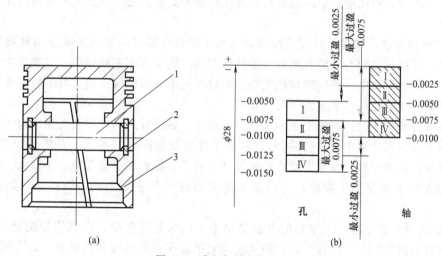

图 8-1　活塞与活塞销连接

1—活塞销；2—挡圈；3—活塞

表 8-2　活塞销与活塞孔直径的分配　　　　　　　　　　　　　　　　mm

组别	标志颜色	活塞销直径 $d = \phi28_{-0.01}^{0}$	活塞孔直径 $D = \phi28_{-0.015}^{-0.005}$	配合情况	
				最小过盈	最大过盈
1	红	$d = \phi28_{-0.0025}^{0}$	$D = \phi28_{-0.0075}^{-0.005}$	0.0025	0.0075
2	白	$d = \phi28_{-0.005}^{-0.025}$	$D = \phi28_{-0.01}^{-0.0075}$	0.0025	0.0075
3	黄	$d = \phi28_{-0.0075}^{-0.005}$	$D = \phi28_{-0.0125}^{-0.01}$	0.0025	0.0075
4	绿	$d = \phi28_{-0.01}^{-0.0075}$	$D = \phi28_{-0.015}^{-0.0125}$	0.0025	0.0075

从表 8-1 可看出，各组公差和配合性质与原来的要求相同。

采用分组选配法应当注意以下几点：

a. 为保证分组后各组的配合精度符合原设计要求，配合公差应当相等，配合件公差增大的方向应当相同，增大的倍数要等于以后分组数，如图 8-1（b）所示。

b. 分组不宜过多，以便避免零件的储存、运输及装配工作复杂化。

c. 分组后零件表面粗糙度及形位公差不能扩大，仍按原设计要求制造。

d. 分组后应尽量使组内相配零件数相等，如不相等，则可以专门加工一些零件与其相配。

分组装配法非常适合于配合精度要求很高、互配的相关零件只有两三个的大批大量生产。

③ 复合选配法。

此法是上述两种方法的复合。先将零件测量分组，装配时再在各对应组内凭工人的经验直接选择装配。这种装配方法的特点是配合公差可以不等，其装配质量高，速度较快，能满足一定生产节拍的要求。在发动机的气缸与活塞的装配中，多选用这种方法。

（3）修配法

预先选定某个零件为修配对象，并预留修配量，在装配过程中，根据实测结果，用锉、刮、研等方法，修去多余的金属，使装配精度达到要求，称为修配法。修配法的优点是能利用较低的制造精度来获得很高的装配精度。其缺点是修配工作量大，且多为手工劳动，要求较高的操作技术。此法只适用于单件小批量生产类型。

实际生产中，利用修配法原理来达到装配精度的具体方法很多。现将常用的几种方法介绍如下：

① 按件修配法。按零件修配装配时，对预定的修配零件，采用去除金属材料的办法改变其尺寸，以达到装配要求的方法称为按件修配法。例如车床主轴顶尖与尾架顶尖的等高性要求，是一项装配要求。首先确定尾架垫块为修配对象，预留修配量，装配时，通过刮研尾架垫块平面，改变其尺寸来达到等高性要求。

采用按件修配法时，首先要正确选择修配对象。要选择只与本项装配要求有关而与其他装配要求无关（尺寸链中的非公共环），且易于拆装及修配面积不太大的零件作修配对象。其次要运用尺寸链原理合理确定修配件的尺寸与公差，使修配量既足够又不过大。最后，还要考虑到有利于减少手工操作，尽可能采用电动或气动修配工具，以精刨代刮、精磨代刮等。

② 就地加工修配法。这种装配方法主要用于机床制造业中，在机床装配初步完成后，运用机床自身具有的加工手段，对该机床上预定的修配对象进行自我加工，以达到某一项或几项装配要求。

机床制造中，有些装配精度项目不仅要求很高，而且影响这些精度项目的零件数量又往往较多。零件的制造公差受到经济精度的制约，装配时由于误差的累积，某些装配精度就极难保证。因此，在零件装配结束后，运用自我加工的方法，综合消除装配累积误差，达到装配要求，就有十分重要的意义。例如牛头刨床要求滑枕运动方向与工作台面平行，影响这一精度要求的零件很多，就可以通过机床装配后自刨工作台来达到要求。其他如平面磨床自磨工作台面，龙门刨床自刨工作台面及立式车床自车转盘平面、外圆等也是如此。

③ 合并加工修配法。将两个或多个零件装配在一起后，进行合并加工修配，以减少累积误差，减少修配工作量，称为合并加工修配法。例如车床尾架与垫块，先进行组装，再对

尾架套筒孔进行最后镗，于是本来应由尾座和垫块两个高度尺寸进入装配尺寸链变成合并的一个尺寸进入装配尺寸链，从而减小了刮削余量。其他如车床溜板箱中开合螺母部分的装配，万能铣床上为保证工作台面与回转盘底面的平行度而采用工作台和回转盘的组装加工等，均是采用合并加工修配法。

合并加工修配法在装配中使用时，要求零件对号入座，给组织生产带来一定的麻烦。因此，该方法在单件小批生产中使用较为合适。

（4）调整法

用一个可调整零件，装配时或者调整它在机器中的位置，或者增加一个定尺寸零件如垫片、套筒等，以达到装配精度的方法，称为调整法。用来起调整作用的这两种零件，都起到补偿装配累积误差的作用，称为补偿件。

调整法应用很广。在实际生产中，常用的具体调整法有以下三种。

① 可动调整法。

该方法采用移动调整件位置来保证装配精度，调整过程中不需拆卸调整件，比较方便。实际应用例子很多。图8-2所示是常见的轴承间隙调整；图8-3（a）所示为机床封闭式导轨的间隙调整装置，压板1用螺钉紧固在运动部件2上，平镶条4装在压板1与支承导轨3之间，用带有锁紧螺母的螺钉5来调整平镶条的上下位置，使导轨与平镶条结合面之间的间隙控制在适当的范围内，以保证运动部件能够沿着导轨面平稳、轻快而又精确地移动；图8-3（b）所示为滑动丝杠螺母副的间隙调整装置，该装置利用调整螺钉使楔块上下移动来调整丝杠与螺母之间的轴向间隙。以上各调整装置分别采用螺钉、楔块作为调整件，生产中根据具体要求和机构的具体情况，也可采用其他零件作为调整件。

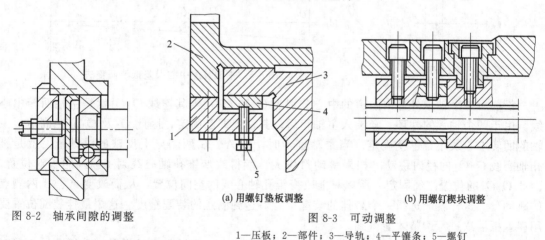

图 8-2　轴承间隙的调整

(a) 用螺钉垫板调整　　(b) 用螺钉楔块调整

图 8-3　可动调整

1—压板；2—部件；3—导轨；4—平镶条；5—螺钉

② 固定调整法。

该方法选定某一零件为调整件，根据装配要求来确定该调整件的尺寸，以达到装配精度。由于调整件尺寸是固定的，因此该方法称为固定调整法。

图8-4所示为固定调整法的实例。箱体孔中轴上装有齿轮，齿轮的轴向窜动量 A_Σ 是装配要求。可以在结构中专门加入一个厚度尺寸 A_Σ 的垫圈作调整件。装配时，根据间隙要求，选择不同厚度的垫圈垫入。垫圈预先按一定的尺寸间隔做好几种，如 4.1mm、4.2mm、…、5.0mm 等，供装配时选用。

调整件尺寸的分级数和各级尺寸的大小，应按装配尺寸链原理进行计算确定。

③ 误差抵消调整法。

通过调整某些相关零件误差的大小、方向使误差互相抵消，称为误差抵消调整法。采用这种方法，各相关零件的公差可以扩大，同时又能保证装配精度。下面以机床主轴装配时运用误差抵消调整为例来说明其原理。

图 8-5 所示是当机床主轴装配时，通过调整前后两支承抵消与主轴的误差，减少主轴锥孔轴心线径向圆跳动的实例。检验这项精度指标的方法，是用百分表测量插入主轴锥孔中的检验芯棒的径向跳动量。图 8-5 中所示检测点 A 靠近主轴轴端，检测点 B 距检测点 A 300mm。

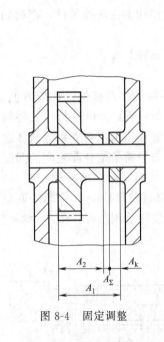

图 8-4　固定调整

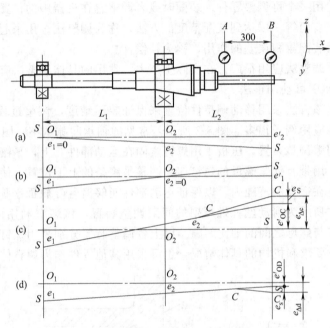

图 8-5　主轴装配中的误差抵消调整法

设前后两个轴承外环内滚道的中心分别为 O_2 和 O_1，则其连线 O_2O_1 就是主轴回转中心线。由于两个轴承的外环一经装入主轴箱后，其位置即已固定，因此 O_2 及 O_1 亦已固定，主轴的回转中心线跟着也就确定。当主轴旋转时，在 A、B 两测点上反映的跳动量，就是锥孔轴心线 O_2O_1 的径向跳动。如果跳动量较大，就得改变锥孔轴心线对 O_2O_1 的相对位置。因此 O_2O_1 的位置已经固定，所以只能改变锥孔轴心线的空间位置，从而改变 A、B 两测点的跳动量。这样就能选择一个最佳的装配位置，达到满意的装配精度。这个最佳装配位置要用误差抵消法进行调整才能得到。

造成锥孔轴心线 O_2O_1 不同轴误差 e_Δ 的因素有三个：主轴本身的误差，即锥孔轴心线对其支承轴颈中心线的不同轴误差 e_S；前后端两个轴承的误差，即轴承内环的内孔对其外滚道的不同轴误差 e_2 和 e_1。e_1、e_2 和 e_S 综合起来形成 e_Δ，在 A、B 两测点上反映出来。这三个因素对锥孔径向跳动的影响，分别用图 8-5 中的 （a）～（d）所示的四种情况来说明。为了说明方便，假设各个误差的方向在同一个面上。

图 （a）所示为只存在 e_2 时锥孔轴心线 S-S 的位置变化情况。所出现的同轴度误差 e_2' 按几何关系有：

$$e_2' = \frac{l_1 + l_2}{l_1} e_2 = A_2 e_2 \tag{8-3}$$

式中，A_2 为误差传递比。显然 $A_2 > 1$，误差扩大了。

图（b）所示为只存在 e_1 时引起的不同轴误差。同样按几何关系可得到：

$$e_1' = \frac{l_2}{l_1}e_1 = A_1 e_1 \tag{8-4}$$

式中，A_1 为误差传递比。一般情况下，$l_1 > l_2$，则 $A_1 < 1$，误差缩小。

图（c）所示为 e_1 与 e_2 同时存在但方向相反时的情况。此时主轴的不同轴误差为 $e_{OC}' = e_1' + e_2'$。若再计算 e_s 时，则有两种情况：当 e_s 与 e_{OC}' 同向时，合成误差为 $e_{\Delta C} = e_{OC}' + e_s$；反向则有 $e_{\Delta C}' = e_{OC} - e_s$。

图（d）所示为 e_1 与 e_2 同时存在而方向相同时的情况。此时主轴的不同轴误差为 $e_{OD}' = e_2' - e_1'$。若再计算 e_s，则也有 $e_{\Delta D} = e_{OD}' + e_s$ 及 $e_{\Delta D}' = e_{OD}' - e_s$ 两种情况。

对比图（a）和图（b），可知 $A_2 > A_1$，即前轴承比后轴承对主轴径向圆跳动的影响大。因此，主轴后轴承的精度可比前轴承低，通常可低 1~2 级。

对比图（c）和图（d），显然有 $e_{\Delta C} > e_{\Delta C}' > e_{\Delta D} > e_D$，如果能按 $e_{\Delta D}'$ 的情况进行调整，则可以使综合误差大大减小，从而提高了装配精度。而且由图（d）可以看出，提高轴承精度，即减少 e_1 时，对装配精度反而不利。

在实际装配中，可事先测量出前后两轴承的偏心大小和方向、主轴锥孔对其支承颈的偏心大小和方向，然后利用三个矢量的合成矢量有可能为 0，对照矢量合成图安装前后轴承和主轴，可使测量点的径向套跳动为 0。

在选择装配方法时，一般地说，应优先选用完全互换法；在生产批量较大、组成环又较多时，应考虑采用不完全互换法；在封闭环的精度较高、组成环的环数较少时，可以采用选配法；只有在应用上述方法使零件加工很困难或不经济时，特别是在中小批生产时，尤其是单件生产时才宜采用修配法或调整法。

在确定部件或产品的具体装配方法时，要认真地研究产品的结构和精度要求，深入分析产品及其相关零部件之间的尺寸联系，建立整个产品及各级部件的装配尺寸链。尺寸链建立后，可根据各级尺寸链的特点，结合产品的生产纲领和生产条件来确定产品的具体装配方法。

8.3 装配尺寸链

8.3.1 装配尺寸链的基本概念及其特征

产品或部件的装配精度与构成产品或部件的零件精度有着密切关系。为了定量地分析这种关系，将尺寸链的基本理论用于装配过程，即可建立起装配尺寸链。装配尺寸链是产品或部件在装配过程中，由相关零件的尺寸或位置关系所组成的封闭的尺寸系统。即由一个封闭环与若干个和封闭环关系密切的组成环组成。将尺寸链画出来就成了尺寸链简图。装配尺寸链虽然起源于产品设计中，但应用装配尺寸链原理可以指导制订装配工艺，合理安排装配工序，解决装配中的质量问题，分析产品结构的合理性等。

装配尺寸链是尺寸链的一种。它与一般尺寸链相比，除有共同的部分外，还具有显著的特点：

① 装配尺寸链的封闭环一定是机器产品或部件的某项装配精度，因此，装配尺寸链的封闭环十分明显。

② 装配精度只有机械产品装配后才能测量。因此封闭环只有在装配后才能形成，不具有独立性。

③ 装配尺寸链中的各组成环不是仅在一个零件上的尺寸，而是在几个零件或部件之间与装配精度有关的尺寸。

④ 装配尺寸链的形式较多，除常见的线性尺寸链外，还有角度尺寸链、平面尺寸链和空间尺寸链等。

8.3.2　装配尺寸链的建立

当运用装配尺寸链的原理去分析和解决装配精度问题时，首先要正确地建立起装配尺寸链，即正确地确定封闭环，并根据封闭环的要求查明各组成环。

如前所述，装配尺寸链的封闭环为产品或部件的装配精度。为了正确地确定封闭环，必须深入了解产品的使用要求及各部件的作用，明确设计者对产品及部件提出的装配技术要求。为正确查找各组成环，须仔细分析产品或部件的结构，了解各零件连接的具体情况。查找组成环的一般方法是：取封闭环两端的两个零件为起点，沿着装配精度要求的位置方向，以相邻件装配基准间的联系为线索，分别由近及远地去查找装配关系中影响装配精度的有关零件，直至找到同一个基准零件或同一基准表面为止。这样，各有关零件上直线连接相邻零件装配基准间的尺寸或位置关系，即为装配尺寸链中的组成环。组成环又分增环和减环。建立装配尺寸链就是准确地找出封闭环和组成环，并画出尺寸链简图。

图 8-6 所示为车床主轴与尾座套筒中心线不等高要求在垂直方向上，在机床检验标准中

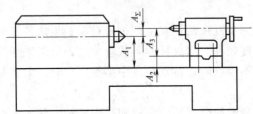

图 8-6　车床主轴与尾座套筒中心线不等高

规定为 $0 \sim 0.06$mm，且只许尾座高，这就是封闭环。分别由封闭环两端那两个零件，即主轴中心线和尾座套筒孔的中心线起，由近及远，沿着垂直方向可以找到三个尺寸——A_1、A_2 和 A_3，这三个尺寸直接影响装配精度，为组成环。其中 A_1 是主轴中心线至主轴箱的安装基准之间的距离，A_3 是尾座套筒孔中心至尾座体的装配基准之间的距离，A_2 是尾座体的安装基准至尾座垫板的安装基准之间的距离。A_1 和 A_2 都以导轨平面为共同的安装基准，尺寸封闭。图 8-6 为车床不等高尺寸链简图。

由于装配尺寸链比较复杂，并且同一装配结构中装配精度要求往往有几个，需在不同方向（如垂直方向、水平方向、径向和轴向等）分别查找，容易搅混，因此在查找时要十分细心。通常，易将非直接影响封闭环的零件尺寸拉入装配尺寸链，使组成环数增加，每个组成环可能分配到的制造公差减小，增加制造的难度。为避免出现这种情况，坚持下列两点原则十分必要：

（1）装配尺寸链的简化原则

机械产品的结构通常都比较复杂，对某项装配精度有影响的因素很多，在查找装配尺寸时，在保证装配要求的前提下，可略去那些影响较小的因素，从而简化装配尺寸链。

例如图 8-7 为车床主轴与尾座中心线等高示意图。影响该项装配精度的因素除 A_1、A_2、A_3 三个尺寸外还有：

e_1——主轴滚动轴承外圈与内孔的同轴度误差。

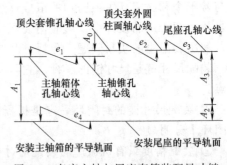

图 8-7　车床主轴与尾座套筒装配尺寸链

e_2——尾座顶尖套锥孔与外圆的同轴度误差。

e_3——尾座顶尖套与尾座孔配合间隙引起的向下偏移量。

e_4——床身上安装床头箱和尾座的平导轨间的高度差。

由于 e_1、e_2、e_3、e_4 的数值相对 A_1、A_2、A_3 的误差是较小的，因此装配尺寸链可简化。但在精密装配中，应计入对装配精度有影响的所有因素，不可随意简化。

（2）尺寸链组成的最短路线原则

由尺寸链的基本理论可知，在装配要求给定的条件下，组成环数目越少，则各组成环所分配到的公差值就越大，零件的加工就越容易和经济。在查找装配尺寸链时，每个相关的零、部件只能有一个尺寸作为组成环列入装配尺寸链，即将连接两个装配基准面间的位置尺寸直接标注在零件图上。这样，组成环的数目就应等于有关零、部件的数目，即一件一环，这就是装配尺寸链的最短路线（环数最少）原则。

图 8-8（a）所示齿轮装配轴向间隙尺寸链就体现了一件一环的原则。如果把图中的主轴尺寸标注成图 8-8（b）所示的两个尺寸，则违反了一件一环的原则，如轴以两个尺寸进入装配尺寸链，则显然会缩小各环的公差。

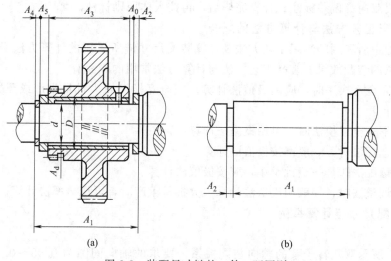

（a）　　　　　　　　　　　　（b）

图 8-8　装配尺寸链的一件—环原则

8.3.3　装配尺寸链的计算方法

尺寸链的计算方法有极值法和概率法两种。

① 极值法。

极值法的基本公式是：

$$T\Sigma \geqslant \sum T_i \tag{8-5}$$

有关计算式用于装配尺寸链时，常有下列几种情况：

"正计算"用于验算设计图样中某项精度指标是否能够达到，即装配尺寸链中的各组成环的基本尺寸和公差定得是否正确，在制订装配工艺规程时必不可少。

"反计算"就是已知封闭环，求解组成环；用于产品设计阶段，根据装配精度指标来计算和分配各组成环的基本尺寸和公差。这种问题解法多样，需根据零件的经济加工精度和恰当的装配工艺方法来具体确定分配方案。

"中间计算"常用在结构设计时，将一些难加工的和不宜改变其公差的组成环的公差先确定下来，其公差值应符合国家标准，并按入体原则标注。然后将一个比较容易加工或容易装拆的组成环作为试凑对象，这个环称为协调环。

② 概率法。

概率法的基本算式是：

$$T_\Sigma \geqslant \sqrt{\sum T_i^2} \tag{8-6}$$

极值法的优点是简单可靠。但其封闭环与组成环的关系是在极端情况下推演出来的，即各项尺寸要么是最大极限尺寸，要么是最小极限尺寸。这种出发点与批量生产中工件尺寸的分布情况显然不符，因此造成组成环公差很小，制造困难。在封闭环要求高、组成环数目多时，问题更严重。

从加工误差的统计分析中可以看出，加工一批零件时，尺寸处于公差中心附近的零件属多数，接近极限尺寸的是极少数。在装配中，碰到极限尺寸零件的机会不多，而在同一装配中的零件恰恰都是极限尺寸的机会就更为少见。所以应从统计角度出发，把各个参与装配的零件尺寸当作随机变量。

用概率法的好处在于放大了组成环的公差，而仍能保证达到装配精度要求。由于应用概率法时需要考虑各环的分布中心，算起来比较烦琐。因此在实际计算时常将各环改写成平均尺寸，公差按双向等偏差标注。计算完毕后，再按入体原则标注。

（1）装配工艺方法与计算方法的配合

机器装配中所采用的装配工艺方法及计算装配尺寸链所采用的计算方法必须密切配合，才能得到满意的装配效果。装配工艺方法与计算方法常用的匹配有：

① 采用完全互换法时，应用极值法计算。完全互换又属大批量生产或环数较多时，可改用概率法计算。

② 采用不完全互换法时，可用概率法计算。

③ 采用选配法时，一般都按极值法计算。

④ 采用修配法时，一般批量小，应按极值法计算。

⑤ 采用调整法时，一般用极值法计算。大批量生产时，可用概率法计算。

（2）装配尺寸链计算举例

例：

如图 8-9 所示双联转子泵的轴向装配关系，要求的轴向间隙为 0.05～0.15mm，$A_1 = 41$mm，$A_3 = 7$mm，$A_2 = A_4 = 17$mm，求各组成环的公差及偏差。

解：

本题属于"反计算"问题，各组成环公差可利用"相依尺寸公差法"进行计算。即选定一个"相依尺寸"，其选择原则前面已述。用"极值法"计算如下：

① 尺寸链计算。

a. 分析和建立尺寸链，尺寸链如图 8-10 所示。

封闭环的尺寸是 $A_\Sigma = 0^{+0.15}_{+0.05}$mm，验算封闭环的尺寸为：

$$A_\Sigma = \overrightarrow{A_1} - (\overleftarrow{A_2} + \overleftarrow{A_3} + \overleftarrow{A_4}) = [42 - (17 + 7 + 17)]\text{mm} = 0$$

各环的基本尺寸正确。

b. 确定各组成环公差

隔板 3 容易在平面磨床上磨削，精度容易达到，公差可以给小些，因此选定为协调件，其尺寸 A_3 就是"相依尺寸"。

因为 　　　　　　$T(A_\Sigma) = (0.15 - 0.05) = 0.1(\text{mm})$

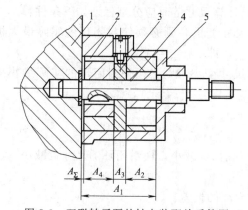

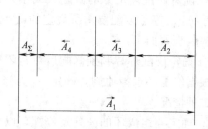

图 8-9　双联转子泵的轴向装配关系简图　　　　图 8-10　轴向装配尺寸链简图
1—机体；2—外转子；3—隔板；4—内转子；5—壳体

所以
$$T_{cp}(A_i) = \frac{T(A_\Sigma)}{n-1} = \frac{0.1}{5-1} = 0.025 \text{（mm）}$$

根据加工的难易程度调整各组成环的公差为：$T(\overrightarrow{A_1}) = 0.049\text{mm}$，$T(\overleftarrow{A_2}) = T(\overleftarrow{A_4}) = 0.018\text{mm}$。

计算"相依尺寸"公差为：

$$T(\overleftarrow{A_3}) = T(A_\Sigma) - [T(\overrightarrow{A_1}) + T(\overleftarrow{A_2}) + T(\overleftarrow{A_4})] = [0.1 - (0.04 + 0.018 + 0.018)] = 0.024 \text{(mm)}$$

在调整各组成环的公差时，可根据零件上各加工面的经济加工精度以及生产实践的经验进行。

② 计算"相依尺寸"偏差。

按单向入体原则确定各组成环偏差：$A_2 = A_4 = 17_{-0.018}^{\ \ 0} \text{mm}$，由于"相依尺寸"是减环，因此"相依尺寸" A_3 的偏差可由尺寸链计算公式求得：

$$B_s(\overleftarrow{A_3}) = -B_x(A_\Sigma) + B_x(\overrightarrow{A_1}) - B_s(\overleftarrow{A_2}) - B_s(\overleftarrow{A_4})$$
$$= (-0.05) + 0 - 0 - 0 = -0.05 \text{(mm)}$$

$$B_x(\overleftarrow{A_3}) = -B_s(A_\Sigma) + B_s(\overrightarrow{A_1}) - B_x(\overleftarrow{A_2}) - B_x(\overleftarrow{A_4})$$
$$= -0.15 + 0.049 - (-0.018) - (-0.018) = -0.065 \text{(mm)}$$

所以"相依尺寸"的偏差为 $A_3 = 7_{-0.065}^{-0.050} \text{mm}$。

B_x 为对应尺寸的下偏差，B_s 为对应尺寸的上偏差。

例：

车床的主轴与尾座锥孔的等高度计算，其尺寸链如图 8-11 所示。已知主轴轴心线到车床床身的距离 $A_1 = 202\text{mm}$，尾座高度 $A_3 = 156\text{mm}$，底板厚度 $A_2 = 46\text{mm}$，封闭环为主轴轴心线与尾座锥孔中心线的不等高度 $A_\Sigma = 0_{\ 0}^{+0.06} \text{mm}$，只允许尾座高。采用修配法进行计算。

解：

计算修配法装配尺寸链时应注意正确选择好修配环，在保证修配量足够且最小的原则下计算修配环尺寸。修配

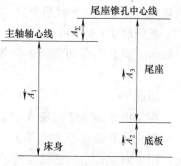

图 8-11　车床装配尺寸链

环被修配后对封闭环尺寸变化的影响有两种情况，计算尺寸链时应分别保证如下条件：

a. 随着修配环尺寸的修配（减小）而封闭环尺寸变大，则必须使封闭环的实际最大极限尺寸 A_{0max} 等于装配要求所规定的最大尺寸 A'_{0max}，即 $A_{0max}=A'_{0max}$。

b. 随着修配环尺寸的修配（减小）而封闭环尺寸变小，则必须使封闭环的实际最小极限尺寸 A_{0min} 等于装配要求所规定的最小尺寸 A'_{0min}，即：$A_{0min}=A'_{0min}$。

解题步骤如下：

① 确定修配环，判别修配后对封闭环的影响。

根据修配环选择原则，确定 A_2 为修配环，修配后 A_2 减小，使封闭环的尺寸也减小，属于第二种情况。

② 确定各组成环的公差及修配环以外的各组成环的偏差。

根据各种加工方法的经济精度确定各组成环的公差值（查工艺有关手册），并按对称分布标注除修配环以外各组成环的偏差。标注为：$A_1=(202\pm0.05)mm$，$A_3=(156\pm0.05)mm$，$T(A_2)=0.15mm$（精刨）。

③ 确定修配方法及最小修配余量。

如采用刮研法进行修配，则最小修配余量 $Z_n=0.15mm$（查表，或按经验确定）。

④ 计算最大的修配余量。

$$Z_k=\sum_{i=1}^{n-1}T(A_i)-T(A_\Sigma)+Z_n=[(0.1+0.1+0.15)-0.06+0.15]=0.44mm$$

式中，A_i 代表所有的组成环。

⑤ 计算修配环的偏差。

因为只允许后顶针高，所以当前后顶针中心线刚好重合时，$A_\Sigma=0$，最小修刮量为 0。此时若 A_3 处于最大极限尺寸，则 A_1、A_2 必处于最小极限尺寸。因而有下列等式：

$$A_{3max}=A_{1min}+A_{2min}$$

由此可求出 A_{2min}：

$$A_{2min}=A_{1max}-A_{3min}=202.05-155.95=46.10(mm)$$

因为 $T(A_2)=0.15mm$，所以 $A_2=46.1^{+0.15}_{0}=46^{+0.25}_{+0.1}$（mm）。

但是，这时修刮量为 0。为保证接触刚度，必须保证最小修刮量 0.15mm，则 A_2 需要加厚 0.15mm。即 $A_2=46.15^{+0.25}_{+0.1}=46^{+0.4}_{+0.4}$（mm）。

至此，各组成环基本尺寸及上、下偏差确定完毕。运用这些尺寸可以计算出最大修刮量为 0.44~0.50mm。这个数值对修刮加工来说偏大。

为了减少最大修刮量，可改用合并加工修配法，就是将尾架座与尾架垫板组装后镗削尾架套筒孔。此时 A_3、A_2 两个尺寸由一个合并加工尺寸 A_{32} 代替进入装配尺寸链，将原来的四环尺寸链变为三环尺寸链。

若仍取 $T(A_1)=0.1mm$，则 $A_1=(202\pm0.05)mm$。$A_{32}=202mm$，$T(A_{32})$ 亦取 0.1mm，其公差带布置需经计算确定。仍按前述算法，当中心线重合时，有：

$$A_{1max}=A_{32min}=202.05(mm)$$

因此 $\qquad A_{32}=202.05^{+0.1}_{0}=202.05^{+0.15}_{+0.05}$（mm）

再考虑到最小修刮量 0.15mm，则 $A_{32}=202.05^{+0.15}_{+0.05}=202^{+0.3}_{+0.2}$（mm）。

各尺寸及偏差确定完毕。按此，可算出最大修刮量为 0.29~0.35mm。与前面计算相比，刚好减少一个精刨的经济公差 0.15mm，这就是由合并加工修配法所得到的效果。

8.4　装配工艺的制定

将合理的装配工艺过程按一定的格式编写成书面文件，就是装配工艺规程。它是组织装配工作、指导装配作业、设计或改建装配车间的基本依据之一。

制订装配工艺规程与制订机械加工工艺规程一样，也需考虑多方面的问题。现就主要问题叙述如下。

（1）装配工艺规程的制订原则

① 确保产品的装配质量，并力求进一步提高。装配是机器制造过程的最后一个环节。采用不准确的装配，即使是高质量的零件，也会装出质量不高的机器。像清洗、去毛刺等辅助工作，看来无关大局，但缺少了这些工序也会危及整个产品。准确细致地按规范进行装配，就能达到预定的质量要求，并且还可以争取得到较大的精度储备，以延长机器使用寿命。

② 钳工工作尽量减少，努力降低手工劳动的比重。例如，做到合理安排作业计划与装配顺序，采用机械化、自动化手段进行装配等。

③ 尽可能缩短装配周期。最终装配与产品出厂仅一步之差，装配周期拖长，必然阻滞产品出厂，造成半成品的堆积，资金的积压。缩短装配周期对加快工厂资金周转、产品占领市场十分重要。

④ 节省装配面积，提高面积利用率。例如大量生产的汽车工厂，组织部件、组件平行装配，总装在强制移动的流水线上按严格的节拍进行，装配效率高，车间布置又极为紧凑，是一个好的典型。

（2）装配工作的基本内容

装配前后及装配过程中，有很多工作内容，主要有以下几方面：

① 清洗。进入装配的零件必须进行清洗。零件表面所黏附的切屑、油脂和灰尘等均会严重影响总装配质量和机器的使用寿命。清洗工作必须认真、细致。其工作的要点是选择好清洗液及其工艺参数。

② 刮削。刮削可以提高工件的尺寸和形状精度、降低表面粗糙度及提高接触精度。它需要熟练的技巧，劳动强度大，但它方便灵活，在装配和修理中仍是一种重要的工艺方法。例如机床导轨面、密封面、轴承或轴瓦、蜗轮齿面等处还较多采用刮削。刮削质量一般用涂色检验，也可用相配零件互研来检验。

③ 平衡。对转速高、运动平稳性又有较高要求的传动件，必须进行平衡。平衡分动平衡和静平衡两种。像飞轮、带轮一类直径大而轴向长度短的零件只需进行静平衡，轴向长度较长的零件则需进行动平衡。平衡要求高时，还必须在总装后用工作转速进行部件或整机平衡。可采用增减重量或改变在平衡槽中的平衡块的数量或位置的方法来达到平衡。

④ 过盈连接。过盈连接常用轴向压入法和热胀冷缩法。

⑤ 螺纹连接。螺纹连接除加工精度的影响外，与装配技术有很大关系。要确定好螺纹连接顺序、逐步拧紧的次数和拧紧力矩，预紧力要适度，可使用扭力扳手来控制。

⑥ 校正。校正是指各零件、部件间相互位置的校正、校平及有关的调整工作。校正工作常用的量具和工具有：平尺、角尺、水平仪等。也可采用有关的仪器仪表来校正。

此外，总装后的检验、试运转、油漆及包装等装配工作也很重要，应足够重视，并按有关规定及规范进行工作。

（3）制订装配工艺规程的步骤

制订装配工艺规程大致按下述步骤进行。

① 进行产品分析　产品的装配工艺必须满足设计要求，工艺人员应对产品进行分析。必要时会同设计人员共同进行分析。

a. 分析产品图样，即所谓读图阶段。通过仔细读图，熟悉装配的技术要求和验收标准。

b. 对产品的结构进行尺寸分析和工艺分析。所谓尺寸分析就是进行装配尺寸链的分析和计算，对产品图上装配尺寸链及其精度进行验算，在此基础上，确定保证装配精度的装配工艺方法并进行必要的计算；工艺分析就是对产品装配结构的工艺性进行分析，确定产品结构是否便于装配拆卸和维修。这就是所谓审图阶段。在审图过程中如发现属于设计结构上的问题或有更好的改进设计意见，应及时会同设计人员加以解决。必要时对产品图纸进行工艺会签。

c. 研究产品分解成"装配单元"的方案，以便组织平行、流水作业。

一般情况下装配单元可划分五个等级：零件、合件、组件、部件和机器。

零件——构成机器和参加装配的最基本单元。大部分零件先装成合件、组件和部件后再进入总装配。

合件——合件是比零件大一级的装配单元。下列情况属于合件。

• 若干个零件用不可拆卸连接法（如焊、铆、热装、冷压、合铸等）装配在一起的装配单元。

• 少数零件组合后还需进行加工，如齿轮减速器的箱体与箱盖、曲柄连杆机构的连杆与连杆盖等，都是组合后镗孔。零件对号入座，不能互换。

• 以一个基准件和少数零件组合成的装配单元。如图 8-12（a）所示。

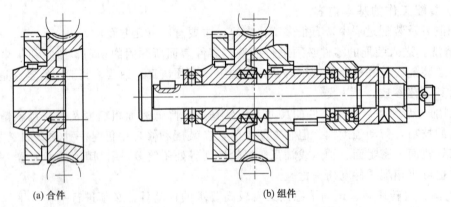

(a) 合件　　　　　　　　　　　(b) 组件

图 8-12　组合件和组件示意图

组件——一个或几个合件与若干个零件组合而成的装配单元。如图 8-12（b）所示结构即属于组件，其中蜗轮与齿轮为一个先装好的合件，阶梯轴为一个基准零件。

部件——一个基准零件和若干个零件、合件和组件组合而成的装配单元。

机器——由上述各装配单元组合而成的整体。

图 8-13 所示装配单元划分的方案，称为装配单元系统示意图。从图中可以看出，同一级的装配单元在进入总装前互相独立，可以同时平行装配。各级单元之间可以流水作业。这对组织装配、安排计划、提高效率和保证质量均是十分有利的。

② 确定装配的组织形式　装配的组织形式根据产品的批量、尺寸和重量的大小分固定式和移动式两种。固定式的工作地点不变。移动式又分间歇移动和连续移动，其工作地点随

着小车或运输带而移动。单件小批、尺寸大、重量重的产品用固定装配的组织形式，其余用移动装配的组织形式。

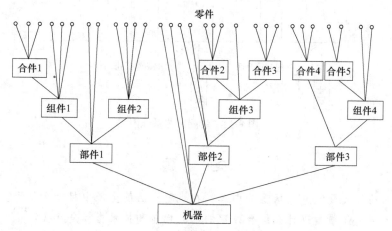

图 8-13 装配单元系统图

装配的组织形式确定以后，装配方式、工作点的布置也就相应确定。工序的分散与集中以及每道工序的具体内容也根据装配的组织形式而确定。固定式装配工序集中，移动式装配工序分散。

③ 拟定装配工艺过程 装配单元划分后，各装配单元的装配顺序应当以理想的顺序进行。这一步中应考虑的内容有以下几项：

a. 确定装配工作的具体内容。根据产品的结构和装配精度的要求可以确定各装配工序的具体内容。

b. 确定装配工艺方法及设备。为了进行装配工作，必须选择合适的装配方法及所需的设备、工具、夹具和量具等。当车间没有现成的设备及工、夹、量具时，还得提出设计任务书。所用的工艺参数可参照经验数据或经试验或计算确定。

c. 确定装配顺序。各级装配单元装配时，先要确定一个基准件进入装配，然后根据具体情况安排其他单元进入装配。如车床装配时，床身是一个基准件先进入总装，其他的装配单元再依次进入装配。

从保证装配精度及装配工作顺利进行的角度出发，安排的装配顺序为：先下后上，先内后外，先难后易，先重大后轻小，先精密后一般。

d. 确定工时定额及工人的技术等级。目前装配的工时定额都根据实践经验估计。工人的技术等级并不作严格规定，但必须安排有经验的技术熟练的工人在关键的装配岗位上操作，以把好质量关。

④ 编写工艺文件 装配工艺规程设计完成后，以文件的形式将其内容固定下来就是工艺文件，也称之为工艺规程。其主要包括的内容有：装配图（产品设计的装配总图）、装配工艺系统图、装配工艺过程卡片或装配工序卡片、装配工艺设计说明书等。

装配工艺规程中的装配工艺过程卡片和装配工序卡片的编写方法与机械加工的工艺过程卡和工序卡基本相同。在单件小批生产中，一般只编写工艺过程卡，对关键工序才编写工序卡。在生产批量较大时，除编写工艺过程卡外还需编写详细的工序卡及工艺守则。

在装配单元系统图上，补充工作内容操作要点等文字注解后，就成为了工艺系统图，如图 8-14 所示。它对指导装配、分析和编制工艺规程十分有利。

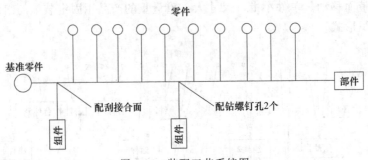

图 8-14　装配工艺系统图

习　题

1. 什么叫机器装配？它包括哪些内容？在机器产品的生产中起什么作用？

2. 机器产品的质量是以什么综合评定的？其性能和技术指标是什么？

3. 机器产品的装配精度与零件的加工精度、装配工艺方法有什么关系？

4. 举例说明各种生产类型下装配工作的特点。

5. 什么叫装配尺寸链？它与一般尺寸链有什么不同？

6. 装配尺寸链如何查找？查找时应注意些什么？

7. 装配尺寸链有什么用处？装配尺寸链的计算方法有几种？

8. 如图 8-15 所示，在溜板与床身装配前有关组成零件的尺寸分别为：$A_1 = 46_{-0.04}^{0}$ mm，$A_2 = 30_{0}^{+0.03}$ mm，$A_3 = 16_{-0.03}^{+0.06}$ mm。试计算装配后，溜板压板与床身下平面之间的间隙 A_Σ。试分析当间隙在使用过程中，因导轨磨损而增大后如何解决。

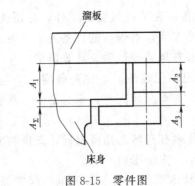

图 8-15　零件图

9. 什么叫装配工艺规程？包括的内容是什么？有什么作用？

10. 制订装配工艺规程的原则及原始资料是什么？

11. 简述制订装配工艺的步骤。

12. 保证产品精度的装配工艺方法有哪几种？各用在什么情况下？

第 9 章

汽车维修钳工基础

（1）知识目标

掌握简单手工工具、测量、锯、锉、凿等基本知识。

了解下料、弯曲、整平、卷边的基本知识。

（2）能力目标

掌握使用手工工具、简单测量量具的基本技能。

掌握锯、锉、凿、下料、弯曲、整平、卷边等基本技能。

（3）素养目标

具备汽车机械维修的职业素养。

9.1 汽车维修常用手工工具

手工工具在整个维修过程中，使用得非常频繁：松开和拧紧螺栓、螺母与零件；压紧某物体或在某物体上打标记；调整或更换等。常用手工工具的使用方法如下。

9.1.1 开口扳手

开口扳手用于松开或拧紧螺栓和螺母。使用时必须注意以下几点：

① 使用适合螺母螺栓尺寸的扳手，即螺母螺栓要与扳手的开口完全匹配，如图 9-1 所示。

| 尺寸不正确 | 夹紧不正确 | 正确 |

图 9-1 开口扳手与螺母的配合

② 扳手开口与其柄成 15°倾斜，所以可以在倒置的狭小空间内使用，如图 9-2 所示。

③ 用扳手松开或拧紧螺母或螺栓时，总将扳手朝自己方向扳动。如果推力过大，工具可能会从手上滑掉而造成损坏或伤害到操作者。如果因某种原因必须推扳手，要用手掌推，以免有滑落的危险（此注意事项适用于类似的工具，如梅花扳手、套筒扳手等），如图 9-3 所示。

④ 不能将另一工具放在开口扳手的开口端使其加长，也不能用锤子敲击扳手来提供更大的力量。如果必须使用更大的力去松开或拧紧螺母或螺栓，应改用梅花扳手或套筒扳手，如图 9-4 所示。

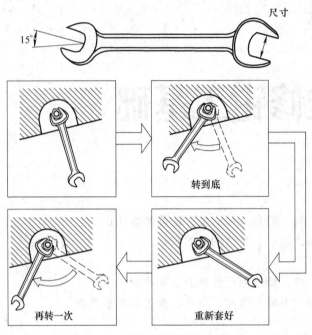

图 9-2　开口扳手的适用场所

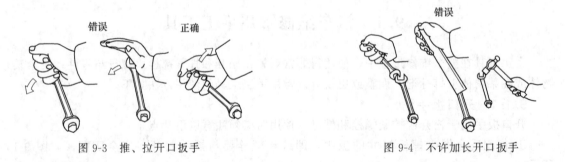

图 9-3　推、拉开口扳手　　　　　　　　　图 9-4　不许加长开口扳手

9.1.2　梅花扳手

梅花扳手用于松开或拧紧螺栓和螺母。与开口扳手不同，梅花扳手在 6 个面上同时贴紧螺母和螺栓，当需要大的力拧紧或松开时，更牢固而不易滑落。使用时必须注意以下几点：

① 梅花扳手工作起来比开口扳手慢，只在最初和最后使用梅花扳手来转动。

② 选用尺寸合适的梅花扳手（尺寸规格见图 9-5），使用时须与螺栓或螺母的周边完全贴合，并确认扳手端部与螺母或螺栓头部平行，勿用锤子敲击扳手，如图 9-6 所示。

9.1.3　成套套筒扳手

套筒扳手由不同形式的手柄和连接杆组合而成（图 9-7），能安全、迅速地在位置很困难的地方使用。使用时必须注意以下点：

① 选用尺寸合适的套筒，须与螺栓或螺母的周边完全贴合，如图 9-8 所示。

② 用一个套筒接头将套筒接到连接杆上，该接头要精确地适合方形驱动头的尺寸，如图 9-9 所示。

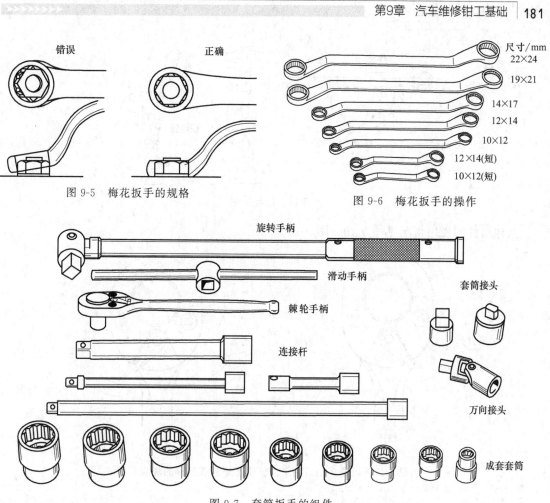

错误　　　　正确

图 9-5　梅花扳手的规格

尺寸/mm
22×24
19×21
14×17
12×14
10×12
12×14(短)
10×12(短)

图 9-6　梅花扳手的操作

旋转手柄
滑动手柄
棘轮手柄
套筒接头
连接杆
万向接头
成套套筒

图 9-7　套筒扳手的组件

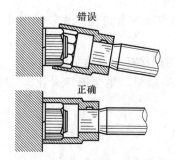

错误

正确

图 9-8　套筒与螺母的配合

方形驱动头尺寸

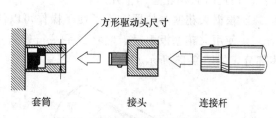

套筒　　　接头　　　连接杆

图 9-9　套筒与方形驱动头的连接

图 9-10　连接杆与万向接头

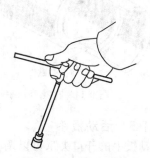

图 9-11　T 形连接杆

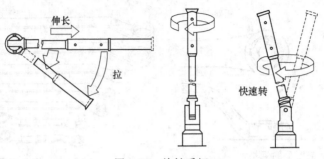

图 9-12   旋转手柄

其他组件的使用情况见图 9-10～图 9-13。

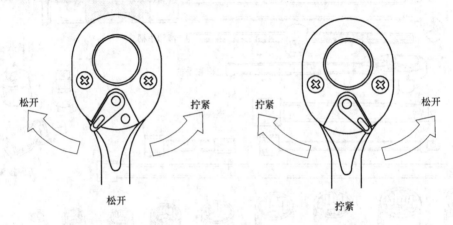

图 9-13   棘轮手柄适用于需要快速拧紧或松开的场合

9.1.4   火花塞扳手

火花塞扳手适用于装卸火花塞，这些扳手有磁性，故可稳定火花塞以便操作，如图9-14所示。使用时必须注意以下几点：

① 根据火花塞的位置，为了便于操作可以使用一定长度的连接杆和棘轮手柄。

② 使用火花塞扳手时，应将扳手平行套入火花塞中，如果倾斜，则会损坏火花塞绝缘体部分，如图 9-15 所示。

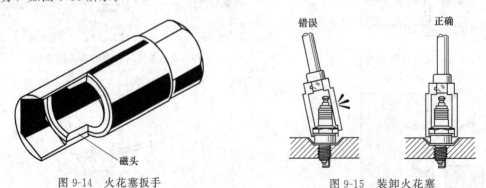

图 9-14   火花塞扳手

图 9-15   装卸火花塞

9.1.5   活动扳手

活动扳手的开口夹爪可以调节，以适应不同尺寸螺母或螺栓的松开或拧紧，其结构见图9-16。使用时必须注意以下几点：

① 只有在没有适当开口扳手的情况下，才使用活动扳手，它也可以用于拧紧力要求较大的场合。

② 必须精确地调整夹爪开口与螺母或螺栓紧密配合，如果夹得太松会磨损螺栓或螺母，且不能扳动螺母或螺栓，见图9-17。

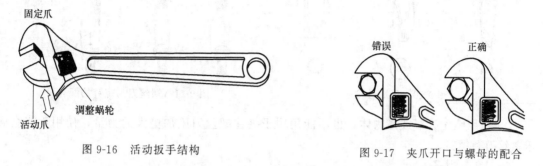

图9-16 活动扳手结构

图9-17 夹爪开口与螺母的配合

转动活动扳手使负荷作用在固定爪端，因为它能比活动爪承受更大的力，见图9-18。

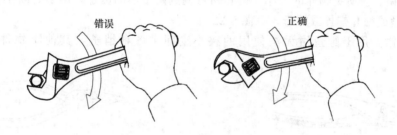

图9-18 活动扳手的使力

9.1.6 螺丝刀

用来松动或拧紧螺钉。螺丝刀末端有各种形状以配合不同的螺钉头。螺丝刀的形状和规格见图9-19，顶端形状见图9-20。使用时必须注意以下几点：

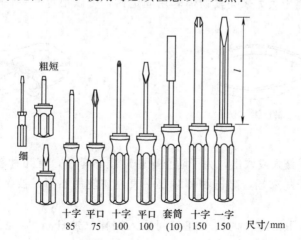

图9-19 螺丝刀的形状和规格

① 使用适当尺寸和形式的螺丝刀以精确地配合螺钉，握住螺丝刀时要垂直于螺钉，如图9-21所示。

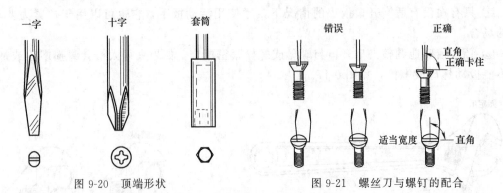

图 9-20　顶端形状　　　　　　　　图 9-21　螺丝刀与螺钉的配合

② 勿用螺丝刀撬或凿物体，也不能用钳子夹住螺丝刀施加更大的力量，使用不当会毁坏螺丝刀和螺钉。

9.1.7　钳子

钳子有多种形式可供选择，它主要用于握紧、转动物体和剪断钢丝。

① 鲤鱼钳。按所夹物体的大小，鲤鱼钳可调到两个不同位置，用于剪断钢丝、握紧等；切忌用于拧紧或松开螺栓或螺母，见图 9-22。

② 尖嘴钳。用于鲤鱼钳无法使用的狭小空间中各种销子与其他小物件的处理，见图9-23。

图 9-22　鲤鱼钳　　　　　　　　　　　　图 9-23　尖嘴钳

③ 斜口钳。斜口钳用于卡断电线或剥线，对拉拔开口销也很有用；切忌用斜口钳来剪弹簧，见图 9-24。

④ 固定钳。当需极大力来夹紧物体时用固定钳，可以很容易夹住一个螺母或卸掉已损坏的螺栓，见图 9-25。

图 9-24　斜口钳　　　　　　　　　　　　图 9-25　固定钳

9.1.8　锤子

锤子用来将零件敲入或取出，为了防止敲击时损坏零件，有几种软头型锤子可供使用，见图 9-26。握住锤子的末端，敲击物体时要平直。如使用不当，被敲击表面很容易形成蘑菇状。

当用锤子敲入或取出零件时，可在其间插入铜棒（冲杆），以免损坏零件，如图 9-27 所示。

铜棒只用在修理手册上注明的地方，在专用的拆卸工具上一般不用。

9.1.9　垫片刮刀

当旧垫片拆下后，用垫片刮刀来清除垫片下面的表面，如图 9-28 所示。

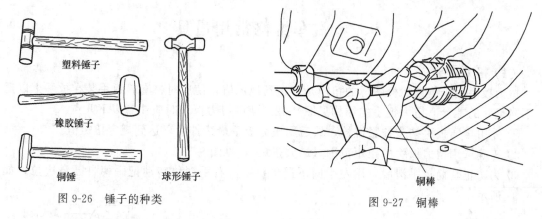

图 9-26 锤子的种类

图 9-27 铜棒

使用刮刀时,应使刮刀刃部与被刮的表面平面接触而不成角度;须小心使用刮刀以免损坏零件,尤其是诸如铝合金等较软材料。

9.1.10 部分专用工具

一般的手动工具无法满足全部公众的需要,且可能毁坏零件或花费较长时间,因而设计了维修专用工具来纠正这些缺点。

① 拆卸工具与安装工具。拆卸工具用于拆卸轴承油封和衬套,而安装工具用来安装这些零件,两者都有附属工具用以适合不同尺寸的零件,如图 9-29 所示。

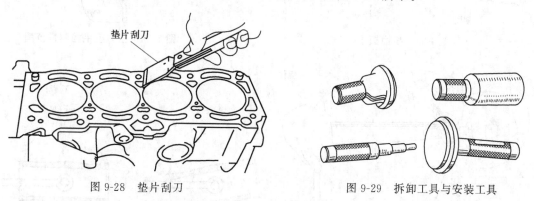

图 9-28 垫片刮刀

图 9-29 拆卸工具与安装工具

② 拉具。拉具主要用来拆卸齿轮和轴承,拉具的螺纹可产生所需的极大拉力。拉具的种类很多,如齿轮拉具、皮带轮座拉具、轴承拉具、转向盘拉具、转向臂拉具等,如图9-30所示。

③ 专用扳手。专用扳手有很多种类,每一种扳手都有不同的功能,例如差速器侧向轴承调整螺母扳手和机油滤清器扳手,如图 9-31 所示。

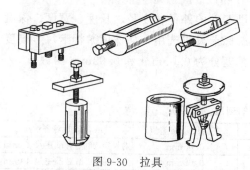

图 9-30 拉具

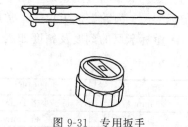

图 9-31 专用扳手

9.2 汽车维修常用量具

（1）扭力扳手

扭力扳手用于测量螺栓螺母的扭矩是否达到规定值，使用时将套筒扳手装在扳手上以适合不同尺寸的螺栓。扭力扳手的结构见图 9-32。使用扭力扳手时应注意以下几点：

① 先用普通扳手初步拧紧螺栓，然后用扭力扳手最终拧紧，达到规定扭矩值。

② 正确选用扭力扳手的扭矩范围（最大扭矩），见图 9-33。

③ 为防止套筒扳手滑脱，用左手向下握住扳手，右手握住转动把手朝自己身边拉，如图 9-34 所示。

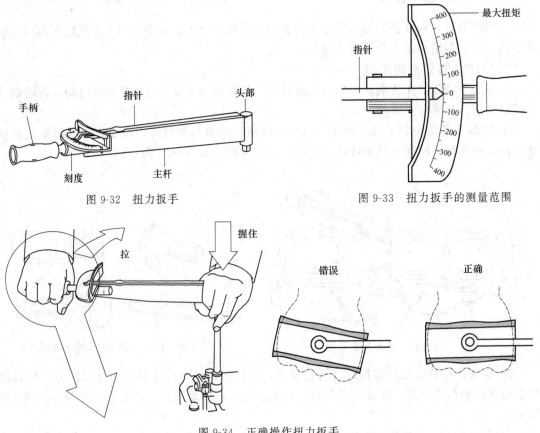

图 9-32 扭力扳手

图 9-33 扭力扳手的测量范围

图 9-34 正确操作扭力扳手

（2）游标卡尺

游标卡尺是一种具有中等精度的量具，可以测量工件的外径、内径、长度、宽度、深度和孔距。根据测量用途的不同，有多种不同构造的游标卡尺供选用，如深度游标卡尺、高度游标卡尺、齿轮游标卡尺等。常用游标卡尺按测量精度分为 0.05mm 和 0.02mm 两种。

游标卡尺的刻度及精度如表 9-1 所示。

表 9-1 游标卡尺的刻度

项 目	主尺刻度	副尺刻度	主副尺每格差值	两爪合拢时对齐情况
0.05mm 精度	每一小格 1mm	每一小格 0.95mm	0.05mm	副尺第 20 格对准主尺 19mm
0.02mm 精度	每一小格 1mm	每一小格 0.98mm	0.02mm	副尺第 50 格对准主尺 49mm

使用时，把工件放入两个张开的卡脚中，必须贴靠在固定卡脚上，然后用轻微的压力把活动卡脚推过去。当两个卡脚的量面已和工件均匀贴靠时，即可从游标卡尺上读出工件的尺寸，如图 9-35 所示。正确的使用方法是：如图 9-36（a）所示，先把固定卡脚贴靠工件，然后移动活动卡脚，轻压到工件上去。必须先使工件的运动停下后，才可以用游标卡尺量尺寸；在机器上工作要注意有发生事故的危险。决不可把已固定好开口的游标卡尺用一只手硬卡到工件上去，如图 9-36（b）所示，这样会使卡脚弯曲，量面磨耗，降低游标卡尺的精确度。

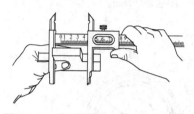

图 9-35 正确使用游标卡尺测量工件

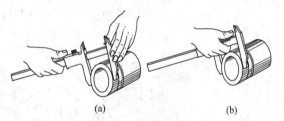

图 9-36 游标卡尺的使用

（3）深度游标卡尺

深度游标卡尺如图 9-37 所示，用来测量工件上槽和孔的深度，用深度游标卡尺上的游标可以读出 1/10mm 精度的深度尺寸。用这种尺的舌尖，可以测量零件小孔的深度。

（4）千分尺

在精密测量时可使用千分尺（也称分厘卡，如图 9-38 所示），测量的准确度可达 1/100mm。螺杆的一端是活动测量杆，另一端装有摩擦棘轮。调节手轮通过摩擦力使棘轮旋转，带动螺杆同时转动，直到活动测量杆的顶面压在工件上超过了容许压力时，螺杆就会停止转动。这时如果继续旋转调节手轮，棘轮会因打滑发出响声，表示已经到头了，从而保证测量的准确性。

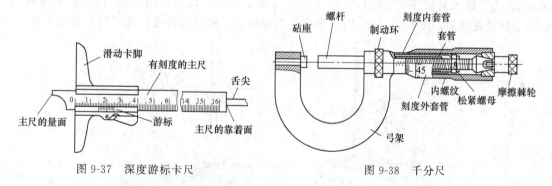

图 9-37 深度游标卡尺

图 9-38 千分尺

千分尺还有多种其他测量范围的规格：每种规格的量程都是 25mm，不同的是最小测量尺寸以 25mm 的整数倍为单位分级，随着测量尺寸增大，对结构刚性要求也越大。读数举例如图 9-39 所示。

（5）千分表

千分表可用于检验各种正在加工的以及已经完成的制品的制造准确度。此外还可以检验机器的有关精度，例如导轨的平行度和各种轴的圆柱度等。

千分表有多种形式：常用的如图 9-40 所示。图 9-40（a）所示每格刻度相当于 1/100mm，指针转一周相当于 1mm，量度范围为 10mm，有公差标志；图 9-40（b）所示每格刻度相当于 1/100mm，指针转一周相当于 1mm，量度范围为 5mm，有抬高触杆用的掀

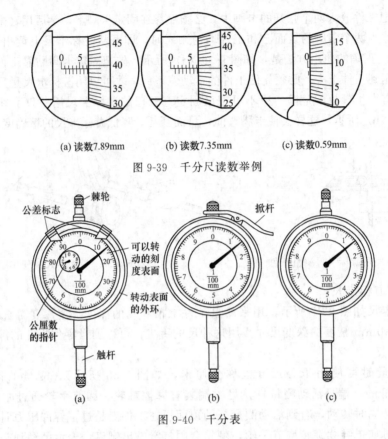

(a) 读数7.89mm　　(b) 读数7.35mm　　(c) 读数0.59mm

图 9-39　千分尺读数举例

图 9-40　千分表

杆；图 9-40（c）所示每格刻度相当于 1/100mm，指针转一周相当于 1mm，量度范围为 10mm。为了使千分表在使用时稳定可靠，在检验工件时应该用如图 9-41（a）所示附有平台的千分表夹持架。图 9-41（b）所示千分表夹持架用于机器的检验，也可用来检验工件。

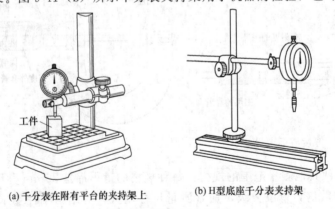

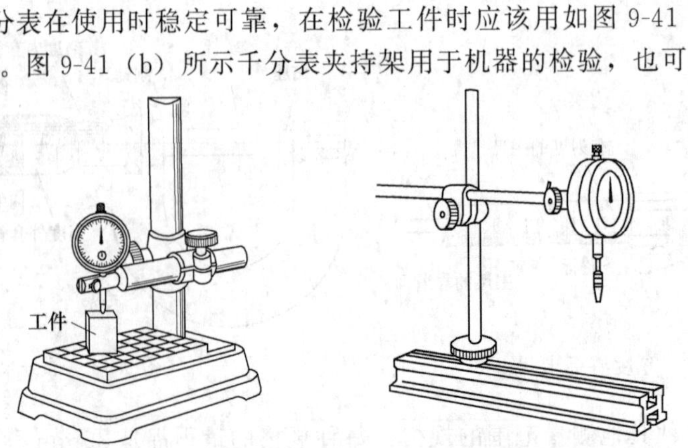

(a) 千分表在附有平台的夹持架上　　(b) H型底座千分表夹持架

图 9-41　千分表的使用

（6）内径百分表

内径百分表如图 9-42（a）所示，它是用来测量深孔或深沟槽底部尺寸的，其工作原理如图 9-42（b）所示。在测量头端部有一可换端头。另一端有一测量杆，测量内孔时，孔壁使测量杆向左移动而推动摆块；摆块把活动杆向上推，从而推动百分表测量杆，这样，百分表的指针就会指出读数。测量完毕后，在弹簧的作用下，量杆回到原位。用内径百分表测量内孔时，需要调换测头，使可换测头与测量杆之间的距离等于孔径的基本尺寸，然后将百分表对零（应使表有半圈压缩量）。对表时，应与外径千分尺配合。将测量杆放入被测孔中，使测杆稍作摆动，找出轴向最小值和圆周方向最大值，此值就是工件的直径。测量结果的判断方法是：如果指针正好指在"0"刻度线，则说明孔径等于被测孔基本尺寸；如果指针顺时针偏离零位，则表示被测孔径小于基本尺寸；如果指针逆时针偏离零位，则表示被测孔径大于基本尺寸，并且用表的读数与被测量尺寸的公差进行比较，判断被测尺寸是否超出公差范围。

内径百分表还可测量孔的圆度和锥度以及槽两侧面的平行度等。要获得具体尺寸，必须与外径千分尺或套规配合使用。

（7）内卡钳和外卡钳

内卡钳和外卡钳如图 9-43 所示。用卡钳测量工件时，要有敏锐的感觉。因为卡钳的构造很轻小，即使很小的压力亦足以使卡钳脚产生弹性变形，所以测量的结果就不会准确。用卡钳有两种目的：一是量出工件上的未知尺寸；二是校验成品的尺寸是否准确。测量时应遵循以下三个步骤：

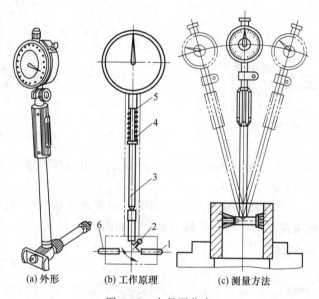

(a) 外形　　　　(b) 工作原理　　　　(c) 测量方法

图 9-42　内径百分表

1，6—摆块；2—活动量杆；3—表杆；4—弹簧；5—测量杆

① 调整卡钳开口的开度。

② 用卡钳量工件。

③ 把卡钳的开口移到尺上读出尺寸。

测量内孔直径的方法如图 9-44 所示；测量外圆柱直径的方法如图 9-45 所示。

轻握已调整好开口的卡钳，小心地放进孔内，将下面的卡钳脚放在孔壁上，用上面的卡钳脚量出最大的孔径；测量外圆时，将卡钳只靠本身的重力从工件上滑下去，手握着卡钳的铰链部分，要有敏锐的感觉，确定测量出外圆的最大直径。

（8）塑料内隙规

塑料内隙规通常用于测量曲轴轴颈、连杆轴颈和轴承内的油隙。它是厚度均匀的线状塑料，装在纸封套内。下面以测量曲轴轴承的油隙为例说明其使用方法：

① 将手、连杆轴颈和轴承擦干净。

② 根据轴承宽度撕下适当长度的塑料量规封套。

③ 小心将塑料间隙规从封套包装内取出，横置于曲轴背上，如图 9-46 所示。

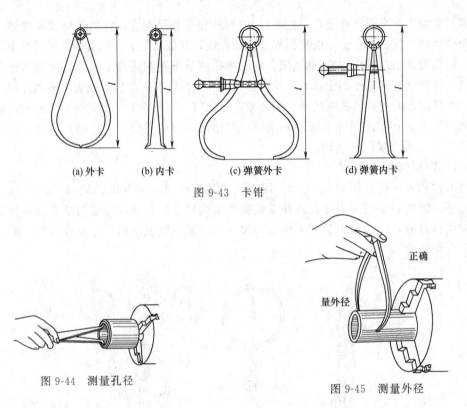

(a) 外卡　(b) 内卡　(c) 弹簧外卡　(d) 弹簧内卡

图 9-43　卡钳

图 9-44　测量孔径

图 9-45　测量外径

④ 量规保持在该位置，将轴承盖放在连杆轴颈上，用力拧紧螺栓至规定扭矩（切勿转动曲轴），如图 9-47 所示。

⑤ 拆下轴承盖，用印在塑料规封套上的刻度尺测量被压扁的塑料间隙规的宽度，若沿塑料规扁平方向上的宽度不均，则测其最宽部分，如图 9-48 所示。

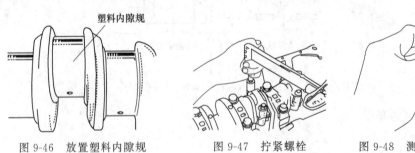

图 9-46　放置塑料内隙规　　　图 9-47　拧紧螺栓　　　图 9-48　测量塑料间隙规的宽度

（9）厚度量规（塞尺）

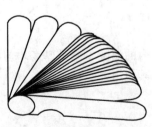

图 9-49　厚度量规（塞尺）

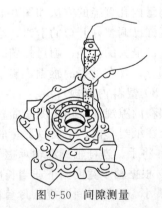

图 9-50　间隙测量

厚度量规（塞尺）用来测量零件之间的间隙。它由许多薄钢片组成，一般钢片厚度范围从 0.03mm 到 1.00mm，每片上均标出厚度值，如图 9-49 所示。

用塞尺测量零件之间的间隙方法如图 9-50 所示，选择厚度合适的钢片插入被测零件之间的间隙内，若钢片进出容易，则用较厚的钢片重新插入，直至拉出钢片时感到有些阻力为止。此钢片的厚度即为零件间的间隙。

9.3 划 线

零件加工前，按照图纸，在零件的毛坯或半成品的表面准确地作出切割界线、定位标记，称为划线。划线的作用是多方面的，主要有以下两条：

① 通过划线可以检查毛坯是否正确。

② 确定零件表面各要素的相对位置、各表面的加工余量，使机械加工有明确的标志。

9.3.1 常用划线工具

（1）常用划线工具的使用及注意事项

① 划针。普通划针是工具钢做的，经淬火，并回火至 600℃ 左右，见图 9-51。

② 钢直尺。钢直尺如图 9-52 所示。

图 9-51 划针   图 9-52 钢直尺

③ 样冲。样冲如图 9-53 所示。工具钢样冲的尖端通常需要淬火，以保证样冲尖部有足够的硬度，并提高其耐磨性。按照尖端角度的大小，样冲可分为划线样冲和錾孔样冲。

④ 钳工锤。钳工锤的质量要与所划线的工作相适应，锤头要固定牢固，如图 9-54 所示。

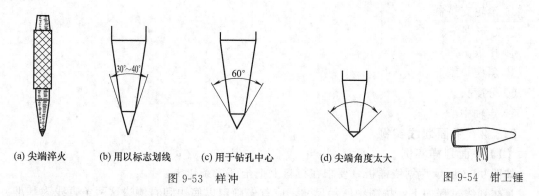

(a) 尖端淬火　(b) 用以标志划线　(c) 用于钻孔中心　(d) 尖端角度太大

图 9-53 样冲   图 9-54 钳工锤

⑤ 划线圆规。钳工使用的圆规，主要用于作圆弧和取等分线，常用的是尖脚圆规。通常要求圆规两脚上部合起来的半活动铰链的铆接部位，在调整圆规开角大小时，应使两个转动面之间有足够的摩擦，以免松动，如图 9-55 所示。

⑥ 中心塞块。中心塞块是对中心是空洞的零件找圆心用的。划线时在孔中装入中心塞块，就可在塞块上找出孔的中心，以便于作出与此圆心有关各种尺寸的圆。中心塞块可以是木块，也可以是铅条，精度要求较高的可以是专用的塞块。

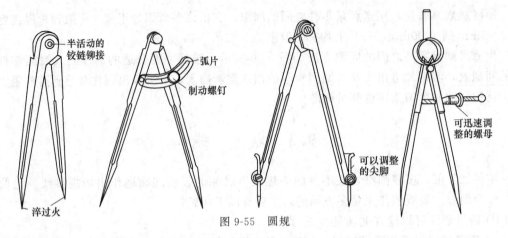

图 9-55 圆规

⑦ 各类样板。如反映零件表面几何形状的截面样板：横截面样板、纵截面样板等，零件的几何结构不同，其样板的形状也不同。

（2）主要用于立体划线的工具

立体划线除了需要平面划线所需的工具外，还需要以下工具：

① 钳工桌。

② 划线平台。

③ 划针盘。

④ 量高尺。

⑤ 高度游标尺。

⑥ 平行垫块。

⑦ 方箱。

⑧ V形铁。

⑨ 千斤顶。

⑩ 直角铁。

⑪ 滚轮支持器。

⑫ C形夹头。

⑬ 压板。

⑭ 斜楔垫铁。

⑮ 分度头。

⑯ 定轴中心。

9.3.2 平面划线实例

（1）平面划样实例

如图 9-56 所示为划线样板，要求在板料上把全部线条作出。

具体划线过程如下：按图中所示尺寸，应首先确定以底边和右侧边这两条直线为基准。

① 沿板料边缘作两条垂直基准线。

② 作尺寸 42mm 水平线。

③ 作尺寸 75mm 水平线。

④ 作尺寸 34mm 垂直线。

⑤ 以 O_1 为圆心，R78mm 为半径作弧并截取 42mm 水平线得 O_2 点，通过 O_2 点作垂直线。

⑥ 分别与 O_1、O_2 点为圆心、以 $R78mm$ 为半径作弧相交得 O_3 点，通过 O_3 点作水平线和垂直线。

⑦ 通过 O_2 点作 45°线，并以 $R40mm$ 为半径截取获得小圆的圆心。

⑧ 通过 O_3 点作与水平线成 20°线，并以 $R32mm$ 为半径截取获得另一小圆的圆心。

⑨ 作与 O_3 垂直线距离为 15mm 的垂直线，并以 O_3 为圆心、$R52mm$ 为半径作弧截取获得 O_4 点。

⑩ 作尺寸 28mm 水平线。

⑪ 按尺寸 95mm 和 115mm 作出左下方的斜线。

⑫ 作出 $\phi32mm$、$\phi80mm$、$\phi52mm$、$\phi38mm$ 圆周线。

⑬ 把 $\phi80mm$ 圆周按图作三等分。

⑭ 作出五个 $\phi12.0mm$ 圆周线。

⑮ 以 O_1 为圆心、$R52mm$ 为半径作圆弧，并以 $R20mm$ 为半径作相切圆弧。

⑯ 以 O_3 为圆心、$R47mm$ 为半径作圆弧，并以 $R20mm$ 为半径作相切圆弧。

⑰ 以 O_4 为圆心、$R20mm$ 为半径作圆弧，并以 $R10mm$ 为半径作两处的相切圆弧。

⑱ 以 $R42mm$ 为半径作右下方的相切圆弧。

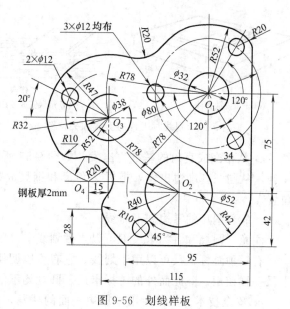

图 9-56　划线样板

在划线过程中，找出圆心后打样冲眼，以使用圆规作圆弧；在划线交点以及划线上按一定间隔也要打样冲眼，以保证加工界限清楚可靠和便于质量检查。对于表面经过磨削加工过的精密工件，也可以在划线后不打样冲眼。

（2）划线操作基本方法及注意事项

划线前的准备工作：

① 读懂图纸，搞清用途，明确技术要求。

② 初检毛坯，将那些有明显缺陷的报废毛坯清除。

③ 清理工件，去除铸件上的浇冒口、披锋、表面粘砂、毛刺等。

④ 给工件涂色并在毛坯孔中装上中心塞块。

由于需要划线的工件表面情况不同，有的颜色太深，有的表皮硬，有的已经加工过，为了使划出的线能够看得清楚，在划线前必须进行不同的准备工作，如在工件表面上涂上显示剂等。

（3）工件的夹持与线条的划法

① 划线时工件的安放和夹持，如图 9-57（a）所示，打样冲眼时工件要放在金属平板上；如图 9-57（b）所示，不可以在不平的工作台上打样冲眼，否则工件会弹动而弯曲。正确安放和夹持工件，对于划线安全和划线准确性均有重要影响，必须重视。

② 基本线条的划法。钳工基本线条划法包括：平行线、垂直线、角度线、圆弧线、圆弧与圆弧相切（内切和外切）、圆弧与直线相切、等分圆周成任意等份、等角、等弦长等，这些内容在初中平面几何中均已学过，请参阅有关内容。

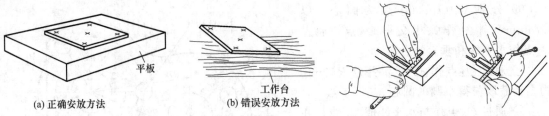

(a) 正确安放方法　　　　　　(b) 错误安放方法

图 9-57　划线时工件的安放和夹持图　　　　　图 9-58　从相交成直角的基准边划线图

a. 从相交成直角的基准边出发，如图 9-58 所示。

• 从同一基准边出发，把靠边角尺和钢尺放好按牢，这时角尺只用以保持钢尺的垂直位置。

• 靠着钢尺的零边划下短线。

注意：圆规和游标卡尺不可以当做划线卡尺用。

有一种游标卡尺可以用于划线。它有可以调换并且可以刃磨的钢尖脚，因此可以同划线卡尺一样使用。除此而外的游标卡尺、圆规均不能当成划针用于划线。

b. 安全技术。工件上用作靠边一面的棱角，必须去掉毛刺。在划线时手必须离开工件的边；工作完毕后带划线刀的划线卡尺、划针等锋利工具必须放在软的承托物上。

③ 在画出的线上打样冲眼，样冲的放置法如图 9-59 所示。

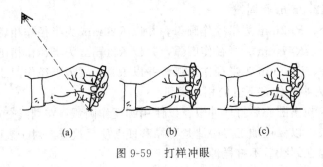

(a)　　　　　　(b)　　　　　　(c)

图 9-59　打样冲眼

a. 先把样冲斜着放到要打样冲眼的地方，同时手要放稳、着实工件。

b. 锤打前再把样冲竖直。

c. 如果手搁得不着实，则样冲不能保持稳当。为了使工件上已经划好的线，在以后的锉、钻、錾、锯等施工过程中不模糊，应在线上打样冲眼。为了让钻头在刚接触工件时能准确定位，也需要在要钻孔的中心打上样冲眼。

9.4　锯　　削

9.4.1　常用工具、仪器和设备

① 钢尺一把（长度为 150～300mm 较合适）。

② 工作场地、钳工桌、台虎钳等。

③ 划线工具一套。

④ 被加工零件若干个。

9.4.2　手工锯

（1）手工锯

手工锯的类型有固定式和可调整式两种，如图 9-60 所示。弓架是整体的弓锯为固定式弓锯，只能安装一种长度规格的锯条。可调整式弓锯的弓架分成两段，前段可以在后段中伸缩，可以安装几种长度规格的锯条，折断的锯条可以装入可调整式弓架中继续使用。另外，可调整式弓锯的手柄方便用力，所以目前被广泛使用。

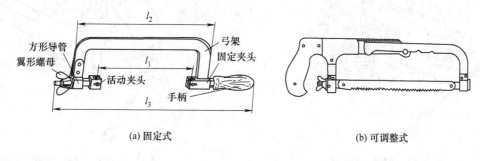

(a) 固定式　　　　　　　　　　　　　　　　(b) 可调整式

图 9-60　手工锯

（2）锯条

为了避免锯条在锯缝中被咬住，锯齿就被做成几个向左、几个向右的情况，形成波形（凹凸锯路）或折线形的锯齿排列，各个锯齿相当于一排同样形状的凿子。目前常用手工锯条的规格是长 300mm，宽 12～13mm，厚 0.64mm。锯条一般用碳素工具钢或合金钢制成，并经热处理淬硬。机用锯条长为 300～450mm，宽为 18～38mm，厚为 1.2～2mm。锯削的时候，要切下较多的锯屑，因此锯齿间要有较大的容屑空间。齿距大的锯条容屑空间大，称为粗齿锯条；齿距小的称为细齿锯条。齿距规格有 0.8mm、1mm、1.2mm、1.4mm、1.8mm 五种。锯条齿纹的粗细应根据所锯材料的硬度、厚薄来选择。锯削软材料或厚的材料时应该选用粗齿锯条，锯削硬材料或薄的材料时应该选用细齿锯条。

锯削薄料时若用粗齿锯条，则锯削量往往集中在一两个齿上，锯齿就会崩裂；而用细齿锯条就可以避免锯齿崩裂。一般锯削时至少要有三个齿同时工作。选择锯齿粗细、决定锯削方法时要考虑到这点。

通常，粗齿锯条用于锯削紫铜、青铜、铝、层压板、铸铁、低碳钢和中碳钢等；细齿锯条用于锯削硬钢、各种管子、薄板料、电缆、薄的角铁等。

9.4.3　台虎钳

中、小工件的锯割、錾削、锉削等工作，一般都在台虎钳上进行，所以应当了解台虎钳的构造，并做到正确地应用。

（1）台虎钳的种类及构造

台虎钳是夹持工件用的夹具，装在钳工台上。钳工常用的台虎钳有回转式和带砧座的固定式两种，如图 9-61、图 9-62 所示。台虎钳的大小是以钳口的宽度来表示的，一般在 100～150mm 之间。

（2）回转式台虎钳的构造

台虎钳主体用铸铁制成，由固定部分和活动部分组成。台虎钳的固定部分装在旋转盘座上。旋转盘座用螺钉固定在钳台上。螺杆通过活动部分伸入固定部分内，跟固定螺母相互旋合。摇动螺杆前端的手柄，使螺杆在固定螺母中旋出或旋进，带动活动部分移动，旋出时依靠弹簧的弹力使活动部分能平稳地移动。手柄按顺时针方向旋转钳口即合拢，按逆时针方向旋转钳口即张开。台虎钳上端咬口处为钢质钳口（经过淬硬），用螺杆固定在台虎钳体上，两钳口的平面上制有斜形齿纹，以便夹紧工件时不致滑动。夹持工件的精加工表面时，为了

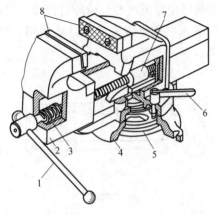

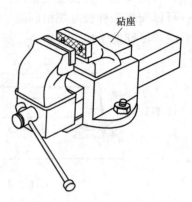

图 9-61　回转式台虎钳

1—手柄；2—活动钳身；3—丝杆；4—旋转盘座；
5—夹紧盘；6—手柄；7—螺母；8—钳口

图 9-62　带砧座的固定式台虎钳

避免夹伤工件表面，可以用护口片（也称软钳口，用紫铜板或铝皮制成）盖在钢钳口上，再夹紧工件。台虎钳的转盘座是圆形的。松动手柄使夹紧盘松开，固定部分就可再旋转运动。因夹紧盘上的凸缘与固定部分下面的孔滑配，就使固定部分下面的圆盘与旋转盘座同心。这种回转结构便于台虎钳在各种情况下操作。

（3）台虎钳的使用和维护

台虎钳夹持工件的力通过摇动手柄使螺杆旋进来产生。使用台虎钳时，只能用双手的力来扳紧手柄，不能接长手柄和用手锤敲击，否则会损坏螺母。每次使用完毕，应将台虎钳擦拭干净，轻轻合拢。

9.4.4　锯削的方法

（1）锯条的安装

手工锯在向前推的时候才起切削作用，所以应按图 9-63 所示的方向装锯条。锯条不能反装，也不能装得过紧或过松。太紧就失去了应有的弹性，容易折断；太松就会使锯条发生扭曲，也容易折断，且在锯削时锯缝容易歪斜。松紧程度一般以用两指的力旋紧为宜。锯条装好后应检查锯条是否歪斜扭曲，因为前后夹头的方榫与弓架方孔导管间均有一定间隙。安装锯条尽可能从右向左往销钉上挂，因为一般人都是左手在前右手在后地握住锯弓的，如果锯条折断，就从右边飞出，可以避免划伤离锯条较近的左手。

（2）操作方法

工件的夹持应该稳定、牢固，不可有弹性。工件伸出部分要短，并且要尽可能夹在台虎钳的左面，这样可以避免握在前面的左手撞在台虎钳上。对较大工件的锯削，当工件无法夹在台虎钳上时，可以在原地进行，但一定要固定可靠。在锯削时为防止因发热引起退火，最好用润滑冷却液加以冷却（特别是对硬性及韧性材料由其如此）。常用的润滑冷却液有水、乳化液等。但锯削铸铁时不要加冷却液。

①　姿势。锯削时的站立位置与锉削基本相似。握锯弓的时候，要舒展自然，右手握稳锯把，左手轻挟在弓架前端，如图 9-64 所示。运动时握锯把的右手施力，左手压力不要过大，主要是协助右手扶正弓锯。锯削时的往复运动有两种姿势：一种是直线往复，用于锯削薄形工件及直槽；除此以外，一般都是摆动式的。摆动式操作：在弓锯推进时，身体略向前

倾，自然地压向弓锯；回程时，左手在弓锯上不但不加压力，而且要把弓锯略微抬起一些，身体回到原来位置。无论哪种姿势，在锯削过程中都要始终保持锯缝平直。

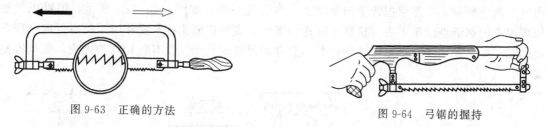

图 9-63　正确的方法　　　　　　　　　　　　　图 9-64　弓锯的握持

② 起锯。如图 9-65 所示。锯切工作第一步是起锯。起锯直接决定锯削的质量。起锯时，一般用拇指挡住锯条使它正确地锯在所需的位置，如图 9-66 所示。也可先用三角锉刀在锯削位置锉出一条槽。起锯锯到槽深为 2～3mm 时，挡锯条的手可拿走，这时锯条不会滑出。

③ 压力、速度、往复长度。锯削的时候，压在锯条上的压力和锯条在工件上往复的速度，都影响到锯削效率。选择锯削时的压力和速度，必须按照所锯工件材料的性质来进行。

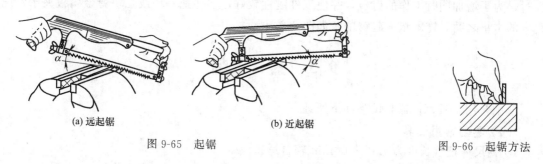

(a) 远起锯　　　　　　　　　　　(b) 近起锯

图 9-65　起锯　　　　　　　　　　　　　图 9-66　起锯方法

锯削硬材料时，由于切入困难，因此应加大压力，防止产生打滑现象；锯削软材料时，应减小压力，防止锯条被咬住。但是，不管何种材料，当朝前推锯时，弓锯要微微抬起，以减少锯齿的磨损（锯不锈钢时尤其应如此）。弓锯的锯削速度以每分钟往复 20～40 次为宜。速度过快，锯齿因发热容易磨损；过慢，效率不高。使用弓锯时，应该使锯条的全部长度都利用到，但应注意不要碰到弓架的两端。

（3）棒料、管子、条料、薄板等的锯断方法

在棒料等型材或工件的坯料上画出锯削线，画线时应考虑锯削后的加工余量。锯削时要始终保持锯条与所画的线重合，这样才能得到理想的锯缝。如果锯缝歪斜，则应及时纠正；若已歪斜很多，则应改变锯削的位置，从工件锯缝的对面重新起锯；如果不换方向硬锯削锯缝，则很难把锯缝变直，并且很容易折断锯条。

① 锯削棒料或轴类零件。如果锯出的断面要求比较平整、光洁，则应从头锯到底。锯削时，棒料或轴类零件应夹平，并使锯条与它保持垂直（指所锯的断面与棒料的轴心线垂直），以防止锯缝歪斜。

当锯出的断面要求不太高时，允许渐渐变更起锯方向。这样锯切时的阻力小，容易切入。锯毛坯时，往往对断面要求不高。为了节省锯削时间可分几边锯削，都不锯到中心，然后将毛坯折断。

② 锯削管子。锯削的时候，把管子水平地夹在台虎钳内，但应注意不要把管子夹扁。特别是薄壁管子和精加工过的管子，都应夹在木垫之间，如图 9-67 所示。锯削时，不可一

下子从一个方向锯到底，否则锯齿会被钩住，如图 9-68（b）所示，尤其是在锯薄壁管时，锯齿容易被钩住而崩裂。这样锯出的锯缝，因为锯条跳动，也不会平整，所以只可锯到管子内壁上边就要停止，然后把管子向推锯的方向转过一些，如图 9-68（a）所示，使锯条仍然依着原来的锯缝继续锯下去。这样不断地转着锯，直到锯断为止。操作时之所以要向推锯方向转动一些，是为了避免锯齿被钩住。如果向相反方向转动，就有被钩住的可能，锯齿容易崩裂。

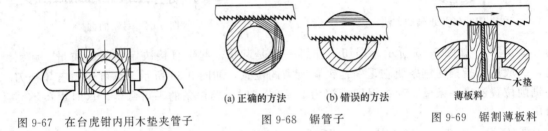

图 9-67 在台虎钳内用木垫夹管子　　　图 9-68 锯管子　　　图 9-69 锯割薄板料

③ 锯削条料、扁钢、薄板。锯削条料、扁钢时，尽可能从宽的一面锯下去。在锯削薄板时，为了增加同时工作的齿数，并使工件刚性较好，往往把一块或几块薄金属板夹于台虎钳内的木垫之间，连木垫一起锯削，如图 9-69 所示。

9.5　錾　　削

錾削常用工具、仪器与设备如下所述。

（1）錾削常用工具

① 钢尺一把（长度为 150～300mm 较合适）。

② 带安全网的钳工桌一张。

③ 带回转盘的钳工台虎钳一台。

④ 软钳口一套。

⑤ 钳工手锤一个（0.5kg）。

⑥ 各类錾子若干。

⑦ 被加工零件若干个。

⑧ 平整砂轮机一台（如有必要还应准备油石一块）。

⑨ 查錾子刃磨角度的量角器一个。

（2）錾子

錾削刀具称为錾子。錾子是錾削工作的主要工具。錾子一般用碳素工具钢锻成，并经淬硬和回火处理。

① 錾子的种类。錾子的种类是根据錾削工作的需要而定的，常用的有扁錾（阔錾）、窄錾、油槽錾三种（图 9-70）。

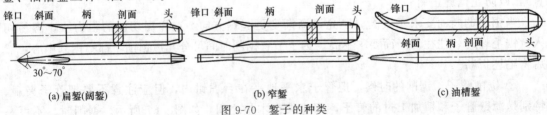

(a)扁錾(阔錾)　　　　　　　　(b)窄錾　　　　　　　　(c)油槽錾

图 9-70 錾子的种类

② 錾子的构造。錾子常用已轧成六棱形的碳素工具钢锻成。锻好的錾子一般长 170mm 左右，錾子由锋口、斜面、柄、头部等四个部分组成（图 9-50）。

錾子的头部很重要。它的正确形状如图 9-71（a）所示。头部有一定的锥度，顶部略带球面形，这样的顶面锤打时比较稳。图 9-72（b）所示是不正确的头部。这样的头部不能保证锤击力落在錾刃的中心点上，容易击偏。錾子的头部是不能淬火的，否则手锤打击时会有崩块飞出，很危险。由于比较软，锤击多次以后，就会打出卷回的毛刺来，如图 9-71（c）所示。这种头部有毛刺的錾子如果继续再用下去，就很容易把毛刺打飞，造成工伤。所以，若出现了毛刺，就应该在砂轮上磨去，以免发生危险。

③ 錾子的刃磨。錾子的好坏直接影响到加工表面质量的优劣和生产效率的高低。錾子经过一定时间的使用后，会磨损变钝而失去切削能力，这时就要修磨或刃磨。此外，在被锤击的过程中，錾子的头部会逐渐产生毛刺，也必须磨掉。

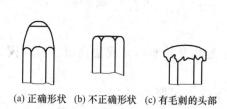

(a)正确形状 (b)不正确形状 (c)有毛刺的头部

图 9-71　錾子的头部形状

图 9-72　在砂轮机上刃磨

磨錾子的方法：将錾子搁在旋转着的砂轮缘上，但必须高于砂轮的中心（图 9-72），在砂轮的全宽上作左右移动，要控制握錾子的方向、位置，保证磨出所需的角；锋口的两面要交替着磨，保证一样宽。刃磨錾子的要求是：楔角的大小与工件硬度相适应；楔角在錾子中心线上（油槽錾例外）；锋口两面相交成一直线（油槽錾成一条圆弧）。

刃磨錾子应在砂轮运转平稳后再进行。人的身体不能正对着砂轮，以免发生事故。按在錾子上的压力不能太大，不能使刃磨部分温度太高，以免錾子退火。为此，必须经常将錾子浸入冷水中冷却。因刃磨退了火的錾子必须重新淬火，但是应避免多次淬火，以免脱碳淬不硬或重淬时崩裂。

如果砂轮机上有支架，则应检查支架的位置。支架离砂轮不要太远，一般缝隙应小于 3mm，不碰到砂轮即可。要是离得太远，錾子就有被砂轮带入缝隙中的可能，以致挤碎砂轮，碎块以高速飞出，造成人身事故。

④ 錾子的淬火。锻好的錾子一定要经过淬火后才能使用。

9.5.1　錾削的基本知识

（1）握錾子的方法

錾子要自如而松动地握着，主要用左手的中指、无名指及小指握持，大拇指与食指自然地接触着，头部伸出部分约 20mm 长。一般有如图 9-73（a）、（b）所示两种握法。錾削时小臂自然平放，錾子倾斜角正确（保证后角 $\alpha = 5° \sim 8°$），

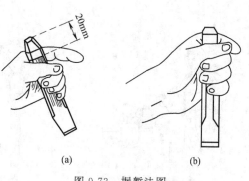

(a)　　　　　(b)

图 9-73　握錾法图

并保持在錾削过程中角度不变。如头部伸出过长、錾子握得太紧，则手锤容易打在手上。

（2）握锤的方法

握锤方法有紧握和松握两种：

① 紧握锤（图 9-74）　用右手的食指、中指、无名指和小指握紧锤柄，柄尾伸出15～30mm，大拇指贴在食指上；在挥锤及锤击时不变。

② 松握锤（图 9-75）　只有大拇指和食指始终握紧锤柄。锤击时（手锤打向錾子时）中指、无名指、小指一个接一个地握紧锤柄；挥锤时以相反的次序放松。此法使用熟练时可以加强锤击力，而且不易疲劳。

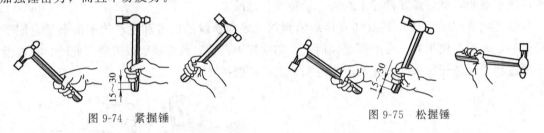

图 9-74　紧握锤　　　　　　　　　图 9-75　松握锤

挥锤的方法有手挥、肘挥、臂挥三种。

手挥：只有手腕的运动，锤击力小，一般用于錾切开始和结尾或錾油槽、錾制模具等场合。

肘挥：手腕和肘一起动作，锤击力较大，运用最广，见图 9-76。

臂挥：手腕、肘和全臂一起运动，锤击力最大，但应用较少，如图 9-77 所示。

錾切的生产效率，除錾子质量外，还决定于对錾子的锤击力和每分钟的锤击次数，一般每分钟应锤 40 次左右。

9.5.2　錾削操作

（1）錾削姿势和站立位置

在一般的锤击工作中，人应稳定地站立在台虎钳的近旁，左脚向前半步，腿不要过分用力，膝盖稍有弯曲，保持自然，右脚稍微朝后，要站稳伸直，作为主要的支点。但亦不要过于用力，头部不应探前或后仰，并应面向工件（图 9-76、图 9-77）。图 9-78 所示的是钳工在台虎钳上工作时脚的基本站立位置，对錾、锉、锯均适用。

锤击的时候，手锤在右上方画弧形作上下运动。锤击时眼睛要看向錾刃和工件间，这样才能顺利地工作，才能保证产品质量。如何錾得又快、又准、又平呢？除了学习上面所讲的

图 9-76　肘挥

图 9-77　臂挥

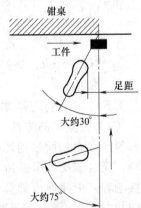

图 9-78　錾削时的站立位置

这些基本知识外，主要还应靠实践。只有反复实践，在实践中吸取经验，才能逐步掌握錾削的规律。

（2）各种錾切方法

① 板料的切断。薄板料的切断可以夹在台虎钳上进行（图 9-79、图 9-80）。

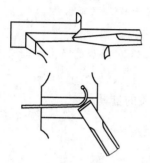

图 9-79 薄板料的切断法

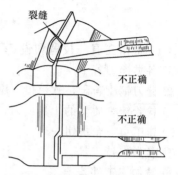

图 9-80 不正确的薄板料切断法

② 錾削平面。对于工件上难于机械加工的凸出平面，可用扁錾錾切。每次錾掉金属厚度以 0.5～2mm 为宜，一般还要留下 0.5mm 左右作为锉削加工余量。錾削较窄平面时，一般来说，錾子的刀刃与錾切方向应保持一定斜度（图 9-81）。这样，工作时导靠较稳，锤打也方便，錾出工件质量也好。

③ 起錾方法。起錾对錾削质量有很大影响。起錾时錾子，应尽可能向右倾斜约 30°，如图 9-82 所示，从工件尖处着手，轻打錾子，同时慢慢地把錾子移向中间，使刃口与工件平行为止（图 9-83）。

④ 錾削尽头的方法。在一般情况下，每次将要錾到尽头 10mm 左右时，必须停住，应调头錾掉余下的部分（图 9-84）。同时，应注意每次錾削后，可将錾子退回一些。刃口不要

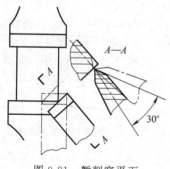

图 9-81 錾削窄平面

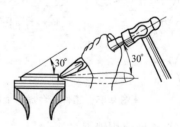

图 9-82 起錾

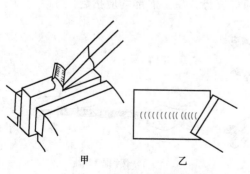

图 9-83 刃口平行工件

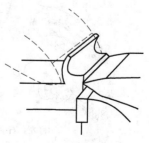

图 9-84 錾切到尽头

老是顶住工件，这样，既可随时观察錾削的平整度，又可使手臂肌肉放松一下。有节奏的工作，既便于控制錾层，又可以使手臂适当休息。錾切脆性金属时，要从两边向中间錾，以免把边缘材料錾裂。錾子应经常刃磨锋利。

9.6 锉　　削

(1)常用工具、仪器和设备

① 各类锉刀若干。

② 锉刀钢刷若干，软钳口一副。

③ 检验锉削质量的工具：刀口直尺、角尺、圆弧规及有关的量具。

④ 钳工桌、台虎钳一套。

⑤ 各类夹持工具。

⑥ 被加工工件若干。

(2)锉削的基本要领

① 正确夹持工件。

绝大多数锉削都需要将工件正确夹持后方可正常进行，钳工主要是利用台虎钳及辅助工具完成夹持的。掌握正确夹持工件是学好锉削的第一步，通常工件在台虎钳上的夹持法如图9-85所示。

可换的各类软钳口用纸板或牛皮黏在特制的角铁口上，或者用软金属（紫铜、锌、铝）铆在角铁形的护口上（图9-86）。

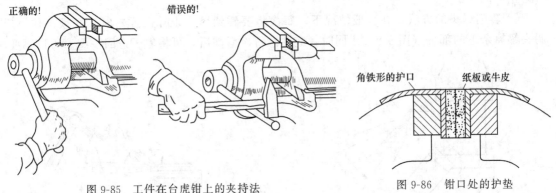

图 9-85　工件在台虎钳上的夹持法　　　　图 9-86　钳口处的护垫

② 正确使用锉刀。

a. 锉刀的握法如图 9-87 所示，无论何种姿势，左手肘部均应抬起。

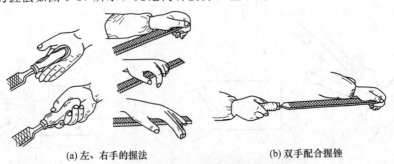

(a)左、右手的握法　　　　　　　　(b)双手配合握锉

图 9-87　较大锉刀的握法图

　　b. 锉削时脚的位置、身体姿势和工作方法。台虎钳的钳口应该恰好在使用这个台虎钳的人的肘下（这时拳放在颚下）；太高或太低的台虎钳使钳工的身体姿势不自然，因而降低工作效率；对于个子矮的人可用踏脚板垫高；脚的站立角度如图9-88所示；用大锉刀锉削工件时，工作速度不要太快，每分钟大约40次。

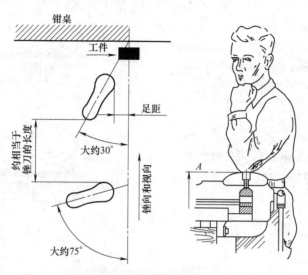

图 9-88　脚的站立角度

　　③ 注意清除锉刀上的积屑（图9-89）。

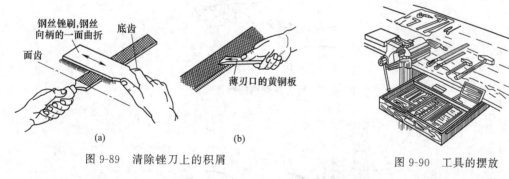

图 9-89　清除锉刀上的积屑

图 9-90　工具的摆放

　　图9-89（a）所示方式为了避免锉齿和钢丝接触太厉害而磨钝，只可顺着齿面的方向刷；图9-89（b）所示用铜刮刀剔除嵌牢的大锉屑只可依照箭头方向，即顺着齿面的方向。

　　④ 工具的摆放　如图9-90所示，只把需要用到的工具、量具和检验工具放在外面；工具放在台虎钳的右方，不要让它伸出到工作台外面；量具和检验工具放在台虎钳左后方的布上或小木板上；靠近台虎钳左边的地方留作放置工件的位置；量具和工具应该在工具箱或工具抽屉里分开储藏；只准许把已经清洁过的工具放进去。

（3）注意事项

① 台虎钳高度要适合学生的身高。

② 在锉以前应清除工件表面的污垢和油脂。

③ 不可用手擦拭锉过的面；不能用嘴吹工件上的铁屑。

④ 用样板光隙检查时应把样板垂直放在检查面上。

⑤ 锉通孔时，应经常检查形状、大小、平度和角度。

⑥ 用粉笔时必须经常刷清锉刀，防止锉屑粘牢在锉刀上。

⑦ 不适当的夹持方法和过大的夹紧压力将损坏工件和台虎钳。

⑧ 注意如图 9-91、图 9-92 所示的安全问题。

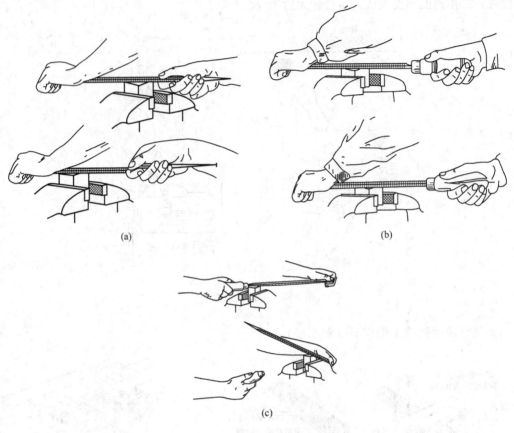

(a)   (b)

(c)

图 9-91 易造成受伤的操作实例

图 9-92 危险的例子

9.7 钣金基础

9.7.1 安全与环保

（1）汽车钣金维修工艺中的安全生产一般常识

① 进行钣金修理作业的工作人员，必须专心工作，绝不可在钣金车间（或场地）嬉戏

打闹、闲游。

② 搬运重物时，精神集中，量力而行。

③ 严禁将钣金工具放入衣袋内，以避免尖端刺伤自己和他人的身体。

④ 工作时要穿紧身工作服，不许穿宽大衣服、系领带到机器附近。

⑤ 工具和设备有故障或损坏必须报告。

⑥ 所用各类锤具的木柄应当光洁无毛刺，锤头必须安装牢固，不允许使用无柄锉刀。

⑦ 两人一起进行锤击操作时，不要相对而站，要保持一定距离，以免脱锤或飞刺伤人。

⑧ 使用砂轮机时，必须站在砂轮一侧，并戴护镜。

⑨ 要用刷子等工具清理机器附近的金属碎屑，不许用手直接去清除。

⑩ 对于錾子、冲子和其他类似的工具，要磨掉"香菇头"后，方可使用。

⑪ 使用扳手时，应向里拉，切勿外推，以免扳手滑脱伤人。

⑫ 确保室内通风良好，防止喷漆和灰尘的烟雾过分聚集。

⑬ 进入车间或新工位时，要立刻记住灭火器和太平门的位置。

（2）剪板机安全生产常识

在剪板机机床上发生的断手指、断臂等人身伤亡事故最多，因此操作者要特别注意。

① 剪板机上任何防护装置均不可拆除。

② 不能剪切超过规定厚度的厚板材。

③ 手不能放入切刀之下。

④ 切不可将手伸到切刀后方去把持板片。

⑤ 手指一定要让开剪板机的压紧架，否则在切板时很可能压断手指。

⑥ 剪切板材时切勿用手把持板片。这样断板很容易翘起，并将手指送入刀下。

⑦ 不要将脚卡在脚踏板上，更不要两人同时操纵一台机器。

（3）钣金机械安全操作常识

① 当有人正在操作折边机手杆时，他人不要把手放在机器上。

② 在弯板机的主开关未断开时，绝不能将手放在机器上。

③ 操作弯板机时，注意平衡锤附近是否站有其他人，避免出现伤人事故。

④ 折边机工作时，注意别被手杆击伤。

⑤ 严禁在任何钣金机械上弯折棍棒或铁线，以免损坏设备。

⑥ 严禁用任何一种手锤在钣金设备上敲击。

（4）常用工具、仪器和设备

① 钣金基本设备：工作平台、工具架和工具箱、清洗盘和零件盘。

② 下料的工具和设备：手剪、杠杆式剪床、剪板机、圆盘旋转剪切机。

③ 矫正整形工具：

a. 手工工具：抵座、锤、修平刀、锉刀等。

b. 整形机器及工具：夹具、液压千斤顶、撑拉器、钣金矫正拉拔组合工具、门式动力机、整平机械和圆盘抛光器等。

④ 铆接工具：手锤、漏冲、窝子。

⑤ 弯曲的工具和设备：手锤、台虎钳、折板机、卷板机等。

9.7.2 下料

① 手工剪切。手工剪切的工具一般采用手剪，如图9-93所示。

手剪可剪切厚度在1mm以下的钢板和厚度在1.2mm以下的铜、铝板。

② 杠杆式剪床剪切。如图 9-94 所示的杠杆式剪床可剪切 1～2mm 厚的金属板。剪切时，把金属板放在剪台上，要求的宽度应与下刀片重合，用压板 9 夹住金属板料，即可下压杠杆进行剪切。

上面两种下料的方法适合于薄板剪切，当厚度较大或批量较大时，可采用机械剪切，如剪板机、圆盘旋转剪切等方法。

③ 其他下料方法。除以上介绍的板材切割外，对扁钢、型钢的下料，在维修企业中广泛采用手工锯割方法。锯割方法详见相关的实训内容。

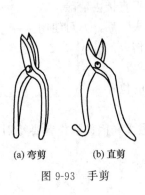

(a) 弯剪　　　(b) 直剪

图 9-93　手剪

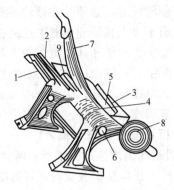

图 9-94　杠杆式剪床

1—导尺；2—手轮；3—尾尺；4—螺钉；
5—沟槽；6—下刀片；7—上刀片；
8—平衡砣；9—压板

9.7.3　连接

板件连接的方法有手工电弧焊、气焊、点焊和铆接等。其中手工电弧焊和气焊的内容前面已经介绍，在此主要介绍点焊和铆接的操作要求。

（1）点焊

点焊机一般包括焊接变压器、焊接电流的调整装置、焊接电极装置、控制装置及水冷装置等部分。其工作原理如图 9-95 所示。上下两个电极 1 是由上下两支臂状电极卡头 2 固持着，下臂是固定的，上臂可以上下作弧状运动；以脚踏板 9 经弹簧将力传于电极，使其合拢，夹住焊件。但此时电路尚未接通。当继续踏压踏板时，压力杆上的销键使断路控制器 7 闭合电源电路，则电源电流通过变压器初级线圈 6，立刻在单匝的次级线圈 4 中产生电压，使焊接电流导通进行焊接。待焊接终了，松开踏板，自动控制机构即自动切断电源，电极也立刻离开焊件，第一个焊点即焊接完毕。

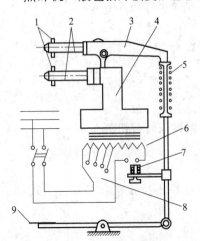

图 9-95　点焊机工作原理

1—电极；2—电极卡头；3—压紧臂；
4—次级线圈；5—压紧机构；6—初
级线圈；7—断路控制器；8—变
压器级数开关；9—脚踏板

脚踏式点焊机的类型很多，要按焊件厚薄的需要选择应用。在汽车钣金工作中，一般用容量为 1～5V·A 的小型点焊机，可以从事焊接 0.5～3mm 厚的低碳钢板，其电源电压为 220～380V，焊接电压为 5～20V 不等。

（2）铆接

铆钉铆接时，要透过两块板料，然后将钉杆用锤打成钉头。铆接常用的工具有以下几种。

手锤：手锤用含碳 0.4％～0.6％的碳素钢制成，手锤的两端必须淬火。为了便于铆接和保证连接质量，在铆接中，应根据铆钉的大小来选取合适的手锤，详见表 9-2。

表 9-2　根据铆钉规格不同选用相应手锤

铆钉直径/mm	手锤质量/kg
2.5～3.6	0.3～0.4
4～6	0.4～0.5

漏冲：漏冲是用来漏冲铆钉和镦紧连接件的。对于 0.7mm 以下厚度的薄板件的连接，外观要求不高时，可以不用钻孔而直接用漏冲也可以使铆钉透过板件。漏冲的工作端和承受锤击的一端必须淬火。

窝子：窝子是用来把已铆合的铆钉头窝成半圆头的。窝子的工作端凹窝大小直接影响钉头的质量，所以，在使用窝头前应认真根据不同直径选择窝子。

9.7.4　矫正

在整个钣金修理作业中，钣金矫正、整形的工作量占有相当大的比重。矫正分手工矫正和机械矫正。我国汽车修理中钣金矫正主要是采用手工矫正，所以工具也以手工工具为主。

（1）手工工具

由于汽车钣金造型复杂，因此汽车钣金修理作业常用的整形矫正工具繁多，如图 9-96 所示。作业时，根据被修整部位金属板曲面形态等条件，按粗整形、细整形、整形精加工、表面处理等工序，适当选择工具类型。以下对手工工具及使用作简要说明。

① 抵座。用手锤敲击钣金件时，用来衬托钣金内面的工具称为抵座，如图 9-97 所示。根据被整修部位的特点，这类工具应制造出相应的各种表面形状。

② 锤。根据被修整部位的变形情况及材质等特点，可选用图 9-96 中所示不同的钣金作业锤，如对于薄板件和有色金属工件，应选用铜锤、木锤和硬质橡胶锤进行锤击。

③ 修平刀。在徒手钣金修理作业中，经常会遇到较难修整的钣金部位及板材，可用图 9-96 中所示的各种修平刀具进行修整。

④ 车身锉刀。车身锉刀是用来修整锤、抵座、修平刀等钣金工具作业留下来的凸凹不平的痕迹而使用的钣金专用工具。它与仅用于锉削金属件的一般锉刀有区别。换句话说，车身锉刀只与凸起金属材料接触，适用于对加工后较粗糙的表面进行光洁处理的作业。

⑤ 其他工具。

折缘工具：折弯或延展金属板材凸缘部分而使用的工具。

平头整形锤：修整箱形角等部位使用的专用钣金整形工具。

鹤嘴锤（也称鹤嘴撬）：修整车门板上带有小凹面的部位时所选用的工具。

焊道刮板：焊道刮板与图 9-96 中所示准平型修整刀很相似，但较修整刀刃厚；焊道刮板是为平展焊料而使用的工具。

（2）矫正整形

钣金矫正整形的方法有手工敲平和拉拔两种。

① 手工敲平。

因某种原因金属板中部形成凸鼓后，敲击矫平的方法是：将板料鼓面向上放在平台上，一手按住板料，一手持锤由板料四周边缘向鼓面中心逐步进行敲击。敲击时，边缘处击力要重，击点密度要大；至鼓面中心，击力逐渐减小，击点逐渐变稀。随着敲击的轻重疏密，金属板从四周开始延伸，逐渐至鼓面中心，最后使整个金属板的组织应力达到平衡，这块板料

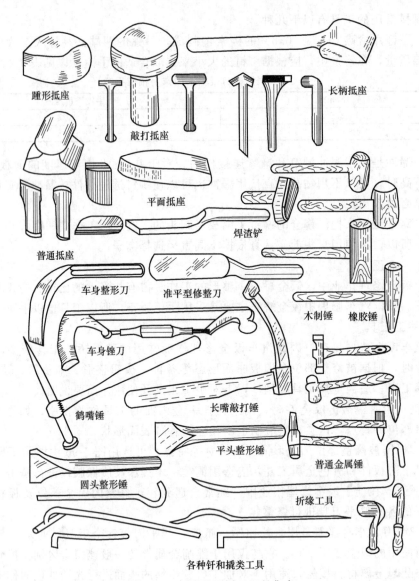

踵形抵座

敲打抵座

长柄抵座

平面抵座

焊渣铲

普通抵座

车身整形刀　准平型修整刀

木制锤　橡胶锤

车身锉刀

鹤嘴锤　长嘴敲打锤

平头整形锤

普通金属锤

圆头整形锤

折缘工具

各种钎和撬类工具

图 9-96　钣金整型矫正工具集合

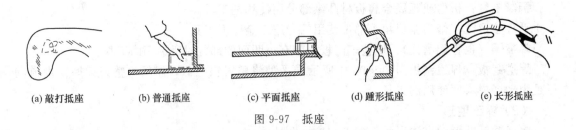

(a) 敲打抵座　(b) 普通抵座　(c) 平面抵座　(d) 踵形抵座　(e) 长形抵座

图 9-97　抵座

就矫平了。

　　在敲击修整的过程中，要随时观察板料的形状变化情况，有针对性地改变敲击力和增减击点，不可在某一处敲击次数过多或用力过重，以免出现新的鼓凹变形。

　　板料基本敲平后，再用木锤进行一次调整性敲击，以使整个组织舒展均匀，消除内应力。

图 9-98 为矫平鼓面金属料的敲击示意图。

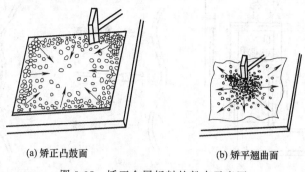

(a) 矫正凸鼓面　　　　　　(b) 矫平翘曲面

图 9-98　矫正金属板料的敲击示意图

金属板料四周翘曲不平，即周边组织松弛，中间紧密。这种变形是由于边缘受到挤压而拉伸膨胀所造成的。要矫平这种变形，应从板料中间开始敲击，击点逐渐向四周边缘扩散，由密变疏，击力也由强变弱，如图 9-98（a）所示，敲击方法与图 9-98（b）所示相反。

使用手锤与手顶铁在钣金修理作业中有两种技巧：一种是实敲，另一种是虚敲。

实敲是指手顶铁的位置和榔头敲打的位置相同；也就是将手顶铁置于钢板凸出部位的内侧，然后使用榔头敲打凸出部位，如图 9-99 所示，将手顶铁正确地顶至钢板的凸出部位。一般实敲敲击技巧是在使用虚敲修正较大的凹陷后，再用来修整细微的凹陷的。

虚敲是指手顶铁的位置和榔头敲打的位置不同；也就是将手顶铁置于钢板内侧较低的部位，而以榔头敲打钢板外侧较高的部位。假如敲击凸出部位时没有用手顶铁顶住，则敲击时钢板会因为本身的弹性而引起反跳，而不易将凸出部位敲下；此时若将手顶铁置于钢板内侧，如图 9-100 所示，则敲击时钢板的反跳将会受到限制，而能够将凸出部位敲下。所以虚敲的敲击技巧通常适用于维修大区域的凹陷。

图 9-99　实敲示意图　　　　　　　　　图 9-100　虚敲示意图

② 拉拔。

拉拔作业是通过垫圈熔植机将垫圈固定在凹陷部位，然后进行拉拔操作，如图 9-101 所示。

拉拔原理如图 9-102 所示，虽然垫圈熔植法是将垫圈熔植于钢板上，但所采用的原理与使用榔头和手顶铁的方式相同。虚敲作业的手法，是将手顶铁置于钢板凹陷部位内侧的最凸出点，而垫圈熔植作业的垫圈熔植于钢板的外侧，以取代向外侧压出的手顶铁，然后钩住垫圈向外侧拉拔。如图 9-102（b）所示，钩住垫圈向外侧拉拔时，由于凹陷部位周围 A 部位塑性变形，此部位只要用榔头敲入，就可以修正垫圈熔植处的凹陷。使用垫圈熔植法来维修钢板时会残留小的凹陷，此种小的凹陷就必须依靠施涂原子灰来填平（工厂常称打腻子）。

拉拔的方法和种类如下：

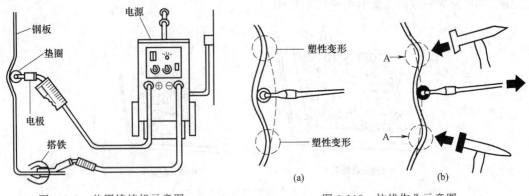

图 9-101　垫圈熔植机示意图　　　　　　　图 9-102　拉拔作业示意图

a. 使用手拉器拉拔。如图 9-103（a）所示，使用手拉器拉拔熔植垫圈，然后以榔头敲击钢板凸起部位。此种方法适用于维修小的凹陷部位。

b. 使用滑动拉拔。如图 9-103（b）所示，使用滑动锥拉住熔植的垫圈后，再利用滑动锥的冲击力完成凹陷的粗拉作业。此种方法适用于钢板刚性强的部位。

c. 使用锁定链拉拔。如图 9-103（c）所示，将多数的垫圈熔植于钢板上，并且用较大的力量一起将垫圈拉出。此种方法适用于维修大的凹陷部位。

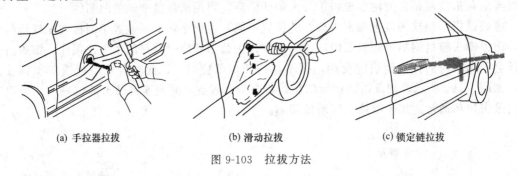

(a) 手拉器拉拔　　　　　　(b) 滑动拉拔　　　　　　(c) 锁定链拉拔

图 9-103　拉拔方法

9.7.5　锤拱

将板料锤击成曲面形状制作钣金制件的钣金操作工艺方法被称作锤拱。其基本成形原理是通过锤击，使板料中部伸展变薄向外拱曲，板料的周边起皱向里收缩并稍有增厚。这样反复进行锤击，使平板逐渐形成所需要的形状，如客车的车身包角、货车的驾驶室顶、轿车的翼板及各种车型的灯壳等，都可用锤拱的方法配制。

（1）钣金锤拱制件展开尺寸的确定

锤拱制件钣金展开尺寸的确定，常采用实际比量凭经验下料和计算下料两种方法，由于板料质量、拱曲程度和操作方法等因素的不同，计算方法只供参考，因此一般多采用前种经验法下料。

实际比量法是用纸按实物或模胎的形状压成皱褶附在实物或模胎上，剪去没有贴合的边缘多余部分，然后将贴合部分展开，便是下料的参考样板。

计算法是在没有实物或模胎不足的情况下，采用的一种近似估算的方法，如半个球面的拱形件是按圆形展开下料，其毛料直径 D 可以按经验公式（9-1）计算：

$$D=\sqrt{2d^2}=1.414d \qquad (9\text{-}1)$$

式中，d 为半球面形制件的直径。

（2）钣金锤拱的操作方法

① 将剪好的板料置于砧座上，使需拱曲的部位对准砧座的凹坑，一手扶持板料，一手持锤敲击需拱曲的部位。敲击时要不断地转动板料，使制件中心向四周逐渐延展形成曲面形状，伴随着曲面的延展，制件周边将出现皱褶。此刻应停止对中部敲击，要将制件皱缩的边缘贴紧砧座，敲平皱褶，再继续进行中部锤拱。这样反复进行，直至达到要求为止。锤拱成形过程如图 9-104 所示。

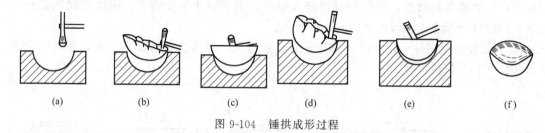

图 9-104　锤拱成形过程

② 锤拱过程中，要随时观察成形情况，根据需要变换敲击位置和敲击力量，以免造成撕裂或超过所需的曲度。

③ 基本成形后，将小凸凹敲平，最后将边缘剪修整齐。

对于精度要求不高、拱曲度不大的制件，也可在木墩上挖坑代替铁石砧座，如图 9-105 所示，或在潮湿的土地上进行锤拱。对于较小的钣金制件，也可利用废轴承圈做砧座，用小手锤进行锤拱。

图 9-105　在木墩上锤拱

9.7.6　卷边

为了增加钣金构件边缘的刚度和强度，使其光滑美观，将钣金件的边缘卷起来，此工艺称为卷边。卷边的形式分为空心卷边、夹丝卷边和平行卷边三种，如图 9-106 所示。空心卷边是将钣金构件的边缘包卷成圆管形。夹丝卷边是在空心卷边管内夹嵌一根钢丝，使部件的刚度和强度得到更进一步加强。平行卷边与空心卷边的区别是空心部分为扁平状。

图 9-106　卷边的形式

如图 9-107 所示，卷边的留边余量是根据卷边的圆管内径 D 来决定的，一般为卷边圆管内径 D 的 4~7 倍。卷边余量 δ 按公式（9-2）计算：

$$\delta \approx 3\,(D+t) \tag{9-2}$$

式中，δ 为卷边余量；t 为板厚；D 为卷边圆管内径（铁丝直径）。

钣金卷边的方法有两种，即手工卷边和机械卷边。这里只介绍手工卷边。

（1）手工卷边

① 在部件需要卷边的部位划上卷边标记线，并留出

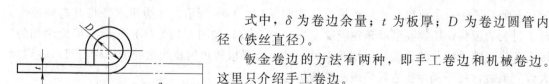

图 9-107　卷边圆管留边余量

卷边余量，如图 9-108（a）所示。

　　② 将钣金制件放在平台之上，使卷边余量的 1/3 伸出平台，将伸出部分进行敲击弯曲，如图 9-108（b）所示。

　　③ 将钣金制件逐渐外移，不断敲击，最后使卷边标记线移至与平台边棱对齐，仍继续敲击弯曲，如图 9-108（c）所示。

　　④ 翻转钣金件，使弯边朝上，轻而均匀地敲击弯曲，使其逐渐向里包卷，如图 9-108（d）所示。如要制夹丝边，则此刻可以嵌入钢丝。为了防止钢丝弹出，可以先间隔地包上几点，然后再全部卷合，如图 9-108（e）所示。

　　⑤ 再翻转钣金制件，使卷边向下并紧靠平台边棱，将卷边普遍敲击一次，使其完全扣紧，如图 9-108（f）所示。

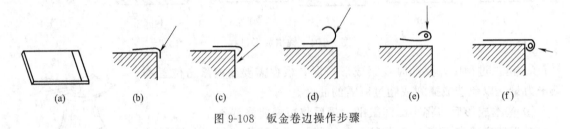

图 9-108　钣金卷边操作步骤

　　假如部件形状复杂，不便在平台上操作时，可选用相当的抵座（垫铁）和手锤配合进行卷边。用抵座操作的步骤和在平台上完全一样，所不同的是部件不动而抵座不断移动位置。

　　（2）弯曲

　　① 角型弯曲。

　　a."L"形的弯曲。弯曲"L"形板料的操作过程，可以对照图 9-109 和图 9-110 所示的步骤进行如下操作：

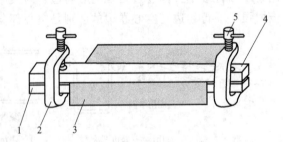

图 9-109　用专用工具加工

1—下方钢；2—弓形钢；3—板料；4—上方钢；5—加工手柄

　　将弯曲线对正下方钢的棱角并夹牢，用木锤直接敲击使其折弯（适于厚度小于 11.5mm 的钢板），也可将木块垫在欲弯曲处用手锤敲击折弯。当板料较厚或强度较高时，也可以直接使用手锤敲打。对于较宽的板料（即弯边较长时），可以用手将其扳弯后再由下至上（从钳口开始）锤击；也可以一边用手揿住，如图 9-110（a）所示，一边用木锤将其弯曲成形。对于过长的板料，还需要借助角钢或简易夹具来完成，如图 9-110（b）所示。但无论如何，锤击部位均应沿棱角的边缘从一端锤向另一端。当要求弯角的棱线比较清晰时，可以在弯曲大致完成后，用平锤沿折边轻轻敲击精细折弯。

　　板料弯曲成"J"形以后，通常还要大致验证一下弯曲角度。直角的验证方法比较容易，但有些摇把形弯件的折角往往大于 90°。一般除按要求处理好夹角外，更主要的是应确保两

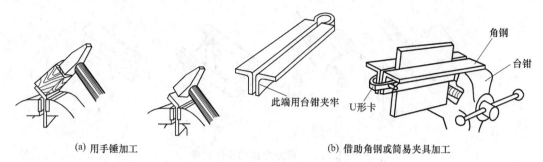

(a) 用手锤加工　　　　　　　　　　　　(b) 借助角钢或简易夹具加工

图 9-110 "J"形板料的弯曲

板平面的平面度。因为这类弯件在装配时，大多数场合都对两平面间的夹角有公差要求，所以在成形过程中应不断进行检查和调整。

b."匚"形的弯曲。"匚"形的弯曲仍以"L"形弯曲为基础，按图 9-111（b）所示方法弯曲一直角后，再按图 9-111（c）所示方案弯折成槽形。如果将板边扳向另一边，就形成了"冂"形构件，如图 9-111（d）所示。与加工"J"形构件不同的是，弯角应略大于 90°为宜。因为在成形过程中（尤其是较长的"J"形构件），往往会伴随着局部变形，如槽底的凹凸和弯边呈波浪形等。对此，可用平锤将槽底修平并将棱线理齐，最后再用平锤修整弯边的波形。显然，在修正两弯角直线时，弯边与槽底的夹角还会有所变化。

"冂"形和"口"形的弯曲都是在"L"形基础上完成的。按图 9-111（e）所示方法，将槽形件夹持在台虎钳上并对准弯折线，向外弯曲并敲平便成为"冂"形构件。如果改为向内弯曲并敲平则成为"口"形构件，如图 9-111（f）所示。

弯曲板料最好不要直接使用钳口作为棱线基准，以防止因经常性锤击而使钳口发生损伤。

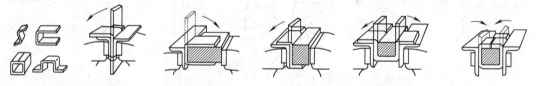

(a) 欲扳边形成　　(b) 扳边形成"L"形　(c) 扳另一边形成　(d) 反向扳边面成　(e) 向两边弯折形成　(f) 内向弯折形成"口"形
　　　　　　　　　　　　　　　　　　"匚"形　　　　　　"冂"形　　　　　　"冂"形

图 9-111 "匚"形和"冂"形的手工成形工序

② 弧形弯曲　弧形弯曲作业的目的是将板件弯曲成形为符合要求的弧形或筒形。利用卷板机可批量制作符合图纸要求的弧形或筒形构件；手工弯曲则更能够满足现场使用要求。

图 9-112 所示为弯曲弧形钣金构件的操作程序。如图 9-112 所示，加工筒形构件时，第一步先在两侧各 1/4 处分别敲成圆弧形状，然后再由两侧向中间逼近敲出圆弧。为了保证制成的圆弧或筒形构件与图纸要求相符，可预先按要求用硬纸做出样板，供制作过程中与之对应。

9.7.7　咬缝

咬缝是将两块板料分别成形并扣合在一起的方法。咬缝可以取代焊接，更适合那些不允许焊接材料的连接。咬缝的结构分为单扣和双扣；咬扣形式分为立扣、角扣和卧扣。

手工咬缝需要使用手锤、弯嘴钳、拍板等，其操作方法与成形过程如图 9-113 所示。

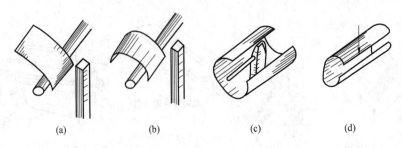

图 9-112 弧形弯曲的操作过程

首先，划出扣缝弯折线，再将板料放到规铁上并使直线与边缘对正，用前述弯曲的方法使板边弯折成直角，然后朝上翻转板料并将弯边向里扣（注意不要扣死）；用同样的方法弯折另一边后，再把两块板料彼此扣合在一起，理直咬缝棱线，最后压紧，这样就完成了咬缝工作。

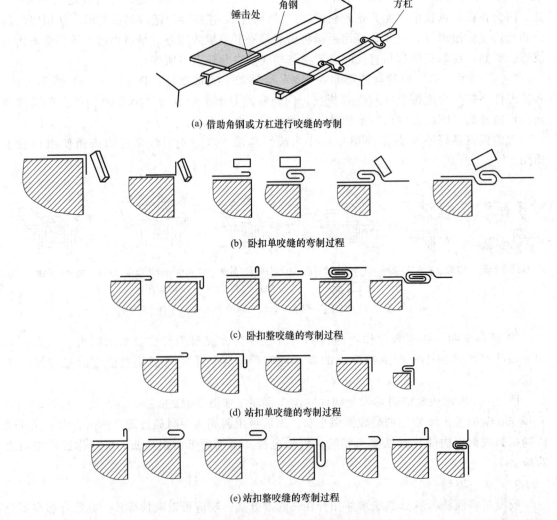

(a) 借助角钢或方杠进行咬缝的弯制

(b) 卧扣单咬缝的弯制过程

(c) 卧扣整咬缝的弯制过程

(d) 站扣单咬缝的弯制过程

(e) 站扣整咬缝的弯制过程

图 9-113 咬缝的类型及其操作过程

习 题

一、问答题

1. 手工工具有哪些？

2. 试述手工工具的使用注意事项。

3. 测量与划线的常用工具、仪器与设备有哪些？

4. 怎样正确使用游标卡尺、千分尺、内径百分表？

5. 试述画线的基本要领。

6. 锯削的基本工具有哪些？

7. 试述锯削的基本要领。

8. 錾削的常用工具、仪器与设备有哪些？

9. 试述錾削的基本要领。

10. 锉削的常用工具、仪器与设备有哪些？

11. 试述锉削的基本要领。

二、选择题（单选）

1. 使用开口扳手紧固螺栓时一般（　　）。

A. 用手拉　　　　　B. 用手推　　　　　C. 用工具敲

2. 扭矩扳手是用来（　　）的。

A. 测量拧紧力矩　　B. 松开螺栓　　　　C. 拧紧螺栓

3. 如图 9-114 所示的游标卡尺读数为（　　）mm。

A. 32.8　　　　　　B. 33.0　　　　　　C. 32.0

4. 如图 9-115 所示的千分尺读数为（　　）mm。

A. 7.50　　　　　　B. 7.65　　　　　　C. 7.15　　　　　D. 7.35

图 9-114　游标卡尺

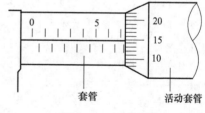

图 9-115　千分尺

参 考 文 献

[1] 辛东生. 汽车机械基础. 北京：北京大学出版社，2011.

[2] 赵如福. 金属机械加工工艺人员手册. 第 3 版. 上海：上海科学技术出版社. 1990.

[3] 董桂田. 工程训练. 北京：科学出版社. 2003.

[4] 刘守勇. 机械制造工艺与机床夹具. 北京. 机械工业出版社，1997.

[5] 何法明. 液压与气动技术学习及训练指南. 北京：高等教育出版社，2003.

[6] 周林福. 汽车底盘构造与维修. 北京：人民交通出版社，2005.

[7] 凤勇. 机械基础. 北京：人民交通出版社，2003.

[8] 安相璧、马效. 汽车检测设备与维修. 北京：北京理工大学出版社，2005.

[9] 程耀东. 机械制造学. 北京：中央广播电视大学出版社，1994.

[10] 郑修本，冯冠大. 机械制造工艺学. 北京：机械工业出版社，1992.

[11] 王文丽. 汽车机械基础. 北京：中国铁道出版社出版，2011.

[12] 王先逵. 机械制造工艺学：机械工业出版社，2014.